法治乡村建设的
理念与实践

The Idea and Practice of Legal Construction
in the Rural Areas of China

史凤林　著

山西出版传媒集团　　山西人民出版社

图书在版编目（CIP）数据

法治乡村建设的理念与实践／史凤林著．—太原：山西
人民出版社，2021.5（2022.4 重印）
ISBN 978-7-203-11807-7

Ⅰ．①法… Ⅱ．①史… Ⅲ．①农村—社会主义法治—
建设—研究—中国 Ⅳ．① D920.0

中国版本图书馆 CIP 数据核字（2021）第 095286 号

法治乡村建设的理念与实践

著　　者：史凤林
责任编辑：谢　成
复　　审：赵虹霞
终　　审：贺　权

出 版 者：山西出版传媒集团·山西人民出版社
地　　址：太原市建设南路 21 号
邮　　编：030012
发行营销：0351 - 4922220　4955996　4956039　4922127（传真）
天猫官网：https://sxrmcbs.tmall.com　电话：0351 - 4922159
E — mail：sxskcb@163.com　发行部
　　　　　sxskcb@126.com　总编室
网　　址：www.sxskcb.com

经 销 者：山西出版传媒集团·山西人民出版社
承 印 厂：山西出版传媒集团·山西新华印业有限公司

开　　本：787mm×1092mm　　1/16
印　　张：19.75
字　　数：260 千字
版　　次：2021 年 5 月　第 1 版
印　　次：2022 年 4 月　第 2 次印刷
书　　号：ISBN 978-7-203-11807-7
定　　价：58.00 元

如有印装质量问题请与本社联系调换

序

  法治国家、法治政府、法治社会三位一体建设和协同推进是习近平法治思想的重要内涵。作为法治社会建设不可或缺的重要环节，乡村法治建设不仅具有基础性、决定性作用，而且对全面依法治国战略实施具有直接的支撑作用。也就是说，没有法治乡村建设的成功就不可能成功地建设法治社会，也不可能真正实现全面依法治国。因此，聚焦法治乡村建设研究具有独特的理论和实践价值，具有极其重要的政治和社会意义。

  史凤林教授在主持完成 2020 年中国法学会年度课题"法治乡村建设中的重点难点问题"的基础上，对法治乡村建设的基本理论和实践问题进行了深入系统的研究，通过优化扩充内容和规范完善形式形成了这部书稿。应该说，这是近年来在法治乡村建设和法治社会建设研究领域又一本具有重要理论意义和实践价值的学术专著，其出版发行必然会对推进法治乡村建设的系统研究发挥积极作用。

  本书在研究思路上的特色是，聚焦研究对象、通过大量实地调研把握问题现状，提出、分析和解决重点问题，化解难点问题，逐步推进。其在论证方法上的特色是，坚持问题导向，从理论和实践两个角度分析论证问题及其表现，在法治乡村建设内涵、价值，法治乡村重点问题和难点问题内涵的解释等方面，提出了自己的见解，并有针对性地提出了相关建议。相较于国内外现有的研究成果，这本书对法治乡村建设的主体、内容、模式、效果等重点问题以及法治乡村建设的基础、关键、抓手、保障等难点问题做出了系统的归纳和提炼，具有一定的创新价值，是一本难得的学术佳作。

在此，谨向史凤林教授表示衷心祝贺！希望他在法治乡村建设研究领域再著新篇，作出新的成就和贡献。

2021 年 5 月 21 日

前　言

　　谋求善治和追求文明，是人类社会梦寐以求的发展方向和价值选择，贯穿于一切文明国度的历史进程中①。乡村治理是社会治理的重要组成部分，法治乡村建设是法治中国建设和法治社会建设的重要内容，乡村治理体系和治理能力现代化是建构国家治理体系和治理能力现代化的应有之义。面对乡村治理的治理主体缺失、治理目标不明确、治理效果不良等问题，党的十八届四中全会强调"推进基层治理法治化，"坚持系统治理、依法治理、综合治理、源头治理，坚持实现基层治理法治化，保证乡村依法治理。2017 年，中共中央、国务院发布《关于加强和完善城乡社区治理意见》，明确指出"城乡社区是社会治理的基本单元"，其治理的目标是"把城乡社区建设成为和谐有序、绿色文明、创新包容、共建共享的幸福家园"。党的十九大报告指出："加强农村基层基础工作，健全自治、法治、德治相结合的治理体系，实现共建、共治、共享的社会治理格局。"同时强调"推动社会治理重心向基层下移，发挥社会组织作用，实现政府治理与社会调节、居民自治良性互动"。为了推进基层社会治理，全国人大常委会于 2018 年12 月同步修改完善了《中华人民共和国村民委员会组织法》和《中华人民共和国城市居民委员会组织法》，2019 年 6 月中共中央办公厅、国务院办公厅印发了《关于加强和改进乡村治理的指导意见》，2020 年 3 月中央全

---

　　① 陈松友、卢亮亮："自治、法治与德治：中国乡村治理体系的内在逻辑与实践指向"，载《行政论坛》2020 年第 1 期，第 17 页。

面依法治国委员会印发了《关于加强法治乡村建设的意见》。因此，坚持中国共产党对乡村治理的领导，坚持农民在乡村治理中的主体地位，繁荣和发展乡村文化建设，强化乡村治理现代化的法治保障，引导社会协同力量的广泛参与，成为新时代法治乡村建设的内在逻辑与实践指向①。

国家出台一系列政策为法治乡村建设大力推进制定了科学可行的顶层设计方案。但是，如何进一步贯彻实施顶层设计方案，全面提升法治乡村建设的整体效果。既需要学术界开展系统广泛理论研究，不断深化对法治乡村建设的认识、形成建设共识、把握建设规律；更需要实务界通过积极大胆实践探索，不断积累法治乡村建设的经验、完善建设措施、创新建设模式。正是基于此目的，笔者与课题组成员进行了近两年的实地调查，围绕法治乡村建设收集大量实证数据资料，完成了2篇相关调研报告和3篇相关学术论文。在此基础上申报中国法学会2020年度部级法学研究课题《法治乡村建设中的重点和难点问题研究》，并以本专著《法治乡村建设的理念与实践》获准结项〔项目号 CLS（2020）ZX039〕。法治乡村建设的研究项目既是一个内容新颖、视角独特的研究主题，也是一个内涵丰富、意义深刻的研究课题。特别是在新时代国家实施全面依法治国战略和乡村振兴战略，推进国家治理体系和治理能力现代化的背景下，本书研究成果具有极其重要的理论价值和实践价值。本书付梓得到了山西大学法学院资助，同时得到中国社会科学院社会发展战略研究院首席专家余少祥研究员的不吝指导并为本书作序，李一帆硕士不辞辛劳多次校对书稿，在此谨致以诚挚的感谢！

史凤林

2021 年 5 月于山西大学蕴华庄

---

① 同上。

目　录

上编：法治乡村建设的基本理论与实践

中编：法治乡村建设中的重点问题研究

下编：法治乡村建设中的难点问题研究

引　言

一、选题的目的意义及价值

新中国成立以来，中国共产党始终重视积极构建符合中国国情、规范有序、充满活力的乡村民主法治建设道路。经过 70 余年的实践探索，我国已经形成了适应中国特色社会主义特点和基本要求的相对成熟的乡村民主法制建设模式。改革开放以来，根据 1982 年宪法相关的规定，村民委员会作为基层群众自治组织，开始了实践探索和实践创新。村民具体依据《村民委员会自治法》，进行自我管理、自我教育、自我服务、自我提高，基本实现了自己的事情自己做、自己权益自我维护、自己责任自己履行、充分发挥集体智慧办好大家事情这一基层民主制度。并形成了村党支部作为基层党组织，在执行党的路线、方针、政策方面发挥政治引领和保障作用；村委会作为自治组织，主要负责村的公共事业和公共事务，维护村民的公共权益；村民依法享有民主决策、民主参与权利，自觉履行村民义务；村民小组重点加强村务监督、制定村规民约的基层民主法治的治理格局。

党的十八大以来，以习近平为核心的党中央坚守初心使命，高度重视"三农"问题，提出了一系列推动乡村民主法治建设的新思想、新理念、新战略，促进了乡村民主法治建设的理论和实践不断创新，开创了全面依法治国的新局面。党的十九届四中全会将坚持和完善中国特色社会主义制度、推进国家治理体系和治理能力现代化作为中心议题。乡村作为国家建设的一个重要基础领域，其法治进程直接影响着全面依法治国的大局。乡村法治建设的质量和水平不仅对于全面依法治国战略实施具有基础性、决定性作用，同时也对国家治理体系和治理能力现代化具有直接制约作用。进入新时代，中央又把实施乡村振兴战略作为"三农"工作的总抓手，习总书记明确提出"要坚持乡村全面振兴，抓重点、补短板、强弱项，实现乡村产业振兴、人才振兴、文化振兴、生态振兴、组织振兴，推动农业全面升级、农村全面进步、农业全面发展"。相对于实施乡村振兴战略，法治乡村建设虽非其全部战略内容或最重要的领域，但它却是实施乡村振兴战略的基本制度保障。

党的十九大报告进一步提出："加强农村基层基础工作，健全自治、法治、德治相结合的乡村治理体系。"2019年6月中共中央办公厅、国务院办公厅印发了《关于加强和改进乡村治理的指导意见》，提出要健全党组织领导的自治、法治、德治相结合的乡村治理体系，构建共建共治共享的社会治理格局。2020年3月中央全面依法治国委员会印发了《关于加强法治乡村建设的意见》，要求各地区各部门结合实际认真贯彻落实。因此，以法治乡村建设作为研究主题，对落实我国全面依法治国战略和乡村振兴战略，实现国家治理体系与治理能力现代化具有极其重要的理论和实践价值。

1. 理论价值包括两方面：一方面，本书的研究有助于我们深化对法治乡村建设的本质、内涵、特征及其理论和实践价值的认识；有利于我们进一步探索形成法治社会建设和基层乡村治理的基本理念、基本方法。另一方面，本书的研究有助于我们正确理解国家关于法治乡村建设的目标、建设的基本原则、建设任务、建设保障措施；正确揭示和把握法治乡村建设的基本规律，将法治乡村建设的重点和难点问题进行理论总结和逻辑概括，提升理论对法治乡村建设的指引功能。

2．实践价值包括两方面：从宏观上，本书研究有助于我们对法治乡村建设战略意义和乡村振兴的战略意义进行科学准确定位。发现法治乡村建设存在的突出问题及原因，为国家和地方政府完善相关政策提供有益的建议和意见。从微观上，本书的研究有利于总结提炼基层乡镇在法治乡村建设的成功经验和典型模式，进一步挖掘法治乡村建设的社会资源，为推进法治乡村建设的规范化、标准化建设提供可复制、可推广、可示范的模式。

二、研究目标与研究内容

1．本书的研究目标。本书的研究目标包括两方面：（1）宏观上以进一步落实我国全面依法治国战略和乡村振兴战略，全面促进法治乡村建设、提升建设的质量效果为目标，针对法治乡村建设中的重点难点问题以及在法治乡村建设实践过程中的突出问题，从理论和实践积极探索，为国家和各级政府科学决策提供有益的对策建议，逐步改善我国目前法治乡村建设中的不合理、不规范、落实不到位、主体性缺失等现象。（2）微观上以积极推进国家法治乡村建设方案在基层乡村全面实施和打造共建共治共享的乡村治理的新格局为目标，积极探索法治乡村建设的新理念、新模式、新机制，并进行有益的实践尝试，为法治乡村建设的不同地区、乡镇、村居委等争创《民主法治示范村（社区）》提供可复制、可推广、可借鉴的经验。

2．本书的主要内容。本书以马克思主义实践哲学、习近平新时代中国特色社会主义法治理论为依据，结合我国法治乡村建设的实际，特别是以欠发达地区法治乡村建设的经验为参照，主要围绕法治乡村建设的基本理念与实践、法治乡村建设中的重点和难点问题，从理论和实践两个向度进行三方面研究。具体结构体系包括3编7章26节内容。

1 法治乡村建设的基本理念与实践研究

1.1 法治乡村建设的基本理论

1.1.1 法治乡村建设的内涵与特征

1.1.2 法治乡村建设的目标与原则

1.1.3 法治乡村建设任务与措施

1.1.4 法治乡村建设的价值解析

1.2 法治乡村建设的实践研究

1.2.1 欠发达地区法治乡村建设的调研报告

1.2.2 欠发达地区公共法律服务体系建设调研报告

1.3 法治乡村建设的关系论研究

1.3.1 法治乡村建设与法治中国建设的关系

1.3.2 法治乡村建设与法治国家建设的关系

1.3.3 法治乡村建设与法治政府建设的关系

1.3.4 法治乡村建设与法治社会建设的关系

2 法治乡村建设中的重点问题研究

2.1 法治乡村建设中重点问题及其表现

2.1.1 法治乡村建设的主体问题（主体缺位与主体性缺失）

2.1.2 法治乡村建设的模式问题（模式理解与运用把握难）

2.1.3 法治乡村建设的内容问题（建设目标、体系和重点）

2.1.4 法治乡村建设的效果问题（建设规划、建设质量评估）

2.2 法治乡村建设中重点问题的突破

2.2.1 法治乡村主体的组织强化与个体自觉

2.2.2 法治乡村建设模式的多样化与典型化

2.2.3 法治乡村建设内容的整体充实与重点突破

2．2．4　法治乡村建设效果的整体提升与评价引导

3　法治乡村建设中的难点问题研究

3．1　法治乡村建设中难点问题及其表现

3．1．1　法治乡村建设的基础问题（乡村经济振兴）

3．1．2　法治乡村建设的关键问题（文化教育资源优化）

3．1．3　法治乡村建设的抓手问题（特色形成与完善）

3．1．4　法治乡村建设中乡村矛盾纠纷有效化解问题

3．2　法治乡村建设中难点问题的化解

3．2．1　法治乡村建设应着力促进乡村经济振兴

3．2．2　法治乡村建设应着力优化乡村教育文化资源

3．2．3　法治乡村建设应着力凝练地方特色和主体特色

3．2．4　法治乡村建设应着力化解乡村矛盾纠纷

三、研究思路与研究方法

1．本书的研究思路。本书的研究思路从四方面展开：

（1）聚焦研究对象，即本书研究并非针对法治乡村建设的全部理论和实践问题，而是在厘清对法治乡村建设的基本内涵、特征、价值的基础上，以我国欠发达地区法治乡村建设现状事实为经验参照，重点聚焦法治乡村建设的重点和难点问题。

（2）实地调研把握问题现状，即课题组从 2019 年 3 月开始至今对我国 4 省 8 个设区市、19 个县（区）、43 个乡镇、267 个乡村针对"法治乡村建设"和"乡村公共法律服务体系建设"进行全面调研，完成两个调研报告，收集和整理了大量文献统计（建设规划、推进政策、实施方案、总结评估等方面资料）、调查问卷、访谈数据资料。根据实证调研资料梳理论证法治乡村建设的重点和难点问题。

（3）重点问题研究解决，即本书《中编》两章主要针对法治乡村建设中的四方面重点问题展开研究。遵循从重点问题重要性的理论和实践分析入手，进而从理论和实践两个视角分析重点问题重要性的表现，最后提出重点问题的解决办法。

（4）难点问题研究化解，即本书《下编》两章主要针对法治乡村建设中的三方面难点问题展开研究。遵循从难点问题与法治乡村建设的相关性分析入手，进而从理论和实践两个视角分析该问题作为法治乡村建设难点的理由和表现，最后提出难点问题的化解办法。

2. 本书的研究方法。本书的研究方法主要包括三种：（1）定量定性结合法，即针对调查问卷、访谈、文献统计所获得的数据资料，推断法治乡村建设现状、问题、趋势，基于定量研究结果，尽量尝试进行定性研究分析。（2）文献分析法，即针对被调查县区、乡镇、村居委进行法治乡村建设的建设规划、推进政策、实施方案、总结评估等方面资料对各地区建设现状、存在问题、完善对策进行梳理、分类和归纳。（3）案例分析法，即对法治乡村建设中典型案例、处理机制办法、处理结果、社会效果等进行系统分析研究。

四、研究特色与创新点

1. 研究特色。本书的研究特色主要表现在两方面：一是研究思路特色，即本书通过聚焦研究对象、实地调研把握问题现状、提出分析和解决重点问题、提出分析和化解重点问题的逐步推进的研究思路。二是论证方法特色，即本书的研究在坚持问题导向基础上，一方面在聚焦重大问题后，采用从理论和实践两个视角对重点问题的重要性进行论证，然后对其存在问题及其表现进行分析，最后针对性分析提出解决重点问题的方法；另一方面在聚焦难点问题后，采用从认识和实践两个视角对难点问题的困境进行论证，然后针对性提出化解难点问题的方法。

2．研究创新点。本书的研究创新点包括三方面：

（1）研究观点创新。观点创新具体表现在对法治乡村建设内涵、特征、价值的分析论证方面；对法治乡村建设重点问题的内涵解析与难点问题的内涵解析方面；在法治乡村建设重点问题和难点问题的选择的理论依据和实践依据方面，在国内外的相关研究成果中都具有代表性和创新性。

（2）研究内容创新。内容创新主要表现在相对于国内外目前发表成果，本书将法治乡村建设的重点问题聚焦建设主体问题、建设内容问题、建设模式问题、建设效果问题；将法治乡村建设难点问题聚焦建设基础问题、建设关键问题、建设抓手问题等研究内容不仅具有理论创新价值更重要的是具有实践开拓价值。

（3）研究方法的创新。方法具体表现在本课题研究方法采用理论研究、价值分析、实证研究分析相结合的方法，特别是在实证分析研究方面，采用问卷调查、深度访谈、文献资料统计等方法都具有一定创新性。

五、研究综述

目前国内相关的研究成果较少，主要集中在两方面：1．法治乡村建设的本体论研究，主要聚焦于两方面问题：一是聚焦法治乡村建设模式方面研究成果最多，特别是法治乡村建设中的自治、法治与德治结合模式。该方面成果以陈松友、卢亮亮（2020《行政论坛》文），陈于后、张发平（2019《云南行政学院学报》文），郁建兴、任杰（2018《学术月刊》文），张文显、徐勇等（2018《治理研究》文），邓建华（2018《天津行政学院学报》文），邓大才（2018《社会科学研究》文），卢跃东（2014《红旗文稿》文），王丹（2019（内蒙古大学学报）文），邓超（2018《党政研究》文），何阳、孙萍（2018《西南民族大学学报》文）等为代表；二是聚焦法治乡村建设中存在问题和对策以及建设路径方面研究较少，该方面成果以胡建国、杨国豪（2019《福建农林大学学报》文），唐克军、但钰（2019《决策与信息》文）等为代表。2. 法治乡村建设的关系论研究，主要聚焦于三方面问题：一是聚焦中国乡村治理体系与法治乡村建设关系问题研究。该方面研究成果以张文显、徐勇等（2018《治理研究》文），陈松友、卢亮亮（2020《行政论坛》文）为代表；二是聚焦乡村振兴与法治乡村建设关系问题研究。该方面研究成果以龚晨（2018《行政与法》文），高静、王志章（2019《农业经济问题研究》文），胡剑南（2019《重庆社会科学》文），李松友（2019《求实》文）；三是聚焦城乡一体化建设与法治乡村建设的关系问题研究。该方面研究成果以刘丽（2013《河北学刊》文），南晓欢（2016《法制博览》文）为代表。

但是，在关于法治乡村建设的本体论方面，对法治乡村内涵、特征等方面问题研究的几乎没有，同时对法治乡村建设内容进行系统研究的也极少。相对而言，聚焦于法治乡村建设的重点问题和难点问题的研究极少。因此，本课题研究无论在研究内容，还是研究视角方面都具有一定的创新性。

六、相关重要概念的界定与阐释

1. 法治乡村建设。法治乡村建设既是全面推进依法治国的重要组成部分和基础工程，也是实施乡村振兴战略的主要标志与重要法治保障。关于法治乡村建设的内涵学术界与实务界都没有明确的论述。根据中央全面依法治国委员会印发的《关于加强法治乡村建设的意见》中关于法治乡村建设的指导思想、建设目标、建设原则、建设任务、保障实施措施等规定。笔者认为，法治乡村建设是以乡村自治共同体为主体，以"三治融合"为基本模式，以乡村基层民主法治建设为主要内容的乡村治理体系或治理格局。法治乡村建设具有三方面内涵：

（1）法治乡村建设是全面依法治国战略的基础工程。（2）法治乡村建设是在中国共产党领导下逐步完善自治、法治、德治相结合的乡村治理体系活动。（3）法治乡村建设是以社会主义核心价值观为引领，社会主义基层民主法治建设和社会主义新农村建设自我改革与自我完善的过程。

法治乡村建设包括三个基本特征：（1）法治乡村建设以乡村基层自治共同体及成员为主体；（2）法治乡村建设以"三治融合"为基本治理模式；（3）法治乡村建设以乡村民主法治建设为基本内容（详见后文第一章第一节）。

2. 法治乡村建设重点问题。法治乡村建设的重点问题具有两方面内涵：（1）重点问题是法治乡村建设工作中客观上确实重要的、主要的问题。如建设主体问题、建设内容问题、建设模式问题、建设效果问题。因为这四方面问题构成法治乡村建设的框架性、结构性问题；相对于建设目标问题、建设任务问题、建设措施问题、建设评价问题，既具有相对重要性，同时是法治乡村建设不可回避的结构性问题。（2）重点问题是法治乡村建设过程中需要着力推进的、发展的问题。如建设特色问题、建设模式问题。因为建设特色问题虽然不是法治乡村建设工作全局性的重点问题，但却关乎建设主体、建设内容、建设模式、建设效果的质量品牌、独特风格。而建设模式问题不仅是法治乡村建设过程的关键问题，也是建设过程的难点问题。

3. 法治乡村建设难点问题。法治乡村建设中的难点问题包括两方面内涵：（1）难点问题是立足法治乡村建设的全局具有相对普遍性的难以解决的问题；（2）难点问题主要是立足于现阶段广大农村地区，特别是欠发达地区法治乡村建设中的难以解决的问题。主要包四方面：法治乡村建设的基础——乡村经济振兴问题；法治乡村建设的关键——乡村文化教育资源优化问题；法治乡村建设中的抓手——法治乡村建设特色完善问题；法治乡村建设的保障——乡村矛盾纠纷的有效解决问题。

上 编

法治乡村建设的基本理论与实践

第一章　法治乡村建设的基本理论

第一节　法治乡村建设的内涵与特征

一、法治乡村建设的内涵

关于法治乡村建设的内涵学术界与实务界都没有明确的论述。在中央全面依法治国委员会印发的《关于加强法治乡村建设的意见》（以下简称《意见》）中指出和强调："法治乡村建设要以习近平新时代中国特色社会主义思想为指导，全面贯彻落实党的十九大和十九届二中、三中、四中全会精神，深入贯彻习近平总书记全面依法治国新理念新思想新战略，紧紧围绕统筹推进"五位一体"总体布局和协调推进"四个全面"战略布局，按照实施乡村振兴战略的总体要求，加强党对法治乡村建设的领导，健全党组织领导的自治、法治、德治相结合的乡村治理体系，坚持以社会主义核心价值观为引领，着力推进乡村依法治理，教育引导农村干部群众办事依法、遇事找法、解决问题用法、化解矛盾靠法，走出一条符合中国国情、体现新时代特征的中国特色社会主义法治乡村之路，为全面依法治国奠定坚实基础。"并具体规定了法治乡村建设的四个基本原则、九项具体任务、四方面实施措施。

因此，根据《意见》的指导思想笔者认为法治乡村建设包括三方面内涵：

（一）法治乡村建设本质上是全面依法治国战略和乡村振兴战略的基础工程

党的十八大以来，在以习近平总书记为核心的党中央领导下，我国开创了全面依法治国的新局面。党的十九大报告又明确提出："全面推进依法治国总目标是建设中国特色法治体系、建设中国特色社会主义法治国家"。法治乡村建设正是对这一基本治国方略的呼应。党的十九届四中全会将坚持和完善中国特色社会主义制度、推进国家治理体系和治理能力现代化作为中心议题。乡村作为国家建设的一个重要基础领域，其法治进程直接影响着全面依法治国的大局。乡村法治建设的质量和水平不仅对于全面依法治国战略实施具有基础性、决定性作用，同时也对国家治理体系和治理能力现代化具有直接制约作用。因此，法治乡村建设本质上是全面依法治国战略的基础工程。

改革开放四十年来，伴随着我国经济社会的巨大变化，乡村社会也发生了重大变化。农民的整体生活水平提升，农民政治和文化意识逐步上升，乡村经济结构在种植结构、经营取向、非农产业总量等方面发生重大变化，乡村社会结构农业人口流动、农民职业分化等方面也发生结构性变化。但是，农民的思想道德素质、科学文化素质、健康素质仍需提升，农业现代化水平还较低，农村经济社会发展水平与城市相比仍存在较大差距。农村农业农民问题仍然是关系到国计民生的根本性问题。党的十九大报告首次提出实施乡村振兴战略，并将其作为全面建成小康社会的重大战略之一。因此，法治乡村建设不仅有助于实现"三农"发展目标，也可以实现乡村振兴的目标。法治乡村建设本质上也是实施乡村振兴战略的基础工程。

法治乡村建设作为全面依法治国战略和乡村振兴战略的基础工程，其基础性体现在三方面：

1. 相对于宏观的法治国家、法治政府、法治社会建设，法治乡村建设更具有基础性，属于基础领域。

2. 相对于实现国家治理体系和治理能力现代化建设，法治乡村建设属于治理体系的基层、治理能力的末端，直接制约着国家治理体系和治理能力的现代化，对其具有奠基作用。

3. 相对于实施乡村振兴战略，法治乡村建设虽非其全部战略内容或最重要的领域，但它却是实施乡村振兴战略的基本制度保障。

（二）法治乡村建设是在中国共产党领导下逐步完善自治、法治、德治相结合的乡村治理体系活动

党的十九大报告提出："加强农村基层基础工作，健全自治、法治、德治相结合的乡村治理体系。"2019年6月中共中央办公厅、国务院办公厅印发了《关于加强和改进乡村治理的指导意见》，提出要健全党组织领导的自治、法治、德治相结合的乡村治理体系，构建共建共治共享的社会治理格局。2020年3月中央全面依法治国委员会印发了《关于加强法治乡村建设的意见》将坚持法治与自治、德治相结合作为法治乡村建设的基本原则。因此，法治乡村建设的基本模式就是实现"三治结合""三治融合"，形成"三治结合""三治融合"的乡村治理体系和治理格局。这种乡村治理体系的形成和完善，是以培育治理主体为基础，以规范治理依据为保障，以挖掘治理动力为导向，以创新治理方式为核心内容的系统活动。

法治乡村建设作为在中国共产党领导下逐步完善自治、法治、德治相结合的乡村治理体系活动具体体现在四方面：

1. 法治乡村建设的基本方式是村民自治、依法治理、以德促治的有机统一和相互融合。

2. 法治乡村建设的基础是自治，充分调动村民自治主体的积极性，不断培育村民自治能力，在法律范围内依据自治章程实行自治。

3. 法治乡村建设的根本保障是法治，着力推进乡村依法治理，教育引导农村干部群众形成办事依法、遇事找法、解决问题用法、化解矛盾靠法的思维和意识，将乡村治理纳入法治化轨道。

4. 法治乡村建设的基本导向是德治，坚持以社会主义核心价值观为引领，弘扬中华民族优良传统美德，发挥村规民约维风导俗的作用，培育个人善良品德、形成家庭和善美德、净化社会风气、促进社会和谐，通过扬善抑恶、仁德教化、自我约束的方式最大限度弘扬社会公德。

（三）法治乡村建设是以社会主义核心价值观为引领，社会主义基层民主法治建设和社会主义新农村建设自我改革与自我完善的过程

新中国成立以来，中国共产党始终重视积极探索符合中国国情、规范有序、充满活力的乡村民主法治建设道路。经过 70 余年的实践探索，我国已经形成了适应中国特色社会主义特点和基本要求的相对成熟的乡村民主法制建设模式。改革开放以来，根据 1982 年宪法的相关规定，村民委员会作为基层群众自治组织，开始了实践探索和实践创新。村民具体依据《村民委员会自治法》，进行自我管理、自我教育、自我服务、自我提高，基本实现了自己的事情自己做、自己权益自我维护、自己责任自己履行、充分发挥集体智慧办好大家事情这一基层民主制度。并形成了村党支部作为基层党组织，在执行党的路线、方针、政策方面发挥政治引领和保障作用；村委会作为自治组织，主要负责村的公共事业和公共事务，维护村民的公共权益；村民依法享有民主决策、民主参与权利，自觉履行村民义务；村民小组重点加强村务监督、制定村规民约。我国乡村治理，一方面基本形成了民主选举、民主决策、民主管理、民主监督为主要内容的多元共治和民主法治的基层治理格局；另一方面进入了创新乡村治理、保障农村民生、促进农业发展、提高农民收益的多元共治和民主法治不断完善的过程。党的十八大以来，以习近平同志为核心的党中央坚守初心使命，高度重视"三农"问题，提出了一系列推动乡村民主法治建设的新思想、新理念、新战略，促进了乡村民主法治建设的理论和实践不断创新。

法治乡村建设作为社会主义基层民主法治建设和社会主义新农村建设自我改革与自我完善的过程，具体体现在三方面：

1. 法治乡村建设从历史发展视角看，经历了从党领导人民进行社会主义革命、社会主义建设和社会主义改革的历史演变的过程；它同时体现了乡村法治建设从探索积累经验到逐步成熟完善，再到建设发展模式基本定型的过程。

2. 法治乡村建设从基本内容看，经历了乡村经济社会从传统型治理到现代型治理的主题转变。从新中国成立到改革开放时期，我国农村法治建设主要围绕如何解决农业大国、农村落后、农民贫困问题，探索通过民主选举、民主决策、民主管理、民主监督乡村自治促进和提升基层民主的制度化、法律化；党的十八大以来，我国农村法治建设主要围绕实施全面依法治国战略和乡村全面振兴战略中的实现农业强、农村美、农民富的问题，探索确立向新产业、新业态、新模式发展，信息化、智慧化、网格化管理，"三治"有效融合的现代新型乡村治理体系转变。

3. 法治乡村建设从基本形式看，经历了从村民自治为主、到依法自治、再到"三治"有效融合的发展历程。改革开放初期根据 1982 年宪法，从 1986 年起我国广大农村地区试行村民自治。这一时期乡村治理主要以村民自治为主；1999 年依法治国作为治国理政基本方略写入宪法后，乡村治理模式形成了以自治与法治相结合为主的建设模式；党的十八大以来乡村治理步入了以"三治"有机结合、有效融合为主的建设模式。

二、法治乡村建设的特征

（一）法治乡村建设以乡村基层自治共同体及成员为主体

关于法治乡村建设的特征首先是建设或治理主体特征，即以乡村基层自治共同体及成员为主体。这既是法治乡村建设区别于法治国家、法治政府与法治社会建设的主要特征之一，也是法治乡村建设区别于其它团体和组织自治的标志。法治国家建设主体主要是执政党，其核心是依法执政；法治政府建设主体主要是各级政府及其工作人员，其核心是依法行政；法治社会建设主体是自然人、法人、非法人组织等全体社会成员，其核心是普遍平等守法。而法治乡村建设主体却是自治共同体及其成员。大学自治，职业自治（法官、检察官、律师），区别于法治乡村建设之一就是自治共同体或主体不同。

（二）法治乡村建设以"三治结合或三治融合"为基本治理模式

法治乡村建设还包括建设或治理模式的特征，即自治、法治与德治"三治结合或三治融合"的特征。在乡村治理体系中，村民自治既是中国特色民主政治在乡村治理领域的实现方式，也是法治乡村建设的基本治理方式。概括地讲，自治就是自治主体自我管理、自我服务、自我教育、自我提高，并通过自我实践维护自我权益和社会公益的活动。法治既是法治乡村建设的根本保障，也是乡村治理体系的基本依循。法治就是自治组织和自治主体在坚持和维护法律至上权威基础上，依法处理乡村事务、解决乡村纠纷的治理方式。德治既是法治乡村建设的基本导向，也是乡村治理体系的辅助方式。德治就是自治组织和自治主体以社会主义核心价值观为引领，弘扬中华民族优良传统美德，充分发挥道德楷模的示范作用，在乡村治理中通过扬善抑恶、仁德教化、自我约束的方式最大限度弘扬社会公德，促进个体家庭社会和谐的方式。

"三治有机结合"就是自治组织和自治主体以章程和村规民约为基本依循，推进民主选举、民主决策、民主管理、民主监督，实现乡村治理的自治化；以法治为根本保障，依法保障自治和自治权，维护乡村和村民合法权益，依法化解乡村和村民纠纷矛盾，实现乡村治理的法治化；以德治为基本导向，通过道德的认同机制、自律机制，践行社会主义核心价值和先进道德，实现乡村治理的德行化。

"三治有效融合"就是自治组织和自治主体在法定范围内依法自治、排斥他治；在法律和章程之下依法治理、依靠他治实现法治；在法律和章程之外以德促治，依靠自律实现善治。

（三）法治乡村建设以乡村民主法治建设为基本内容

法治乡村建设还包括建设或治理内容特征，即法治乡村建设以基层乡村民主法治建设为基本内容。从建设内容而言，在法治乡村建设中包括了社会主义道德、法律、民主等诸多的内容。但法治乡村建设的基本内容既不是宏观的道德建设，也不是中观的法治建设，而是基层民主法治建设。具体而言，就是围绕基层自治所涉及的民主法治权益所展开的，以民主选举、民主决策、民主管理、民主监督为核心内容的基层民主法治建设。根据国家法治乡村建设指标体系也可以看出，在五个一级指标体系中，其核心和分值权重均在"基层民主规范有序"和"法制建设扎实推进"两个重要指标。

第二节　法治乡村建设的目标与原则

一、法治乡村建设的目标

法治乡村建设的目标是指法治乡村建设所要达致的抽象理想状态和具体的可量化标准。根据中央全面依法治国委员会印发《关于加强法治乡村建设的意见》，法治乡村建设包括近期和远期两个建设目标。

（一）法治乡村建设的近期目标

根据《意见》设计，近期目标是：从 2020 年到 2022 年，努力实现涉农法律制度更加完善，乡村公共法律服务体系更加完善，基层执法质量明显提高，干部群众尊法学法守法用法的自觉性明显提高，乡村治理法治化水平明显提高。

在法治乡村建设的近期目标中，主要聚焦于两个更加完善三个明显提高：1. 涉农立法更加完善；乡村公共法律服务体系更加完善；2. 基层执法质量明显提高；乡村整体法治意识明显提高；乡村治理法治化水平明显提高。

（二）法治乡村建设的远期目标

根据《意见》设计，远期目标是：从2020年到2035年，乡村法治可信赖、权利有保障、义务必履行、道德得遵守，乡风文明达到新高度，乡村社会和谐稳定开创新局面，乡村治理体系和治理能力基本实现现代化，法治乡村基本建成。

在法治乡村建设的远期目标中，主要聚焦于四个标准、两个新高度、一个现代化、一个基本建成：1. 乡村法治可信赖、权利有保障、义务必履行、道德得遵守；2. 乡风文明达到新高度，乡村社会和谐稳定开创新局面；3. 乡村治理体系和治理能力基本实现现代化；4. 法治乡村基本建成。

二、法治乡村建设的基本原则

法治乡村建设的基本原则是指构成法治乡村建设思想和政治基础的，对法治乡村建设具有普遍指导意义的，法治乡村建设中必须遵循的基本准则。根据《意见》，规定具体包括四个基本原则。

（一）坚持党的领导原则

这一原则具体而言，就是要在法治乡村建设思想和政治立场上，坚持和加强党对法治乡村建设的领导，坚持农村基层党组织领导地位，加强农村基层党组织建设，充分发挥农村基层党组织的战斗堡垒作用和党员先锋模范作用，确保法治乡村建设始终沿着正确方向发展。

（二）坚持以人民为中心原则

这一原则具体而言，就是要在法治乡村建设的价值目标导向上，坚持人民群众在法治乡村建设中的主体地位，做到法治乡村建设为了群众、依靠群众，过程群众参与、效果群众评判、成果群众共享，切实增强人民群众的获得感、幸福感、安全感。

（三）坚持法治与自治德治相结合的原则

这一原则具体而言，就是要在法治乡村建设模式上，以自治增活力、法治强保障、德治扬正气，促进法治与自治、德治相辅相成、相得益彰。

（四）坚持从实际出发的原则

这一原则具体而言，就是要在法治乡村建设的特色凝练和操作方式上，根据乡村自然环境、经济状况、人口结构、风土人情等不同情况，因地制宜开展法治乡村建设，勇于探索创新，注重工作实效。

第三节　法治乡村建设任务与措施

一、法治乡村建设的主要任务

法治乡村建设的主要任务是指依据国家《关于加强法治乡村建设意见》的顶层制度设计，未来三年和十五年内法治乡村建设中主要开展的工作和建设的核心内容。具体包括九个方面：

1. 完善涉农领域立法。具体包括三方面：（1）针对涉农新问题、新情况，围绕涉农重点领域和问题加强立法。（2）积极开展涉农立法评估。（3）及时做好涉农立法修改完善。

2. 规范涉农行政执法。具体包括四方面：（1）加强涉农基层综合执法改革。（2）进一步规范乡村基层行政执法。（3）进一步强化乡村基层行政执法人员培训。（4）健全农产品安全管理监督制度。

3. 强化乡村司法保障。具体包括五方面：（1）完善司法为民便民利民措施，畅通司法便民渠道。（2）加强人民法庭建设，完善人民法庭巡回审理制度。（3）推动公、检、法机关依法妥善办理涉农纠纷案件，深入贯彻落实农村土地制度改革政策，依法打击和处理涉农领域违法犯罪活动。

（4）加大涉农案件执行和对执行活动法律监督力度，推进执行救助体系建设，加大刑事司法救助力度，加强涉农案件的法律监督工作，加大涉农公益诉讼案件办理力度。（5）加强民族地区"双语"司法队伍建设，保障各族群众的诉讼权利。

4. 加强乡村法治宣传教育。具体包括五方面：（1）深入开展宪法法律宣传活动。（2）切实落实"谁执法谁普法"普法责任制。（3）利用乡村法治文化阵地，广泛开展群众性法治文化活动。（4）加强对村"两委"班子成员、村务监督委员会委员法治培训。（5）实施农村"法律明白人"培养工程，优化乡村"法治带头人"队伍建设。

5. 完善乡村公共法律服务。具体包括三方面：（1）健全乡村公共法律服务体系，为乡村提供普惠优质高效的公共法律服务。（2）进一步加强乡村法律顾问工作，为农村基层组织和人民群众处理涉法事务提供专业优质便捷的法律服务。（3）充分发挥基层法律服务工作者在提供公共法律服务、促进乡村治理中的作用，加强涉农法律援助工作。

6. 健全乡村矛盾纠纷化解和平安建设机制。具体包括七个方面：（1）完善社会矛盾多元预防调处化解综合机制。（2）加强基层人民法院和人民法庭对人民调解工作的指导，充分发挥人民调解在化解基层矛盾纠纷中的主渠道作用。（3）整合矛盾纠纷化解资源力量，促进调解、仲裁、行政裁决、行政复议、诉讼等有机衔接。（4）深化平安乡村建设，探索建立"互联网＋网格管理"服务管理模式，提升乡村治理智能化、精细化水平。（5）深化城乡社区警务战略，加强社区和农村警务建设，扎实开展智慧农村警务建设。（6）开展农村突出治安问题专项整治，净化社会环境。（7）加强乡村社会心理服务体系建设，夯实预防青少年犯罪工作的基层基础。

7. 推进乡村依法治理。具体包括九个方面：（1）坚持用法治思维引领乡村治理。（2）全面推行村党组织书记通过法定程序担任村民委员会主任和村级集体经济组织、合作经济组织负责人，村"两委"班子成员应当交叉任职制度。（3）完善群众参与基层社会治理的制度化渠道，健全充满活力的群众自治制度。（4）落实和完善村规民约草案审核和备案制度，健全合法有效的村规民约落实执行机制。（5）全面推行村级重大事项决策"四议两公开"制度。（6）开展形式多样的村级议事协商制度。（7）依法开展村级组织换届选举，依法公开党务、村务、财务。（8）建立健全小微权力监督制度。（9）加强对农业农村环境污染等重点问题的依法治理。

8. 加快"数字法治·智慧司法"建设。具体包括三个方面：（1）充分运用大数据、云计算等现代信息技术，推进"数字法治·智慧司法"建设。（2）加强移动端的推广使用，拓展利用移动端开展服务的新形式。（3）加快乡镇网上政务便民服务体系建设。

9. 深化法治乡村示范建设。具体包括五方面：（1）以"民主法治示范村（社区）"建设为载体，通过典型示范，引领带动法治乡村建设。（2）突出示范建设质量，完善"民主法治示范村（社区）"建设指导标准，推进"民主法治示范村（社区）"建设科学化、规范化。（3）强化动态管理机制，推进"民主法治示范村（社区）"称号的定期复核审查制度。（4）加强"民主法治示范村（社区）"普法骨干培训，提高村干部建设法治乡村的能力。（5）探索建立"民主法治示范村（社区）"第三方评价机制，提升示范建设工作水平。

二、法治乡村建设实施措施

法治乡村建设实施措施是指围绕法治乡村建设目标和主要任务，所采取的有效保障落实机制和具体方法。根据国家《关于加强法治乡村建设意见》的顶层制度设计，法治乡村建设实施措施主要包括四方面：

1. 加强组织领导。各级党委和政府要全面落实《中国共产党农村工作条例》，把法治乡村建设作为全面依法治国和实施乡村振兴战略的基础工作来抓，落实县乡党政主要负责人履行推进法治建设第一责任人职责，加强领导、统一部署、统筹协调，及时研究解决法治乡村建设中的重大问题。各地要把法治乡村建设纳入本省、市、县法治建设总体规划，确定重点任务，分步实施，扎实推进法治乡村建设。

2. 强化支持保障。将法治乡村建设纳入基层政府绩效考核。加强法治乡村建设经费保障，列入财政预算，建立正常增长机制。统筹利用好现有经费渠道，大力支持法治乡村建设。结合优化乡村公共法律服务和管理的需要，加大对法治宣传阵地、基层司法所和公共法律服务站（室）及12348公共法律服务热线平台、网络平台的专项投入。

3. 注重工作实效。坚持从实际出发，坚持尊重群众意愿与教育引导群众相结合，因地制宜开展法治乡村建设。坚决反对形式主义，不搞"一刀切"，切实减轻基层负担，务求取得实效。

4. 加强工作指导。加强对法治乡村建设的组织实施和工作指导，强化督促检查，确保各项任务贯彻落实。注重培育、选树、宣传法治乡村建设中的好经验、好做法，发挥典型引领示范作用，推动法治乡村建设创新发展。

第四节　法治乡村建设的价值解析

关于法治乡村建设的价值，一方面是指作为法治乡村建设主体对法治乡村建设目标、建设内容、建设模式、建设效果的肯定评价或积极意义的认同；另一方面是法治乡村建设目标、建设内容、建设模式、建设效果对法治乡村建设主体需求的满足状况描述。价值问题的核心是主体与客体的价值需求与价值满足的契合程度。价值主体的独立单方需求或价值客体价值属性都不会发生价值问题。法治乡村建设主体包括建设方案设计主体、实施建设主体、考核评价主体等方面，其核心主体是建设设施主体；法治乡村建设客体包括建设目标、建设任务、建设内容、建设模式、建设效果等方面。法治乡村建设价值同时也具有多元多层次的价值体系，包括法治乡村建设的理论价值、实践价值与社会价值，法治乡村建设的目的价值与工具价值，法治乡村建设的内在价值与外在价值等多方面。下面主要集中对其理论、实践、社会价值进行论述。

一、法治乡村建设的理论价值

法治乡村建设的理论价值主要是指法治乡村建设目标、建设过程、建设效果等对于法治乡村建设主体所形成的促进认识提高、促进方法完善、促进理论提升的价值。具体包括三方面：

（一）法治乡村建设的促进认识提高价值

促进认识提高价值是指法治乡村建设目标、建设过程、建设效果等对于法治乡村建设主体所形成的促进认识提高、认识清晰、认识转变等的主观感知或客观效应。具体表现在三方面：

1. 法治乡村建设目标的启迪价值，即法治乡村建设目标有助于建设主体理性认识建设理念和建设途径、全面把握建设的基本功能作用。国家建设方案的顶层设计明确提出了法治乡村建设的近期目标是：到 2022 年基本实现两个完善三个明显提高，即涉农法律制度、乡村公共法律服务体系更加完善，基层执法质量和干部群众尊法学法守法用法的自觉性以及乡村治理法治化水平明显提高。远期目标是：到 2035 年，基本实现两个新高度两个现代化一个基本建成，即乡村法治可信赖、权利有保障、义务必履行、道德得遵守，乡风文明达到新高度，乡村社会和谐稳定开创新局面，乡村治理体系和治理能力基本实现现代化，法治乡村基本建成。这对法治乡村建设主体认识清晰、提高、转变具有重要启迪价值。

2. 法治乡村建设过程的揭示价值，即法治乡村建设的系统化、动态化、试验化的建设过程有助于科学揭示法治乡村建设的本质及其规律。法治乡村建设是一个从单一到多元，再到系统化的过程，也是主体之间、主体与客体在建设实践不断互动的过程，同时也是建设主体围绕建设目标和建设任务不断认识、实践、检验的过程。因此，其对于建设主体而言通过复杂、丰富、不断完善的实践过程有助于科学揭示和认识法治乡村建设的本质及其规律。

3. 法治乡村建设过程的发现价值，即法治乡村建设的客观过程有助于正确把握法治乡村建设事实状态，发现法治乡村建设中存在突出问题以及原因。法治乡村建设既是建设主体与建设客体不断互动的客观事实，也是建设主体不断认识建设客体及其自我活动的过程，也是建设问题不断展现并不断获得解决的过程。因此，法治乡村建设的客观过程有助于正确把握法治乡村建设事实状态，发现法治乡村建设中存在突出问题以及原因。

（二）法治乡村建设的促进方法完善价值

促进方法完善价值是指法治乡村建设的实践及其过程对建设主体建设经验、建设模式的形成和完善所具有的主观启发和客观催化效应。具体表现在两方面：

1. 法治乡村建设的方法提炼价值，即法治乡村建设系统化、实证化研究过程有助于总结提炼中国特色社会主义的法治乡村治理经验和模式。法治乡村建设既是设计主体理性思考、思维创新的过程，也是建设实施主体大胆实践、积极改革、主动创新的过程；既是设计主体理性形成建设目标、设置建设任务的过程，也是建设实施主体实现目标、完成建设任务的过程；既是设计主体理性架构建设路径和方法的过程，也建设实施主体不断实践、不断总结、不断检验形成建设模式的过程。因此，法治乡村建设具有方法提炼价值。

2. 法治乡村建设的特色凝练价值，即法治乡村建设因地制宜的建设原则和方法，有助于凝练法治乡村建设的特色。法治乡村建设既是设计主体理性思考、思维创新的过程，也是建设实施主体大胆实践、积极改革、主动创新的过程；既是设计主体理性形成建设目标、设置建设任务的过程，也是建设实施主体实现目标、完成建设任务、形成建设特色的过程；既是设计主体理性架构建设路径和方法的过程，也建设实施主体不断实践、不断总结、不断检验形成建设特色的过程。因此，法治乡村建设具有特色凝练价值。

（三）法治乡村建设促进理论提升价值

促进理论提升价值是指法治乡村建设的效果，借助建设主体的主观能动性作用对中国特色法治理论体系完善、法治文化品位提升、基层乡村治理模式提炼所具有的客观效应。具体表现在两方面：

1. 法治乡村建设效果对中国特色法治理论和法治文化的提升价值。从理论看，法治乡村建设既是建设过程与建设效果的统一，也是建设理念、建设方法、建设目标与建设实践的统一。从实践看，浙江桐乡从 2013 年在全国率先开展的基层社会治理实践，经过多少年的努力实践，业已成为全国基层乡村治理的重要品牌，被写入十九大报告，体现了新时代"枫桥经验"的精髓，代表了未来基层社会治理的发展方向。桐乡法治乡村建设经验所具有的独特价值就是对中国特色法治理论体系完善和法治文化品位的提升价值。

2. 法治乡村建设效果对中国特色社会主义基层治理模式的提升价值。从理论看，法治乡村建设既是建设过程与建设效果的统一，也是建设理念、建设方法、建设目标与建设实践的统一。从实践看，浙江桐乡从 2013 年在全国率先开展的基层社会治理实践，形成了自治、法治与德治"三治融合"的基层民主法治建设或基层治理模式。其"三治融合"的建设模式是中国特色社会主义法治社会建设的共建共治共享的新格局，是基层治理体系和治理能力现代化的标志性成果。桐乡法治乡村建设模式的独特价值就是对中国特色社会主义基层治理模式的提升价值。

二、法治乡村建设的实践价值

法治乡村建设的实践价值主要是指法治乡村建设目标、建设内容、建设原则、建设效果等对于法治乡村建设主体所形成的推进实践扩展和深入、促进实践效率提高、促进实践品位提升的价值。具体包括三方面：

（一）法治乡村建设的实践推进价值

实践推进价值是指法治乡村建设目标和任务对乡村民主法治建设的重要推进价值。具体表现在两方面：1. 法治乡村建设目标对乡村民主法治建设的重要推进价值。法治乡村建设的近期目标和远期目标的核心是乡村民主法治建设。建设主体依据建设目标开展建设实践，一方面体现了乡村治理实践的民主法治的建设需求，以人民为中心的发展思想的时代意义；另一方面展现了民主法治建设的科学内涵、理性意蕴、合理内核。因此，围绕法治乡村建设目标而展开的就是实践活动对乡村民主法治建设具有重要推进价值。

2. 法治乡村建设任务对乡村民主法治建设的重要推进价值。法治乡村建设内容包括涉农领域立法完善、涉农行政执法规范、乡村司法保障加强、乡村法治宣传教育强化、乡村公共法律服务完善、乡村矛盾纠纷化解和平安建设机制健全、乡村依法治理推进等多元丰富的内容。建设主体依据建设任务开展建设实践，一方面体现了乡村治理实践的民主法治的建设需求，人民美好生活需求；另一方面展现了民主法治建设的科学内涵、理性意蕴、合理内核。因此，围绕法治乡村建设内容而展开的建设实践活动对乡村民主法治建设具有重要推进价值。

（二）法治乡村建设的实践引领价值

实践引领价值主要是指法治乡村建设原则对中国特色社会主义乡村治理模式形成和完善的引领价值。国家法治乡村建设的顶层设计方案提出：坚持党的领导、坚持以人民为中心、坚持法治与自治、德治相结合，坚持从实际出发的基本建设原则。建设主体依据建设原则所开展的法治乡村建设实践，一方面契合了乡村治理实践对党的领导、以人民为中心、三治结合、从实际出发基本原则的现实需求；另一方面展现了党的领导、以人民为中心、三治结合、从实际出发基本原则科学意蕴、民主内涵、先进内核。因此，围绕法治乡村建设基本原则而展开的建设实践活动对乡村治理建设具有重要的实践引领价值。

（三）法治乡村建设效果对中国特色法治实践的提升价值

促进实践提升价值是指法治乡村建设的过程、方法和效果等，借助建设主体的主观能动性作用对中国特色法治实践创新、法治效益提高所具有的客观效应。具体表现在两方面：

1. 法治乡村建设的促进实践创新价值。从理论看，中国特色的乡村治理实践既是先进治理理念、科学治理方法、理想治理效果的有机统一，也是科学的指导思想、优秀传统文化、理性的实践经验的完美结合。从实践看，以桐乡为代表的法治乡村建设的地方性实践探索，通过不断实践创新上升为国家认同的典型经验模式，不仅代表了新时代中国乡村基层治理的新思维，具有示范价值和推广意义，而且具有促进实践创新价值。因此，以法治乡村建设方案为指导，以桐乡为代表的法治乡村建设实践经验模式，必然具有促进实践创新的价值。

2. 法治乡村建设的促进实践效益提高价值。从理论看，中国特色的乡村治理实践既是先进治理理念、科学治理方法、理想治理效果的结合成果，也是乡村治理主体经济政治和社会文化资源投入与经济政治和社会文化资源收益的比较成果。从实践看，以浙江的桐乡、奉化、天台、温岭、武义、宁海、新昌、浦江等为代表的法治乡村建设模式，以人民的美好生活需求为建设目标追求，以党建引领为建设基础，以"三治融合"为建设中心，以群众的广泛参与为建设关键，以治理机制的不断完善为建设保障。不仅最大限度降低了法治乡村建设的经济社会成本，而且最大限度地提升了法治乡村建设的经济社会效益。因此，以法治乡村建设方案为指导，以桐乡等为代表的法治乡村建设实践经验模式，必然具有促进实践效益提高的价值。

三、法治乡村建设的社会价值

法治乡村建设的社会价值主要是指法治乡村建设目标、建设内容、建设原则、建设效果等对于法治乡村建设主体所形成的推进国家经济、政治、社会、法治、文化发展战略的推进、奠基、保障和推动价值。具体包括四方面：

（一）法治乡村建设的政治战略价值

即法治乡村建设对国家治理体系和治理能力现代化的推进价值。国家法治乡村建设的顶层设计方案明确提出：到 2035 年乡村治理体系和治理能力基本实现现代化的建设目标。方案同时指出：健全乡村治理体系，确保广大农民安居乐业、农村社会安定有序，有利于打造共建共治共享的现代社会治理格局，推进国家治理体系和治理能力现代化。国家治理体系和治理能力现代化是相对于工业、农业、国防、科学技术现代化的第五个现代化，十八大以来党和国家特别重视国家治理的现代化。习总书记反复强调，没有国家治理的现代化，就不可能真正实现社会主义现代化。社会治理的基础在基层，薄弱环节在乡村。法治乡村建设既契合了国家治理现代化的需求，从国家治理最薄弱的环节乡村治理入手，通过法治乡村建设促进和提升国家治理水平。由此可见，法治乡村建设对国家治理体系和治理能力现代化的具有重要的推进价值。

（二）法治乡村建设的社会战略价值

即法治乡村建设对全面依法治国战略实施的奠基价值。国家法治乡村建设的顶层设计方案明确提出：法治乡村建设要走出一条符合中国国情、体现新时代特征的中国特色社会主义法治乡村之路，为全面依法治国奠定坚实基础。党的十八届四中全会报告提出了法治国家、法治政府、法治社会三位一体的法治建设方案。十九大报告提出："推动社会治理中心向基层下移，发挥社会组织的作用，实现政府治理和社会调节、居民自治良性互动。"法治乡村建设正是契合了全面依法治国战略和有效实现社会治理的需求，从国家治理最基础的环节乡村治理入手，通过法治乡村建设为全面依法治国实施奠定坚实的基础。由此可见，法治乡村建设对全面依法治国战略实施具有重要的奠基价值。

（三）法治乡村建设的经济战略价值

即法治乡村建设对乡村经济全面振兴和实现农业农村现代化的保障价值。社会有效治理与经济的高质量发展具有密切关系。社会的有效治理不仅具有自身的重要价值，也对经济的高质量发展具有重要的意义。党的十八大以来，面对我国经济发展进入新常态带来的深刻变化，以习近平同志为核心的党中央推动"三农"工作理论创新、实践创新、制度创新，坚持把解决好"三农"问题作为全党工作重中之重，切实把农业农村优先发展落到实处。而实施乡村振兴战略是实现全体人民共同富裕的必然选择。农业强不强、农村美不美、农民富不富，既关乎亿万农民的获得感、幸福感、安全感，也关乎全面建成小康社会全局。法治乡村建设正是契合了乡村经济全面振兴和实现农业农村现代化的需求，从国家治理现代化建设最基础的环节乡村法治建设入手，通过法治乡村建设为乡村经济全面振兴和实现农业农村现代化提供优质的法治环境。由此可见，法治乡村建设对乡村经济全面振兴和实现农业农村现代化具有重要的保障价值。

（四）法治乡村建设的文化战略价值

即法治乡村建设对优秀民族文化和社会主义先进文化与法治文化创新发展的推动价值。国家法治乡村建设的顶层设计方案明确提出：推动法治文化与民俗文化、乡土文化融合发展，组织编写、创作具有乡土文化特色、群众喜闻乐见的法治文化作品，广泛开展群众性法治文化活动。乡村文化是中国政治和社会治理中长期形成的优良传统文化，有教化乡邻、淳化民风之功能，对中国社会政治治理和有序运转发挥了独特作用；乡村文化也是中华传统文化的基础和根脉，是培育文明乡风、良好家风、淳朴民风的基层学校和课堂，引领社会向上向善，凝聚正能量，对国家稳定繁荣和人类文明贡献了东方智慧[①]。因此，在法治乡村建设中应充分发掘乡村文化的现代性价值，促进乡村文化与社会主义先进文化的融合，提振乡村文化的经济价值，凝聚乡村文化振兴的社会合力，增强乡村文化自信，树立新时代乡村文化观，推进乡村文化的现代转型和创新发展。

---

① 参见胡剑南. 乡村振兴战略背景下的乡村文化研究［J］. 重庆社会科学. 2019（5）：120—128。

第二章　法治乡村建设的实践研究

第一节　欠发达地区法治乡村建设的调研报告

国家《关于加强法治乡村建设意见》指出：各级党委和政府要全面落实《中国共产党农村工作条例》，把法治乡村建设作为全面依法治国和实施乡村振兴战略的基础工作来抓，落实县乡党政主要负责人履行推进法治建设第一责任人职责，加强领导、统一部署、统筹协调，及时研究解决法治乡村建设中的重大问题。各地要把法治乡村建设纳入本省、市、县法治建设总体规划，确定重点任务，分步实施，扎实推进法治乡村建设。为了进一步落实《意见》的精神，提升我国法治乡村建设的整体效果。课题组近两年对我国中部 4 省 8 市 19 个县（区）、43 乡镇、267 个农村进行较为全面系统的调研。旨在深入了解欠发达地区法治乡村建设的现状、法治乡村建设过程中存在的突出问题及原因，并为提升我国法治乡村建设的效果提供一些有益的意见建议。课题组在调研的基础上形成了此调研报告。

一、引言

（一）调研背景、目的、意义

党的十八大以来，在以习近平同志为核心的党中央领导下，我国开创了全面依法治国的新局面。党的十九大报告又明确提出："全面推进依法治国总目标是建设中国特色法治体系、建设中国特色社会主义法治国家"。

法治乡村建设正是对这一基本治国方略的呼应。党的十九届四中全会将坚持和完善中国特色社会主义制度、推进国家治理体系和治理能力现代化作为中心议题。乡村作为国家建设的一个重要基础领域，其法治进程直接影响着全面依法治国的大局。乡村法治建设的质量和水平不仅对于全面依法治国战略实施具有基础性、决定性作用，同时也对国家治理体系和治理能力现代化具有直接制约作用。因此，推进法治乡村建设既是全面依法治国战略的基础工程，也是实施形成振兴战略的重要法治保障。

2019年6月中共中央办公厅、国务院办公厅印发了《关于加强和改进乡村治理的指导意见》，提出要健全党组织领导的自治、法治、德治相结合的乡村治理体系，构建共建共治共享的社会治理格局。为深入贯彻落实党中央、国务院决策部署，推进法治乡村建设，为全面依法治国奠定坚实基础，为实施乡村振兴战略提供良好法治环境，2020年3月中央全面依法治国委员会印发了《关于加强法治乡村建设的意见》。要求："加强党对法治乡村建设的领导，健全党组织领导的自治、法治、德治相结合的乡村治理体系，坚持以社会主义核心价值观为引领，着力推进乡村依法治理，教育引导农村干部群众办事依法、遇事找法、解决问题用法、化解矛盾靠法，走出一条符合中国国情、体现新时代特征的中国特色社会主义法治乡村之路，为全面依法治国奠定坚实基础。"但是，法治乡村建设的重点在基层乡村，困难主要在欠发达地区，难点是如何在乡村经济普遍落后、乡村文化教育资源普遍缺失、乡村建设主体民主法治观念意识普遍淡薄、乡村基层领导干部较为短缺、乡村公共法律服务体系建设不完善、城乡公共服务资源不均衡、经济社会发展不平衡的现实情况下，大力推进法治乡村建设。

因此，为了准确把握欠发达地区公共法律服务体系建设的现状，厘清法治乡村建设工作存在的突出问题和深层次原因，全面提升法治乡村建设的水平，在省政法委和省法学会的领导下，组成专项课题研究小组开展实地调研。希望在弄清存在问题及原因的基础上，提出针对性的工作完善对策与措施，推动法治乡村建设质量水平的全面升级。

（二）调研地点、内容、对象

课题组本次调研从 2019 年 3 月 11 日到 2020 年 8 月 15 日历时 17 个月，调研分两部分。2019 年 3 月至 2020 年 2 月在省法学会会长的带领下，对我省司法厅、A 市、B 市、C 市三个设区的市 6 个县（区）的 13 个乡镇社区、12 个村委街办，山东省 A 和 B 两个设区的市四个县区围绕公共法律服务体系建设进行了实地考察调研（调研内容见调研报告 2）。2020 年 4 月至 2020 年 8 月主要围绕欠发达地区法治乡村建设问题，对我国 4 省（山西、河南、安徽、江西）8 个设区市 19 个县（区）、43 乡镇、267 个村居委社区进行调研。这些调查地区脱贫前属于国家级贫困县 4 个、贫困乡镇 14 个、村 37 个，分别占到全部被调查对象 21.1%、32.6%、13.9%；省级贫困县 11 个、贫困乡镇 23 个、贫困村 129 个，分别占到全部被调查对象 57.9%、53.5%、48.3%；革命老区 13 个县、26 个乡镇，分别占到全部被调查对象 68.4% 和 60.5%。已经获得全国民主法治示范乡镇 2 个，民主法治示范村（社区）9 个，分别占到全部被调查对象 4.7%、3.8%；省级民主法治示范乡镇 3 个，省级民主法治示范村（社区）14 个，分别占到全部被调查对象 7%、5.2%。

课题组主要围绕四方面问题开展调查研究：（1）欠发达地区法治乡村建设的现状；（2）欠发达地区法治乡村建设存在的突出问题及原因；（3）欠发达地区法治乡村建设的重点与难点问题；（4）欠发达地区提升法治乡村建设水平的基本对策。

围绕上述四方面的问题课题组进行系统调查研究。调查访谈对象包括市、县（区）、乡镇社区的党委、政府、政法委领导人员、司法行政人员、公共法律服务中心、所、站、室的人员、法律援助人员、公证人员、司法鉴定人员、人民调解员、社区矫正人员、基层法律服务人员、法院和检察院领导、公安干警、乡居委社区主要领导干部、村居委群众等群体的1600多人进行了问卷调查，对上述人员进行29场391人次深度访谈。

（三）调研方法、数据资料来源

本课题的研究方法主要包括三种：（1）运用社会实证分析研究的方法，在问卷调查、访谈、文献分析、典型个案分析的基础上对山西省公共法律服务平台和体系建设的现状、问题，山西省基层社会矛盾化解协同机制建设的现状、问题进行实证分析，形成两个调研报告；（2）运用比较分析的方法，对国外和省外公共法律服务平台和体系建设的经验进行借鉴。（3）运用理论概括、逻辑抽象的方法对山西省公共法律服务平台和体系建设和山西省基层社会矛盾化解协同机制建设的基本模式和特色化方案进行提炼概括。

本调研报告的数据主要通过实地调研、发放调查问卷、组织相关调研会议和深度访谈等方法收集数据资料；在调查对象和调查地点的选择方面，课题组根据2020年3月预调查的统计资料和经验总结，随后进行了全面系统的问卷调查和深度访谈。

课题组共发放调查问卷1600份，其中网络微信调查问卷600份，收回问卷583份，有效问卷578份，有效率89.7%；发放纸质版问卷1000份，回收974份，有效问卷925份，有效率92.5%。组织调研会和开展深度访谈29场，收集各类信息3701条，收集对策建议123条。

二、欠发达地区法治乡村建设现状的实证分析

欠发达地区法治乡村建设现状主要是指其整体建设的客观事实情况，包括被调查对象所在乡村村级组织和工作制度建设情况、法治宣传情况、自己获得法律知识的途径、村级重大事项决策的"四议两公开"的内容、村级"三务"公开内容、村民自治章程制定和执行情况、村法治文化阵地建设情况、村级小微权力清单及其执行情况、村民主评议制度执行情况、

村经济社会和谐发展推进项目内容、法治乡村建设的现状与司法保障情况等。但在调查问卷设计和访谈提纲设计中我们也加入一些被调查对象的主观认知情况，包括被调查对象对所在乡村法治乡村建设了解程度、了解途径、影响了解的因素、法治乡村建设指标体系内容的应然认知、被调查对象权利被侵犯或与他人发生纠纷后选择处理问题的方式等。下面我们从两方面具体分析。

（一）欠发达地区"法治乡村建设"总体情况

1. 法治乡村建设情况客观分析。客观分析主要是指被调查对象所在乡村法治乡村建设任务和指标完成的事实状态分析，在本次调查中主要包括六方面十项具体内容：

（1）村级组织和工作制度建设情况。根据问卷调查与访谈结果统计显示：在课题组收回的1503份调查问卷中，针对问卷提出："您所在乡村的党组织、村委及监督机构、廉政建设制度是否健全规范？"这一问题的回答是：认为"健全规范"的190人，占被调查对象的12.6%；而认为"基本健全规范"的515人，占被调查对象的34.3%；认为"健全不规范"的155人，占被调查对象的10.3%；认为"不健全规范"的132人，占被调查对象的8.7%；认为"不健全不规范"的197人，占被调查对象的13.1%；认为"不清楚"的314人，占被调查对象的20.9%。

针对上述问题课题组在访谈中，一方面同时让被访谈对象填写问卷；另一方面专门对这一问题进行讨论。访谈结果统计显示：391名访谈对象中认为"健全规范"的48人，占被访谈对象的12.3%；认为"基本健全规范"的130人，占被访谈对象的33.2%；认为"健全不规范"的41人，占被访谈对象的10.5%；认为"不健全规范"的33人，占被访谈对象的8.4%；认为"不健全不规范"的79人，占被访谈对象的20.2%；认为"不清楚"的60人，占被访谈对象的15.3%。问卷调查结果与访谈结果统计前四项指标基本一致，后两项指标正好相反。分析导致结果原因时发现，主要原因是访谈对象大多数属于领导干部，他们对此问题的认知度比问卷调查对象的整体认知度要准确性高。

表2-1-1：法治乡村建设中基层组织健全规范情况的调查结果统计

您所在乡村的党组织、村委及监督机构、廉政建设制度是否健全规范？	问卷调查结果统计（1503份有效问卷）	访谈结果统计（391个访谈对象）	平均值
A. 健全规范	190人，12.6%	48人，12.3%	12.6%
B. 基本健全规范	515人，34.3%	130人，33.2%	34.1%
C. 健全不规范	155人，10.3%	41人，10.5%	10.3%
D. 不健全规范	132人，8.7%	33人，8.4%	8.7%
E. 不健全不规范	197人，13.1%	79人，20.2%	14.6%
F. 不清楚	314人，20.9%	60人，15.3%	19.7%

（2）乡村民主建设情况。此项内容按照法治乡村建设的国家方案将其分为七项。一是村组织换届规范情况；二是运用民主方式解决重大民生问题情况；三是村级会议规范情况；四是自治章程制定和修改情况；五是村级"三务"公开情况；六是乡村小微权力清单制定与完善情况；七是村级民主评议制度执行情况。此项内容课题组在设计调查问卷时考虑到法治乡村建设的区域差异问题将其主要为设计七个问题，与方案略有不同。

其一、村级事务中村民民主权利行使情况。根据问卷调查与访谈结果统计显示：在课题组收回的1503份调查问卷和391份访谈结果中，针对问卷提出："您在村级各项事务中行使过哪些权利（多选题）"问题的答案是：排序是知情权的行使平均率36.1%，参与权的行使率平均33.6%，表达权平均行使率31.9%，监督权的平均行使率30.8%，没有行使的只占1.9%，不清楚的占63.9%。

课题组在访谈时专门针对调查情况与访谈对象进行讨论，探讨乡村民主权利行使率为何如此低？调查访谈获得的结果是：乡村干部认为，农村人口流失严重、不稳定、空心化问题突出，村里开一次会很难，有的村民一年甚至几年也不能见面。课题组问调查对象应该是相对稳定的乡村人口，为何调查结果还是如此低？村民们的解释是他们记忆不是很清楚，何况非村民人员也不一定清楚。

表 2-1-2-1：法治乡村建设中村民民主权利行使情况的调查结果统计

您在村级各项事务中行使过哪些权利（多选题）	问卷调查结果统计（1503 份有效问卷）	访谈结果统计（391 个访谈对象）	平均值
A．知情权	549 人，36.5%	134 人，34.3%	36.1%
B．参与权	508 人，33.8%	128 人，32.7%	33.6%
C．表达权	497 人，33.1%	109 人，27.8%	31.9%
D．监督权	481 人，32%	103 人，26.3%	30.8%
E．都没有	27 人，1.8%	9 人，2.3%	1.9%
F．不清楚	954 人，63.5%	257 人，65.7%	63.9%

其二、村级会议"四议两公开"规范情况。根据问卷调查与访谈结果统计显示：在课题组收回的 1503 份调查问卷和 391 份访谈结果中，针对问卷提出："您所在村级"四议两公开"制度实施情况如何"问题的答案是：认为"四议两公开都做的较好"占被调查访谈对象的 18.5%，认为"四议两公开基本能够做到"占被调查访谈对象的 34.5%，认为"四议可以公开不够"占被调查访谈对象的 14.4%，认为"四议不完整公开可以"占被调查访谈对象的 8.8%，认为"四议两公开都做得较差"占被调查访谈对象的 15.9%，认为"不清楚"占被调查访谈对象的 7.8%。

课题组在访谈时专门针对调查情况与访谈对象进行讨论，探讨"四议两公开"制度实施情况满意度。访谈对象普遍认为对于农村民主法治状况能够基本做到也不容易。

表 2-1-2-2：法治乡村建设中四议两公开制度实施情况的调查结果统计

您所在村级"四议两公开"制度实施情况如何？	问卷调查结果统计（1503 份有效问卷）	访谈结果统计（391 个访谈对象）	平均值
A. 四议两公开都做的较好	268 人，17.8%	83 人，21.2%	18.5%
B. 四议两公开基本能够做到	523 人，34.8%	131 人，33.5%	34.5%
C. 四议可以公开不够	211 人，14%	62 人，15.8%	14.4%
D. 四议不完整公开可以	120 人，8%	47 人，12%	8.8%
E. 四议两公开都做的较差	263 人，17.4%	38 人，9.7%	15.9%
F. 不清楚	118 人，7.9%	30 人，7.7%	7.8%

其三、村民自治章程制定与修改情况。此项制度是执行和落实最差的一项。根据问卷调查与访谈结果统计显示：在课题组收回的 1503 份调查问卷和 391 份访谈结果中，针对问卷提出："您所在村有《村民自治章程》吗？"被调查访谈对象选择"有"的 17 人，占被调查访谈对象的 0.89%，选择"没有"的 890 人，占被调查访谈对象的 47%，选择"不清楚"的 987 人，占被调查访谈对象的 52.1%，针对问卷提出"村民自治章程制执行得如何？"选择"执行较好"的 12 人，占被调查访谈对象的 6.3%，选择"执行一般"的 4 人，占被调查访谈对象的 0.02%，选择"没有执行"的 1 人，占被调查访谈对象的 0.005%，选择"不清楚"的 1878 人，占被调查访谈对象的 99.2%。

课题组在访谈时专门针对调查情况与访谈对象进行讨论，探讨"为什么乡村不知道自治章程"？访谈对象普遍认为现行国家的乡村管理制度执行好就可以，有无章程并不重要。

表 2-1-2-3：法治乡村建设中村民自治章程制定与修改情况的
调查结果统计

您所在村有《村民自治章程》吗？执行如何？	问卷调查结果统计（1503 份有效问卷）	访谈结果统计（391 个访谈对象）	平均值
A．有	13 人，0.86%	4 人，1%	0.89%
B．没有	678 人，45.1%	212 人，54.2%	47%
C．不清楚	812 人，54%	175 人，44.8%	52.1%
D．执行较好	9 人，6%	3 人，7.7%	6.3%
E．执行一般	3 人，0.02%	1 人，0.03%	0.02%
F．没有执行	1 人，0.007%	0 人，0%	0.005%
G．不清楚	1491 人，99.2%	387 人，99%	99.2%

其四、村级"三务公开"制度实施情况。此项制度的实施情况是最理想的。根据问卷调查与访谈结果统计显示：在课题组收回的 1503 份调查问卷和 391 份访谈结果中，针对问卷提出"您所在村级"三务公开"制度实施情况如何？"被调查访谈对象选择"党务村务财务全公开都做的较好"的 631 人，占被调查访谈对象的 33.3%，被调查访谈对象选择"党务村务财务基本公开"的 628 人，占被调查访谈对象的 33.2%，被调查访谈对象选择"三务公开栏有但监督组和意见箱没有"的 250 人，占被调查访谈对象的 13.2%，被调查访谈对象选择"三务公开不完整"的 270 人，占被调查访谈对象的 14.4%，被调查访谈对象选择"三务不公开"的 57 人，占被调查访谈对象的 3%，被调查访谈对象选择"不清楚"的 46 人，占被调查访谈对象的 3%。

表 2-1-2-4：法治乡村建设中三务公开制度实施情况的调查结果统计

您所在村级"三务公开"制度实施情况如何？	问卷调查结果统计（1503 份有效问卷）	访谈结果统计（391 个访谈对象）	平均值
A．党务村务财务全公开都做的较好	498 人，33.1%	133 人，34%	33.3%

续表

您所在村级"三务公开"制度实施情况如何？	问卷调查结果统计（1503 份有效问卷）	访谈结果统计（391 个访谈对象）	平均值
B. 党务村务财务基本公开	504 人，33.5%	124 人，31.7%	33.2%
C. 三务公开栏有但监督组和意见箱没有	196 人，13%	54 人，13.8%	13.2%
D. 三务公开不完整	213 人，14.2%	59 人，15.1%	14.4%
E. 三务不公开	47 人，3.1%	10 人，2.6%	3%
F. 不清楚	45 人，2.9%	11 人，2.8%	3%

其五、村级小微权力清单制定与完善情况。此项制度实施情况，根据问卷调查与访谈结果统计显示：在课题组收回的 1503 份调查问卷和 391 份访谈结果中，针对问卷提出："您所在村级"小微权力清单"制度实施情况如何？"被调查访谈对象选择"有"的 247 人，占被调查访谈对象的 13%；被调查访谈对象选择"无"的 767 人，占被调查访谈对象的 40.5%；被调查访谈对象选择"不清楚"的 1001 人，占被调查访谈对象的 52.9%。对于该项制度的执行情况，被调查访谈对象选择"执行较好"的 84 人，占被调查访谈对象的 4.4%；被调查访谈对象选择"执行一般"的 95 人，占被调查访谈对象的 5.5%；被调查访谈对象选择"没执行"和"不清楚"的均为 29 人，都占被调查访谈对象的 3%。

表 2-1-2-5：法治乡村建设中小微权力清单制度实施情况的调查结果统计

您所在乡村制定了小微权力清单吗？执行如何？	问卷调查结果统计（1503 份有效问卷）	访谈结果统计（391 个访谈对象）	平均值
A. 有	193 人，12.8%	54 人，13.8%	13%
B. 没有	619 人，41.2%	148 人，37.9%	40.5%
C. 不清楚	812 人，54%	189 人，48.3%	52.9%
D. 执行较好	68 人，4.5%	16 人，4.1%	4.4%

您所在乡村制定了小微权力清单吗？执行如何？	问卷调查结果统计（1503份有效问卷）	访谈结果统计（391个访谈对象）	平均值
E．执行一般	84人，5.6%	21人，5.4%	5.5%
F．没执行	20人，1.3%	9人，2.3%	1.5%
G．不清楚	21人，1.4%	8人，2%	1.5%

其六、村级民主评议制度落实情况。此项制度实施情况，根据问卷调查与访谈结果统计显示：在课题组收回的1503份调查问卷和391份访谈结果中，针对问卷提出："您所在村的民主评议制度执行如何？"被调查访谈对象选择"执行较好，每年最少评论一次"的319人，占被调查访谈对象的16.8%；选择"执行较好，每年最少评论一次"的319人，占被调查访谈对象的16.8%；选择"执行一般，评议不确定"的901人，占被调查访谈对象的47.6%；选择"没有执行"的532人，占被调查访谈对象的28.1%；选择"不清楚"的142人，占被调查访谈对象的7.5%。

表2-1-2-6：法治乡村建设中民主评议制度实施情况的调查结果统计

您所在村的民主评议制度执行如何？	问卷调查结果统计（1503份有效问卷）	访谈结果统计（391个访谈对象）	平均值
A．执行较好，每年最少评议一次	248人，16.5%	71人，18.2%	16.8%
B．执行一般，评议不确定	732人，48.7%	169人，43.2%	47.6%
C．没有执行	409人，27.2%	123人，31.5%	28.1%
D．不清楚	114人，7.6%	28人，7.2%	7.5%

（3）乡村法制建设推进情况。关于此项指标在国家建设方案中设计五个二级指标，即法制宣传进村入户、积极组织村集体法治培训、培育村民法治思维、完善乡村公共法律服务体系、健全德治与法治相结合治理体系。课题组问卷当初设计，一方面考虑我们对乡村公共法律服务有专门的调研报告，另一方面法治与德治相结合治理体系比较复杂没有设计调查内容，

调查内容主要集中在三方面。

其一、乡村法制宣传教育普及情况。此项制度主要考察法治乡村建设中农村法制宣传举办频次和内容。根据问卷调查与访谈结果统计显示：在课题组收回的 1503 份调查问卷和 391 份访谈结果中，针对问卷提出："您所在村的民主评议制度执行如何？"被调查访谈对象选择"未举办过"的 118 人，占 6.2%；选择"偶尔举办"的 850 人，占 44.9%；选择"经常举办"的 678 人，占 35.8%；选择"不清楚"的 248 人，占 13.1%；而在乡村法治宣传内容方面（多选题），被调查访谈对象选择"土地承包"的 876 人，占 46.3%；被调查访谈对象选择"婚姻家庭继承"的 1061 人，占 56%；被调查访谈对象选择"生态保护"的 26 人，占 1.4%；被调查访谈对象选择"道路交通安全"的 45 人，占 2.4%；被调查访谈对象选择"劳动保护"的 56 人，占 3%；被调查访谈对象选择"农产品质量安全"的 87 人，占 4.6%；被调查访谈对象选择"民间纠纷调解"的 959 人，占 50.6%；被调查访谈对象选择"扫黑除恶等"的 135 人，占 7.1%；被调查访谈对象选择"不清楚"的 833 人，占 44%。

由此可见，乡村法制宣传普及程度较低，法治宣传内容的覆盖面较窄，有待进一步加强。

表 2-1-3-1：法治乡村建设中乡村法治宣传普及情况的调查结果统计

您所在的地区是否举办过法治宣传教育活动？都做过哪些方面的法治宣传？（多选题）	问卷调查结果统计（1503 份有效问卷）	访谈结果统计（391 个访谈对象）	平均值
A. 从未举办	94 人，6.3%	24 人，6.1%	6.2%
B. 偶尔举办	694 人，46.2%	156 人，39.9%	44.9%
C. 经常举办	502 人，33.4%	176 人，45%	35.8%
D. 不清楚	213 人，14.1%	35 人，9%	13.1%
E. 土地承包	876 人，47.4%	876 人，41.7%	46.3%

您所在的地区是否举办过法治宣传教育活动？都做过哪些方面的法治宣传？（多选题）	问卷调查结果统计（1503份有效问卷）	访谈结果统计（391个访谈对象）	平均值
F. 婚姻家庭继承	857人，57%	204人，52.3%	56%
G. 生态保护	19人，1.3%	7人，1.8%	1.4%
H. 道路交通安全	37人，2.5%	8人，2.15%	2.4%
I. 劳动保护	45人，3%	11人，2.8%	3%
J. 农产品质量安全	67人，4.5%	20人，5.1%	4.6%
K. 民间纠纷调解	764人，50.8%	195人，49.9%	50.6%
L. 扫黑除恶等	74人，4.9%	61人，15.6%	7.1%
M. 不清楚	646人，43%	187人，47.7%	44%

其二、乡村法治文化阵地的建设情况。此项制度建设完善情况，根据问卷调查与访谈结果统计显示：在课题组收回的1503份调查问卷和391份访谈结果中，针对问卷提出："您所在乡村有哪些法律公共文化阵地？（多选题）"，被调查访谈对象选择"法治公园"的396人，占20.9%，选择"法治长廊"的163人，占8.6%，选择"法治宣传栏"的661人，占34.9%，选择"法治景区"的52人，占2.7%，选择"没有"的693人，占36.6%，选择"不清楚"的540人，占28.5%。

由此可见，宣传法治文化阵地建设情况一般，最多的"法治文化宣传栏"建设不足40%，还有40%乡村没有开始法治文化项目建设。

表2-1-3-2：法治乡村建设中乡村法治文化阵地建设情况的调查结果统计

您所在乡村有哪些法律公共文化阵地？（多选题）	问卷调查结果统计（1503份有效问卷）	访谈结果统计（391个访谈对象）	平均值
A. 法治公园	311人，20.7%	85人，21.7%	20.9%
B. 法治长廊	123人，8.2%	40人，10.2%	8.6%

续表

您所在乡村有哪些法律公共文化阵地？（多选题）	问卷调查结果统计（1503 份有效问卷）	访谈结果统计（391 个访谈对象）	平均值
C. 法治宣传栏	522 人，34.7%	139 人，35.5%	34.9%
D. 法治景区	42 人，2.8%	10 人，2.6%	2.7%
E. 没有	544 人，36.2%	149 人，38.1%	36.6%
F. 不清楚	437 人，29.1%	103 人，26.3%	28.5%

其三、乡村矛盾纠纷处理的解决。此项内容我们主要提供调查农民发生矛盾纠纷后的解决方式选择思维。根据问卷调查与访谈结果统计显示：在课题组收回的 1503 份调查问卷和 391 份访谈结果中，针对问卷提出："当您的权利受到侵害时，您会用什么方式解决？（多选题）"被调查访谈对象选择"通过法律途径解决"的 424 人，占 22.4%，选择"通过武力解决"的只有 23 人，占 1.2%，选择"通过找关系解决"的 957 人，占 50.5%，选择"忍气吞声不解决"的 84 人，占 4.4%，选择"请求权威机构人士协商解决"的 327 人，占 17.3%，选择"不清楚如何解决"的 295 人，占 15.6%。

由此可见，通过乡村矛盾纠纷处理的解决途径的调查可知，一方面乡村矛盾纠纷解决方式选择大多数人仍选择"通过找关系解决"，而且比例高达 50%；另一方面乡村矛盾纠纷处理途径选择"通过法律途径解决"的仍不占主导方式，乡村法治思维与法治方式培养仍是今后法治乡村建设的重点工作。

表 2-1-3-3：法治乡村建设中乡村矛盾纠纷处理情况的调查结果统计

您认为矛盾纠纷处理最有效的方式？（多选题）	问卷调查结果统计（1503 份有效问卷）	访谈结果统计（391 个访谈对象）	平均值
A. 通过法律途径解决	336 人，22.4%	88 人，22.5%	22.4%
B. 通过武力解决	17 人，1.1%	6 人，1.5%	1.2%

您认为矛盾纠纷处理最有效的方式？（多选题）	问卷调查结果统计（1503 份有效问卷）	访谈结果统计（391 个访谈对象）	平均值
C．通过找关系解决	743 人，49.3%	214 人，54.7%	50.5%
D．忍气吞声不解决	62 人，4.1%	22 人，5.6%	4.4%
E．请求权威机构人士协商解决	249 人，16.6%	78 人，19.9%	17.3%
F．不清楚如何解决	224 人，14.9%	71 人，18.1%	15.6%

（4）乡村经济社会和谐发展情况。关于此项指标国家法治乡村建设指导方案中规定了三方面内容，即落实国家各项惠农政策、乡村公益事务公共事业健康发展、乡村绿色环境建设。课题组在调查问卷和访谈提纲设计中针对这三项二级指标进行调研。问卷调查与访谈结果统计显示：在课题组收回的 1503 份调查问卷和 391 份访谈结果中，针对问卷提出："您认为你所在乡村经济社会发展中哪些项目推进较好？"被调查访谈对象选择"国家各项惠民政策落实到位"的 530 人，占 28%，选择"乡村公益事务公共事业健康发展"的只有 173 人，占 9.1%，选择"乡村绿色环境建设的好"的 206 人，占 10.9%，选择"其他方面建设有成效"的 116 人，占 6.1%，选择"该项工作建设整体较差"的 345 人，占 18.2%，选择"不清楚"的 560 人，占 29.6%。

总之，此项工作在法治乡村建设中效果一般，不清楚此项工作进展情况的占到近 30%，而近 20% 的被调查者认为此项工作整体推进较差，相对推进最好的"国家各项惠民政策落实到位"的认同率不足 30%。

课题组在访谈调查时专门对此项工作推进较差的原因进行讨论，被访谈对象普遍认为，在乡村经济振兴中面临严重困境、法治乡村建设主体严重缺位、乡村文化教育资源严重短缺的情况下推进该项工作难度较大。江浙地区之所以此项工作进展得好是上述三方面条件较好。当然，被访谈对象也不否认欠发达地区此项工作推进差，存在建设主体的主体自觉性差的因素。

表 2-1-4-1：法治乡村建设中经济社会和谐发展情况的调查结果统计

您认为你所在乡村经济社会发展中哪些项目推进较好？（多选题）	问卷调查结果统计（1503 份有效问卷）	访谈结果统计（391 个访谈对象）	平均值
A. 国家各项惠民政策落实到位	433 人，28.8%	97 人，24.8%	28%
B. 乡村公益事务公共事业健康发展	137 人，9.1%	36 人，9.2%	9.1%
C. 乡村绿色环境建设得好	158 人，10.5%	48 人，12.3%	10.9%
D. 其他方面建设有成效	89 人，5.8%	27 人，6.9%	6.1%
E. 该项工作建设整体较差	278 人，18.5%	67 人，17.1%	18.2%
F. 不清楚	434 人，28.8%	126 人，32.2%	29.6%

（5）法治乡村建设组织保障情况。关于此项指标国家法治乡村建设指导方案中规定了两方面内容，即地方各级党政主要负责人认真落实法治建设情况和司法行政、民政部门认真履行主管部门职责保障落实情况。课题组在调查问卷和访谈提纲设计中针对这两项二级指标进行调研。根据问卷调查与访谈结果统计显示：在课题组收回的 1503 份调查问卷和 391 份访谈结果中，针对问卷提出："您所在乡村的"法治乡村建设"在行政和司法保障方面有何成就？"被调查访谈对象选择"地方党政主要负责人保障落实到位"的 243 人，占 12.8%，选择"乡镇对创建法治乡村示范建设工作部署落实扎实"的 230 人，占 12.1%，选择"行政司法保障部门部署落实到位"的 104 人，占 5.5%，选择"行政司法部门相关法治宣传得好"的 107 人，占 5.6%，选择"其它方面建设有成就"的 89 人，占 5.2%，选择"该项工作建设整体较差"的 399 人，占 21.1%，选择"不清楚"的 664 人，占 35.1%。

由此可见，此项工作整体较差，一方面 21.1% 和 35% 的被调查者认为对此项工作不清楚和整体做得较差；另一方面其它几方面工作也做得较差平均认同率都在 10% 左右。但值得注意的是，在前两项工作中问卷调查结果与访谈结果统计数据比率差异明显，而且差异比超过 15%。由此，课题组在访谈时专门就两方面问题进行讨论：一是该项工作整体推进差的原因？二是前两项指标差异明显的原因？对于该项工作整体推进差的原因绝大多数被访谈者认为，法治乡村建设工作 2020 年国家制定方案，许多行政司法机关不太了解，推进力度不够是主要原因；但法治乡村建设政府主导推进，上级党政引领与基层党政落实对接机制不畅通也是重要的原因。而关于前两项指标差异明显的原因被访谈对象主要认为：问卷调查对象与访谈对象客观存在差异，问卷调查对象人员类型复杂，许多群众并不了解实际工作推进情况，而访谈对象大部分是基层干部比较了解情况。

表 2-1-5-1：法治乡村建设中组织保障情况的调查结果统计

您所在乡村的"法治乡村建设"在行政和司法保障方面有何成就？（多选题）	问卷调查结果统计（1503 份有效问卷）	访谈结果统计（391 个访谈对象）	平均值
A. 地方党政主要负责人保障落实到位	147 人，9.7%	96 人，24.6%	12.8%
B. 乡镇对创建法治乡村示范建设工作部署落实扎实	134 人，8.9%	96 人，24.6%	12.1%
C. 行政司法保障部门部署落实到位	68 人，4.5%	36 人，9.2%	5.5%
D. 行政司法部门相关法治宣传得好	69 人，4.6%	38 人，9.7%	5.6%
E. 其他方面建设有成效	66 人，4.4%	23 人，5.9%	4.7%
F. 该项工作建设整体较差	312 人，20.8%	87 人，22.3%	21.1%
G. 不清楚	532 人，35.4%	132 人，33.8%	35.1%

（6）法治乡村建设示范村情况。关于此项指标比较客观，调查结果可靠性也比较明显。根据调查结果显示：课题组调查的 43 乡镇、267 个村居委社区中，已经获得全国民主法治示范乡镇 2 个，民主法治示范村（社区）9 个，分别占到全部被调查对象 4.7%、3.4%；获得省级民主法治示

范乡镇 3 个，省级民主法治示范村（社区）14 个，分别占到全部被调查对象的 7%、5.2%；正在申报省级民主法治示范村设区有 8 个，占被调查对象的 3%。已经获得示范乡镇比率 11.6%，已经获得示范乡村社区比率 8.6%，可能获得比率 3%。这一结果目前还是比较理想的，但距离国家建设目标还是有相当距离的。

表 2-1-6-1：法治乡村建设中民主法治示范村社区情况的调查结果统计

民主法治示范村建设情况	43 个乡镇	267 个村社区	平均
已经获得国家级	2 个，4.7%	9 个，3.4%	
已经获得省级	3 个，7%	14 个，5.2%	
正在申报省级	0 个，0%	8 个，3%	3%
平均比率	5 个，11.6%	23 个，8.6%；31 人，11.6%	

2. 法治乡村建设的主观认知度分析。主观认知度是指被调查对象对于法治乡村建设相关问题的主观认识和评价态度。在本次调查中涉及五方面内容。

（1）法治乡村建设实施情况的主观评价。此项指标课题组旨在理解把握欠发达地区对法治乡村建设整体的了解程度。根据调查结果显示：在课题组收回的 1503 份调查问卷和 391 份访谈结果中，针对问卷提出："您对我国"法治乡村建设"的实施情况是否了解？"被调查访谈调查选择"很了解"的 185 人，占 9.8%，选择"基本了解"的 459 人，占 24.2%，选择"知道一些"的 768 人，占 40.5%，选择"不清楚"的 460 人，占 24.3%。

由此可见，法治乡村建设作为一项当前主要工作，被调查对象了解程度较低，只有不足 10% 的人很了解，了解一些和不了解占到了 64.7%。由此，加强该项工作的宣传力度，提高国家政策在乡村建设主体的整体知悉度还任重道远。

表 2-2-1-1：法治乡村建设中了解度情况的调查结果统计

您对法治乡村建设工作是否了解？	调查问卷统计	访谈结果统计	平均
A. 很了解	149 人，9.9%	36 个，9.2%	9.8%
B. 基本了解	374 人，24.9%	85 个，21.7%	24.2%
C. 知道一些	611 人，40.7%	157 个，40.2%	40.5%
D. 不清楚	369 人，24.5%	91 个，23.3%	24.3%

（2）法治乡村建设情况了解的途径分析。关于此项指标课题组旨在了解被调查对象的了解法治乡村建设途径，间接了解法治乡村建设推进路径情况。根据调查结果显示：在课题组收回的 1503 份调查问卷和 391 份访谈结果中，针对问卷提出："您对我国治乡村建设工作了解的主要途径？"被调查访谈调查选择"通过广播、电视、报纸等媒体"的 164 人，占 8.6%，选择"组织参与该项工作中了解"的 777 人，占 41%，选择"乡镇村社区普法宣传了解"的 393 人，占 20.7%，选择"日常聊天了解"的 152 人，占 8%，选择"自己主动学习了解"的 97 人，占 5.1%，选择"其他途径了解"的 322 人，占 17%。

由此可见，被调查对象对法治乡村建设工作的理解途径主要是通过"组织参与该项工作中了解"的，占到 41%，通过"乡镇村社区普法宣传了解"的 20.7%，两项加到一起达 61.6%；其它途径较少。说明法治乡村建设中普法宣传力度需要继续加大。

表 2-2-2-1：法治乡村建设中了解途径情况的调查结果统计

您对法治乡村建设工作了解途径？	调查问卷统计	访谈结果统计	平均
A. 通过广播、电视、报纸等媒体	123 人，8.2%	41 人，10.5%	8.6%
B. 组织参与该项工作中了解	685 人，41%	92 人，23.5%	41%
C. 乡镇村社区普法宣传了解	314 人，20.9%	79 人，20.2%	20.7%

续表

您对法治乡村建设工作了解途径？	调查问卷统计	访谈结果统计	平均
D. 日常聊天了解	128 人，8.5%	24 人，6.1%	8%
E. 自己主动学习了解	76 人，5.1%	21 人，5.4%	5.1%
F. 其他途径了解	188 人，12.5%	134 人，34.3%	17%

（3）影响对法治乡村建设情况了解的因素。关于此项指标课题组旨在掌握影响被调查对象对法治乡村建设了解的因素，便于今后法治乡村建设的推进。根据调查结果显示，在课题组收回的 1503 份调查问卷和 391 份访谈结果中，针对问卷提出问题，被调查访谈对象选择"乡镇村社区没有组织相关培训"的 194 人，占 10.2%，选择"乡镇村没有组织开展此项工作"的 205 人，占 10.8%，选择"自己没有参加学习培训"的 271 人，占 14.3%，选择"自己不关心此项工作"的 293 人，占 15.5%，选择"与其他人交流也未听过此事"的 65 人，占 3.4%，选择"其他原因"的 229 人，占 12.1%。

由此可见，影响村民对法治乡村建设情况了解的因素较多，每一种因素都存在，但都不太突出。由此，今后法治乡村建设工作推进要从做好相关工作的组织宣传做起，注意各方面因素对村民的影响。

表 2-2-3-1：法治乡村建设中影响工作了解因素情况的调查结果统计

影响您对法治乡村建设工作了解的因素？	调查问卷统计	访谈结果统计	平均
A. 乡镇村社区没有组织相关培训	151 人，10%	43 人，11%	10.2%
B. 乡镇村没有组织开展此项工作	164 人，10.9%	41 人，10.5%	10.8%
C. 自己没有参加学习培训	213 人，14.2%	58 人，14.8%	14.3%
D. 自己不关心此项工作	236 人，15.7%	57 人，14.6%	15.5%
E. 与其他人交流也未听过此事	47 人，3.1%	18 人，4.6%	3.4%
F. 其他原因	192 人，12.8%	37 人，9.5%	12.1%

（4）法治乡村建设指标体系的应然认知。关于此项指标课题组旨在掌握被调查对象对法治乡村建设评价指标体系的认识及认同率，并根据被调查对象的理解提出完善建议。国家指导建设指标主要包括五个一级指标，即村级组织健全完善、基层民主规范有序、法制建设扎实推进、经济社会和谐发展、组织保障坚强有力。课题组希望通过调研能够获得被调查对象对指标体系的完善建议。根据调查结果显示，在课题组收回的1503份调查问卷和391份访谈结果中，针对问卷提出问题，被调查访谈调查选择"村级组织健全完善"的1178人，认同度为62.2%，选择"基层民主规范有序"的1218人，认同度为64.3%，选择"法制建设扎实推进"的1241人，占65.5%，选择"经济社会和谐发展"的949人，占50.1%，选择"组织保障坚强有力"的935人，占49.4%，选择"其它指标"的415人，占21.9%，选择"不清楚"的653人，占34.5%。

由此可见，被调查对象对法治乡村建设指标体系认同度最高的是"法制建设扎实推进"认同度达65.5%，认同度超过60%的还包括"基层民主规范有序"和"村级组织健全完善"；而对其它两个指标认同度也基本达到50%。被调查对象其他建议不集中，认同度最高的提出"法治乡村建设特色"认同度达15.6%，其它建议指标都很分散。另外，还有34.5%的被调查者不清楚。

表2-2-4-1：法治乡村建设中对评价指标体系的认同度情况的调查结果统计

您认为法治乡村建设指标体系应该包括哪些？（多选题）	调查问卷统计	访谈结果统计	平均
A. 村级组织健全完善	945人，62.9%	233人，59.6%	62.2%
B. 基层民主规范有序	969人，64.5%	249人，63.7%	64.3%
C. 法制建设扎实推进	974人，64.8%	267人，68.3%	65.5%
D. 经济社会和谐发展	721人，50%	228人，58.3%	50.1%

续表

您认为法治乡村建设指标体系应该包括哪些？（多选题）	调查问卷统计	访谈结果统计	平均
E. 组织保障坚强有力	697 人，46.4%	238 人，60.9%	49.4%
F. 其他指标	346 人，23%	69 人，17.6%	21.9%
G. 不清楚	529 人，35.2%	124 人，31.7%	34.5%

（5）法治乡村建设满意度分析。关于法治乡村建设的满意度我们通过问卷调查与访谈相结合的方法进行了系统调研。根据调查结果显示：在课题组收回的 1503 份调查问卷和 391 份访谈结果中，被调查访谈对象选择"很满意""基本满意""一般""不满意""不清楚"的分别为 4.2%、27.7%、15.3%、32.2%、20.6%。由此，总体上看，目前欠发达地区法治乡村建设的满意度较低。

表 2-2-5-1：法治乡村建设中满意度的调查结果统计

您对所在乡镇法治乡村建设满意吗？	调查问卷统计	访谈结果统计	平均
A. 很满意	62 人，4.1%	18 人，4.6%	4.2%
B. 基本满意	439 人，29.2%	86 人，21.9%	27.7%
C. 一般	197 人，13.1%	92 人，23.5%	15.3%
D. 不满意	504 人，33.5%	106 人，27.1%	32.2%
E. 不清楚	301 人，20%	89 人，22.8%	20.6%

但是，根据满意度调研我们在最后数据统计中发现个别地区满意度较高。已经建成民主法治示范村社区的基本满意度在 71%，这说明法治乡村建设效果与满意度应当是正相关关系。调查结果显示国家和省级民主法治示范村的被调查访谈对象的基本满意度平均为 71%。

表 2-2-5-2：法治乡村建设中民主法治示范村社区满意度情况的
调查结果统计

民主法治示范村满意度	43个乡镇	满意度	267个村	满意度	平均值
已经获国家级	2个，48人	12+18	9/19人	5+11	65.8%
已经获省级	3个，75人	23+37	14/31人	9+16	70.8%
正在申报省级	0个，0	0	8/17人	4+7	64.7%
平均比率	5个，133人	35+55=90	5/67人	18+34=52	71%

三、欠发达地区法治乡村建设存在突出问题及原因

（一）欠发达地区法治乡村建设存在的突出问题

关于法治乡村建设中存在问题，课题组在前期预调查中首先根据调查结果初步意见进行了梳理，在此基础上对这些问题进行了深度访谈，最后对问卷和访谈提纲进行了完善。然后进行全面系统问卷调查和结构访谈。根据调查访谈结果统计显示，实践中存在的突出问题主要包括：村级组织建设不健全，村党组织领导作用不明显；基层民主建设不健全不规范；乡村法治建设推进力度不够；乡村经济社会建设滞后发展不平衡；法治乡村建设的行政司法保障不足；乡村公共法律服务不完善。其它问题主要集中在法治乡村建设模式、乡村文化教育资源、法治乡村建设特色等三方面。

在课题组收回的 1503 份调查问卷和 391 份访谈结果中，认为主要问题是"村级组织建设不健全，村党组织领导作用不明显"的，调查问卷与访谈结果分别为 58% 和 56%，平均值 57.6%；认为主要问题是"基层民主建设不健全不规范"的，调查问卷与访谈结果分别为 65.4% 和 64.2%，平均值 65.2%；认为主要问题是"乡村法治建设推进力度不够"的，调查问卷与访谈结果分别为 60.3% 和 60%，平均值 60.2%；认为主要问题是"乡村经济社会建设滞后发展不平衡"的，调查问卷与访谈结果分别为 72.5% 和 71.4%，平均值 72.2%；认为主要问题是"法治乡村建设的行政司法保

障不足"的，调查问卷与访谈结果分别为 56.4% 和 55%，平均值 56.1%；认为主要问题是"公共法律服务不完善"的，调查问卷与访谈结果分别为 37.7% 和 36.6%，平均值 37.5%；认为主要问题是"其他问题"的，调查问卷与访谈结果分别为 30.5% 和 30.2%，平均值 30.4%；还有对主要问题是"不清楚"的，调查问卷与访谈结果分别为 26.9% 和 28.6%，平均值 27.3%。

由此可见，被调查对象认为目前法治乡村建设最突出的问题是"乡村经济社会建设滞后发展不平衡"，分别由 1089 名被调查者与 279 名被访谈者共 1368 人选择此项，平均认同度达 72.2%。排在第二、三位的还包括："乡村基层民主规范不健全不完善"与"乡村法治建设推进力度不够"，分别由 1234 名、1141 名被调查访谈者选择了此项，平均认同率均在 60% 以上。其它两项"村级组织建设不健全，村党组织领导作用不明显"与"法治乡村建设的行政司法保障不足"被调查访谈者的平均认同率分别为 57.6% 和 56.1%。这说明国家法治乡村建设指导性指标体系要求建设的重点内容或重点指标的重要性。对于其他问题主要集中在三方面：法治乡村建设模式运用难、乡村文化教育资源严重缺失、法治乡村建设特色难以形成特色，这三个问题被调查访谈者的认同率分别为 31.3%、30.8%、29.2%。

表 3-1-1-1：法治乡村建设中存在突出问题的调查结果统计

您认为法治乡村建设中存在的突出问题有哪些？（多选题）	调查问卷统计	访谈结果统计	平均
A. 村级组织建设不健全，村党组织领导作用不明显	872 人，58%	219 人，56%	57.6%
B. 乡村基层民主规范不健全不完善	983 人，65.4%	251 人，64.2%	65.2%
C. 乡村法治建设推进力度不够	907 人，60.3%	234 人，60%	60.2%
D. 乡村经济社会建设滞后发展不平衡	1089 人，72.5%	279 人，71.4%	72.2%

您认为法治乡村建设中存在的突出问题有哪些？（多选题）？	调查问卷统计	访谈结果统计	平均
E. 法治乡村建设的行政司法保障不足	847 人，56.4%	215 人，55%	56.1%
F. 乡村公共法律服务不完善	567 人，37.7%	143 人，36.6%	37.5%
G. 其它问题	458 人，30.5%	118 人，30.2%	30.4%
H. 不清楚	405 人，26.9%	112 人，28.6%	27.3%

围绕上述几方面突出问题，课题组在访谈时与访谈对象进行了深入交谈，一方面对这些突出问题的主要表现进行深入讨论；另一方面对存在问题的原因进行了深入分析（原因问题下文详论）。针对这些突出问题的具体表现为十五个方面：（1）基层组织不健全；（2）主要领导长期脱岗；（3）村民自治制度未常规化；（4）民主评议制度不规范；（5）村小微权力无清单；（6）法治宣传不经常不深入；（7）德治与法治治理体系不健全；（8）农村经济普遍落后；（9）新一代农民主体缺失；（10）乡村经济发展不平衡；（11）乡镇对建设工作不重视；（12）县区司法行政协同保障不足；（13）法治乡村建设模式运用难；（14）乡村文化教育资源严重缺失；（15）法治乡村建设特色难以形成。

表 3-1-1-2：法治乡村建设中存在突出问题的具体表现调查结果统计

您认为法治乡村建设中存在的突出问题有哪些？	存在问题具体表现	访谈结果统计	平均
A. 村级组织建设不健全，村党组织领导作用不明显	1. 基层组织不健全	217 人，55.5%	56%
	2. 主要领导长期脱岗	221 人，57%	
B. 乡村基层民主规范不健全不完善	3. 村民自治制度未常规化	256 人，65.5%	64.2%
	4. 民主评议制度不规范	249 人，63.7%	
	5. 村小微权力无清单	248 人，63.4%	

续表

您认为法治乡村建设中存在的突出问题有哪些？	存在问题具体表现	访谈结果统计	平均
C. 乡村法治建设推进力度不够	6. 法治宣传不经常不深入	238 人，60.9%	60.2%
	7. 德治与法治治理体系不健全	230 人，58.8%	
D. 乡村经济社会建设滞后发展不平衡	8. 农村经济普遍落后	283 人，72.4%	71.4%
	9. 新一代农民主体缺失	279 人，71.4%	
	10. 乡村经济发展不平衡	275 人，70.3%	
E. 法治乡村建设的行政司法保障不足	11. 乡镇对建设工作不重视	222 人，56.8%	55%
	12. 县区司法行政协同保障不足	208 人，53.2%	
F. 乡村公共法律服务不完善	13. 乡村法律服务体系不健全	132 人，33.7%	36.6%
	14. 基层法律人才严重缺失	154 人，39.4%	
G. 其它问题	15. 法治乡村建设模式运用难	108 人，27.6%	30.2%
	16. 乡村文化教育资源严重缺失	128 人，32.7%	
	17. 法治乡村建设特色难以形成	118 人，30.2%	
H. 不清楚		112 人，28.6%	28.6%

（二）欠发达地区法治乡村建设存在问题的原因

关于法治乡村建设存在问题的原因，通过被调查访谈对象的反馈信息整理后，又重点在访谈环节进行深入探讨。调查访谈结果显示：

认为法治乡村建设存在问题原因排在前三位依次分别是："乡村经济落后"，占调查访谈者的89.2%；"乡村文化教育资源缺失"，占调查访谈者的75.4%；"参与主体整体民主法治道德自律意识淡薄"，占调查访谈者的66.8%。其它原因还包括："基层各级组织部署落实保障不到位""基层乡村社会矛盾纠纷较多且复杂""城乡经济社会发展不平衡"，分别占被调查访谈者的56%、55% 和52.9%。

表 3-2-2-1：法治乡村建设中存在突出问题的原因调查结果统计

您认为法治乡村建设中存在问题的原因有哪些？（多选题）	调查问卷统计	访谈结果统计	平均
A. 基层各级组织部署落实保障不到位	835 人，55.5%	223 人，57%	56%
B. 参与主体整体民主法治道德自律意识淡薄	1002 人，66.7%	264 人，67.5%	66.8%
C. 乡村经济落后	1356 人，90.2%	334 人，85.4%	89.2%
D. 乡村文化教育资源缺失	1147 人，76.3%	281 人，71.9%	75.4%
E. 基层乡村社会矛盾纠纷较多且复杂	824 人，54.8%	217 人，55.5%	55%
F. 城乡经济社会发展不平衡	761 人，50.6%	241 人，61.6%	52.9%
G. 基层各级组织法治宣传教育组织落实不到位与宣传培训不规范	543 人，36.1%	127 人，32.5%	35.4%
H. 其它问题	324 人，21.6%	101 人，25.8%	22.4%
I. 不清楚	147 人，9.8%	57 人，14.6%	10.8%

　　针对法治乡村建设中存在问题的主要原因，课题组访谈时与被访谈对象进行了深入交流，获得基本一致的认识。被调查访谈者之所以认为乡村经济落后是第一位原因，对于欠发达地区而言，虽然不能说经济落后民主法治建设就一定差，但法治乡村建设确实需要乡村经济振兴来支撑。在三分之二乡村建设者流入城市，七零后的农民基本不存在的情况下，推进法治乡村建设难度很大。乡村文化教育资源严重缺失直接会导致法治乡村建设陷入困境，试想在一个小镇连一所初中都没有，如何有效开展法治乡村建设。法治乡村建设参与主体整体民主法治道德自律意识淡薄，"三治融合"模式就是一句空话，整体建设主体自觉缺失、建设主体缺位，法治乡村建设依靠什么力量去推动。

四、欠发达地区法治乡村建设的重点问题与难点问题

（一）欠发达地区法治乡村建设的重点问题

关于法治乡村建设的重点问题，课题组在前期预调研中认为主要包括建设主体问题、建设内容问题、建设模式问题、建设效果问题。在调查问卷设计中结合国家建设指导方案将"法治乡村建设主体自觉""乡村民主法治建设推进""乡村公共法律服务体系建设""法治乡村建设模式选择""乡村矛盾纠纷有效解决"五方面问题列入调查问卷的答案，同时设计了一个开放性的答案。调查访谈结果显示，认为法治乡村建设重点问题主要是"法治乡村建设主体自觉"的占被调查访谈者的65%，主要是："乡村民主法治建设推进"的占被调查访谈者的67.8%，"乡村公共法律服务体系建设"的占被调查访谈者的64.3%，"法治乡村建设模式选择"的占被调查访谈者的68.8%，"乡村矛盾纠纷有效解决"的占被调查访谈者的65.8%，"其他问题"的占被调查访谈者的43.8%，"不清楚"的占被调查访谈者的31.9%。

由此可见，法治乡村建设中的重点问题，课题组与被调查访谈者基本形成一致意见。调查问卷和访谈提纲所设计的主要五方面问题认同率均在65%以上。

表 4-1-1-1：法治乡村建设中重点问题的调查结果统计

您认为法治乡村建设中重点问题有哪些？（多选题）	调查问卷统计	访谈结果统计	平均
A．法治乡村建设主体自觉	987 人，65.7%	244 人，62.4%	65%
B．乡村民主法治建设推进	1026 人，68.3%	259 人，66.2%	67.8%
C．乡村公共法律服务体系建设	973 人，64.7%	257 人，65.7%	64.9%
D．法治乡村建设模式选择	1047 人，69.7%	256 人，65.5%	68.8%

您认为法治乡村建设中重点问题有哪些？（多选题）	调查问卷统计	访谈结果统计	平均
E. 乡村矛盾纠纷有效解决	1018 人，67.7%	229 人，58.6%	65.8%
F. 其他问题	672 人，44.7%	157 人，40.2%	43.8%
G. 不清楚	477 人，31.7%	127 人，32.5%	31.9%

至于被调查访谈提出的其它重点问题，我们也做了汇总梳理，主要包括三方面问题，即法治乡村建设经费问题、法治乡村建设环境问题、法治乡村建设机制问题。但是这三方面问题意见较为分散，认同率都不足20%。除此之外，还有二方面问题，如法治乡村建设统一领导机构建立和法治乡村建设的效果评价问题，认同率更低不足10%。

（二）欠发达地区法治乡村建设的难点问题

关于法治乡村建设的难点问题，课题组在前期预调研中认为主要包括乡村经济振兴、乡村文化教育资源优化、乡村矛盾纠纷有效解决、法治乡村建设模式选择四方面问题。调查访谈结果显示作为难点问题"乡村经济振兴"问题认同率最高达80.9%，排在第二的是"乡村文化教育资源优化"问题认同率78%，排在第三、四、五位的难点问题分别是"乡村公共法律服务体系建设""乡村矛盾纠纷有效解决""乡村治理模式选择"，认同率分别为69.6%、66.8%和60.2%。

而在被调查访谈对象认为其它难点问题中意见最集中、认同率最高的是"法治乡村建设特色"问题，其认同率达41.8%，在815个选择其它问题被调查者中793个选择了该问题。

表4-2-1-1：法治乡村建设中难点问题的调查结果统计

您认为法治乡村建设中难点问题有哪些？（多选题）	调查问卷统计	访谈结果统计	平均
A. 乡村经济振兴	1214 人，80.1%	317 人，57%	80.9%

续表

您认为法治乡村建设中难点问题有哪些？（多选题）	调查问卷统计	访谈结果统计	平均
B. 乡村文化教育资源优化	1185 人，78.8%	293 人，74.9%	78%
C. 乡村公共法律服务体系建设	1065 人，70.9%	254 人，65%	69.6%
D. 乡村矛盾纠纷有效解决	1031 人，68.6%	234 人，59.8%	66.8%
E. 法治乡村建设模式选择	938 人，62.4%	203 人，51.9%	60.2%
F. 其他问题	624 人，41.5%	191 人，48.8%	43%
G. 不清楚	289 人，19.2%	74 人，19.8%	19.2%

五、欠发达地区法治乡村建设完善对策

关于欠发达地区法治乡村建设的完善对策，课题组通过设计一个全开放问题，征求被调查访谈对象的意见。课题组收集到 123 条这方面建议。通过整理归纳发现相对集中的完善对策主要包括六方面：一是培养法治思维推进乡村民主法治建设；二是通过体制机制创新激活主体自觉；三是推进城乡融合发展优化乡村文化教育资源；四是实行跨区域合作推进乡村公共法律服务体系完善；五是推进"三零"创建有效化解乡村矛盾纠纷；六是全面振兴乡村经济促进法治乡村建设。这六条建议的一致率均在 60% 以上。

表 5-1-1-1：法治乡村建设中完善对策的调查结果统计

您认为法治乡村建设完善对策有哪些？（开放题）	调查问卷统计	访谈结果统计	平均
A. 全面乡村经济振兴促进法治乡村建设	1013 人，67.4%	252 人，64.5%	66.8%
B. 推进城乡融合发展优化乡村文化教育资源	996 人，66.3%	245 人，62.3%	65.5%

您认为法治乡村建设完善对策有哪些？（开放题）	调查问卷统计	访谈结果统计	平均
C.　培养法治思维推进乡村民主法治建设	1018 人，67.7%	261 人，66.7%	67.5%
D.　实行跨区域合作推进乡村公共法律服务体系完善	984 人，65.5%	229 人，58.7%	64%
E.　推进"三零"创建有效化解乡村矛盾纠纷	949 人，63.1%	216 人，55.2%	61.5%
F.　通过体制机制创新激活主体自觉	927 人，61.7%	207 人，52.9%	60%
G.　其它建议	332 人，22.1%	85 人，21.7%	22%
H.　不清楚	485 人，32.3%	130 人，33.2%	32.5%

　　而在被调查访谈对象的其他建议对策中，没有形成相对集中的意见，排在前五位的对策建议一致率都不足 30%，其它对策建议一致率都不足 10%。

表 5-1-1-2：法治乡村建设中其它完善对策的调查结果统计

您认为法治乡村建设完善对策有哪些？（开放题）	调查问卷统计	访谈结果统计	平均
A.　健全乡村基层组织	330 人，30%	84 人，21.5%	21.9%
B.　突出法治乡村建设的区域特色	318 人，21.2%	79 人，20.2%	21%
C.　培育新一代乡村建设主体	312 人，20.8%	68 人，17.4%	20.1%
D.　强化乡村公共服务保障	309 人，20.6%	65 人，16.6%	19.7%
F.　构筑新的乡贤精英群体	194 人，12.9%	41 人，10.5%	12.4%
G.　振兴乡村教育	102 人，6.8%	28 人，7.2%	6.9%

　　总之，法治乡村建设既是实施全面依法治国战略的基础工程，也是实施乡村振兴战略的重要法治保障。它是一项系统工程，既需要国家和各级政府的引领推动，也需要每一个建设者充分发挥建设乡村的热情切实推进法治乡村建设。

第二节　欠发达地区公共法律服务体系建设调研

公共法律服务体系建设既是法治乡村建设的重要内容，也是乡村振兴战略的主要任务。大力推进乡村公共法律服务体系的建设与完善不仅对全面依法治国战略的实施具有重要意义，也对解决"三农"问题和实现乡村全面振兴具有直接作用。

一、引言

（一）调研背景、目的、意义

公共法律服务是政府公共职能的重要组成部分，是保障和改善民生的重要举措，是全面依法治国的基础性、服务性和保障性工作。2018年8月24日，习近平总书记在中央全面依法治国委员会第一次会议上指出，要加快建设覆盖城乡、便捷高效、均等普惠的现代公共法律服务体系，统筹研究律师、公证、法律援助、司法鉴定、调解、仲裁等工作改革方案，让人民群众切实感受到法律服务更加便捷。2019年7月，中共中央办公厅、国务院办公厅印发了《关于加快推进公共法律服务体系建设的意见》，对加快推进公共法律服务提出了进一步的要求，谱写着为民惠民的新篇章。同时发出通知，要求各地区各部门结合实际认真贯彻落实。

近年来，司法部认真贯彻落实习近平总书记关于深化公共法律服务体系建设的重要指示精神，通过新设专门负责统筹推进公共法律服务工作的业务局、多次开展驻在式调研、出台深入推进公共法律服务平台建设的指导意见等一系列举措，大力推动这项工作。特别是2018年司法部发布了《关于深入推进公共法律服务平台建设的指导意见》，对全面建成公共法律服务平台及推进三大平台融合发展作出具体部署，各地纷纷采取措施，在平台建设方面取得了积极的成效。但是，各省市县公共法律服务工作仍存在发展不平衡、不充分，保障机制欠缺、公共法律服务资源严重不足等突出问题。特别是欠发达地区公共法律服务体系建设相对滞后，建设发展不平衡、不充分等问题尤为突出。

因此，为了弄清欠发达地区公共法律服务体系建设的现状，厘清其公共法律服务工作存在的突出问题和深层次原因，全面提升公共法律服务的水平，在省政法委和省法学会的领导下，组成专项课题研究小组开展实地调研。希望在弄清存在问题及原因的基础上，提出针对性的工作完善对策与措施，推动公共法律服务水平的全面升级。

（二）调研地点、内容、对象

本次调研从 2019 年 3 月到 2020 年 8 月历时十七个月，分别对江西省赣州市的瑞金市，浙江省衢州市的开化县，湖南省株洲市的茶陵县，山西省晋中市左权县，长治市沁源县、武乡县，朔州市右玉县，太原市杏花岭区，山东省济宁市曲阜县、邹县，日照市的东港区、五莲县进行了实地考察调研。

课题组主要围绕五大方面进行数据采集：（1）公共法律服务体系建设的现状；（2）公共法律服务体系建设取得的成效；（3）公共法律服务平台和体系建设的基本模式与特色化方案；（4）公共法律服务体系建设存在的主要问题及原因；（5）全面提升公共法律服务水平的基本对策。围绕上述五方面的问题课题组进行系统调查研究。针对省、市、县区、乡镇社区的党委、政府、政法委领导人员、司法行政人员、公共法律服务中心、所、站、室的人员、法律援助人员、公证人员、司法鉴定人员、人民调解人员、社区矫正人员、基层法律服务人员、法院和检察院领导、公安干警等群体的 656 人进行了问卷调查，对上述人员进行 43 场深度访谈。

（三）调研方法、数据资料来源

本课题的研究方法主要包括两种：（1）实证研究法，通过走访、访谈和调查问卷对五个地区的公共法律服务现状进行数据收集，从整体上把握山西省与省外三个地区的公共法律服务体系建设现状，对山西省公共法律服务存在的问题及成因进行剖析。（2）比较研究法。对山西省内两个县和省外三个革命老区进行对比，通过对五个地区的比较分析，厘清我省的建设现状与不足，借鉴省外先进的经验，总结提炼一套可借鉴推广的建设发展模式。

本调研报告的数据主要通过实地调研、发放调查问卷，组织相关调研会议和深度访谈等方法收集数据资料；在调查对象和调查地点的选择方面，课题组根据有关省市县（区）公共法律服务工作的统计资料和经验总结，结合全省公共法律服务工作开展的层次水平，分别选择 5 个省的 8 个设区市 9 个区县作为公共法律服务工作的调查样本，并由上述 8 市 9 县区选择23 个乡镇和街道，12 个村委和社区作为基层公共法律服务的调研样本；还全面收集了 8 个市 9 个区县公共法律服务战线 37 位基层领导的书面汇报材料和 19 位领导的口头汇报材料；最后在我省司法厅召开公共法律服务工作的专题调研座谈会，收集省厅及 5 个处领导的书面汇报材料。

课题组共发放调查问卷 1000 份，其中网络微信调查问卷 500 份，收回问卷 451 份，有效问卷 439 份，有效率 87.8%；发放纸质版问卷 500 份，回收 495 份，有效问卷 489 份，有效率 97.8%。组织调研会和开展深度访谈 43 场，收集各类信息 1573 条，收集对策建议 86 条。

二、欠发达区公共法律服务体系建设现状和成效

（一）欠发达地区公共法律服务建设平台体系建设现状

关于欠发达地区公共法律服务建设平台体系建设现状，我们选取 5 个省 7 个设区的市 8 个欠发达的区县作为分析研究样本。调查结果显示 8 个区县共建成县级公共法律服务中心 8 个，乡镇公共法律服务工作站 110 个，村（社区）公共法律服务工作室 2431 个，基本实现三级全覆盖。其中：

1. 山西省 3 个市 4 个欠发达区县公共法律服务建设平台体系建设分别是：沁源县于 2017 年 10 月建成 1 个县级公共法律服务中心、14 个乡镇公共法律服务工作站，2018 年 6 月前建成 260 个村（社区）公共法律服务工作室；左权县建成公共法律服务中心 1 个，乡镇公共法律服务站 10 个，社区、村（居）公共法律服务室 211 个，公共法律服务实体平台建设基本完成；武乡县建成公共法律服务中心 1 个，乡镇公共法律服务站 19 个，社区、村（居）公共法律服务室 269 个；右玉县建成公共法律服务中心 1 个，乡镇公共法律服务站 10 个，社区、村（居）公共法律服务室 288 个。

2. 江西瑞金市 2017 年 10 月建成 1 个县级公共法律服务中心、14 个乡镇公共法律服务工作站，2018 年 6 月前建成 260 个村（社区）公共法律服务工作室。

3. 浙江开化县建成公共法律服务中心 1 个，乡镇公共法律服务站 15 个，社区、村（居）公共法律服务室 266 个，公共法律服务实体平台建设基本完成。

4. 湖南茶陵县建立了 1 个公共法律服务中心、在全县 16 个乡镇建立了公共法律服务工作站、依托村（社区）便民服务中心或人民调解室，在全县 245 个行政村建立了公共法律服务工作点，2018 年下半年，全县 245 个行政村（社区）完成了 245 个公共法律服务志愿点建设，律师认领志愿点达 90% 以上，实现了公共法律服务中心 "3+X" 功能，形成了公共法律服务中心、站、点全覆盖体系。网络平台上打造普法微信公众号一个，普法官网链接一个，普法微信群 50 个，运用 "指尖" 普法平台，投入使用公共法律服务体系 APP 如法网。

5. 山东省五莲县建成公共法律服务中心 1 个，乡镇公共法律服务站 12 个，社区、村（居）公共法律服务室 632 个。（详见表 2-1-1）

表 2-1-1：8 个欠发达区县公共法律服务体系建设情况统计表

省	市	县级中心	乡镇（街道）站	村居委室	总人口 / 年财政收入
湖南省	株州市	茶陵县 1 个	16 个	245 个	64.5 万 /14 亿
浙江省	衢州市	开化市 1 个	15 个	266 个	25.5 万 /15.5 亿
江西省	赣州市	瑞金市 1 个	14 个	260 个	71 万 /23 亿
山西省	长治市	沁源县 1 个	14 个	260 个	16 万 /34 亿
		武乡县 1 个	19 个	269 个	21 万 /5 亿
	朔州市	右玉县 1 个	10 个	288 个	11.5 万 /9.5 亿
	晋中市	左权县 1 个	10 个	211 个	16 万 /4.7 亿
山东省	日照市	五莲县 1 个	12 个	632 个	50 万 /13.8 亿

（二）欠发达地区公共法律服务机构人员体系建设现状

关于欠发达地区公共法律服务机构人员体系建设情况主要包括两部分：一是欠发达区县律师机构及人员情况；二是法律援助机构人员情况。

1. 欠发达区县律师机构及人员情况。关于这方面情况我们主要从区县律师事务所数量、执业律师数量、专职律师、兼职律师、公职律师、援助律师数量，以及区县每万人拥有律师数量等方面分析。调查结果显示 8 个欠发达区县中：

表 2-2-1：8 个欠发达区县律师机构人员情况统计表

区县律所数量	执业律师数量	专职律师数量	兼职律师数量	公职律师数量	援助律师数量	每万人拥有律师数
茶陵县 3 个	65 名	41 名	19 名	5 名	3 名	0.99 万 /1 名
开化市 3 个	33 名	23 名	0	9 名	1 名	0.77 万 /1 名
瑞金市 4 个	52 名	48 名	0	3 名	4 名	1.37 万 /1 名
沁源县 2 个	12 名	6 名	2 名	3 名	1 名	1.33 万 /1 名
武乡县 2 个	6 名	3 名	3 名	1 名	2 名	3.5 万 /1 名
右玉县 1 个	14 名	6 名	0	8 名	2 名	1.92 万 /1 名
左权县 3 个	14 名	8 名	6 名	0	1 名	0.77 万 /1 名
五莲县 4 个	54 名	39 名	17 名	8 名	5 名	1.28 万 /1 名

（1）山西省沁源县的律师事务所共有 2 家，执业律师共 12 人，其中专职律师 6 人，兼职律师 2 人，公职律师 3 人，援助律师 1 人，1.33 万人拥有 1 名律师。左权县共有律师事务所 3 家，有 14 名律师，专职律师 8 名，兼职律师 6 名，援助律师 1 名，0.77 万人拥有 1 名律师。武乡县有律师事务所 2 个，专职律师 3 名，兼职律师 3 名，公职律师 1 名，援助律师 2 名，3.5 万人拥有 1 名律师。右玉县有律师事务所 1 个，专职律师 6 名，兼职律师 0 名，公职律师 8 名，援助律师 2 名，1.92 万人拥有 1 名律师。

（2）江西瑞金市的律师事务所共有 4 家，执业律师共 52 人，其中专职律师 48 人，公职律师 3 人，援助律师 4 人，1.37 万人拥有 1 名律师。

（3）浙江开化县全县共有律师事务所 3 家，执业律师 33 人，其中专职律师 23 人、公职律师 9 人、援助律师 1 人，0.77 万人拥有 1 名律师。。

（4）湖南茶陵县共有律师事务所 3 家，有 65 名律师，其中专职律师有 41 名，实习律师和助理律师一共 19 名，0.99 万人拥有 1 名律师。

（5）山东省五莲县有律师事务所 4 个，专职律师 39 名，兼职律师 17 名，公职律师 8 名，援助律师 5 名，1.28 万人拥有 1 名律师。

2. 欠发达区县法律援助机构及人员等情况。关于欠发达区县法律援助机构及人员等情况，主要包括区县法律援助机构及人员，基层法律服务机构及人员，人民调解委员会组织及人员等。调查结果显示 8 个欠发达区县中：

表 2—2—2：8 个欠发达区县法律援助机构人员情况统计表

区县法律援助机构数量	援助律师数量	基层法律服务所数量	基层法律服务人员	人民调解机构	专兼职人民调解员
茶陵县 1 个	3 名	3 个	17 名	282 个	8 名 /1024 名
开化市 1 个	1 名	2 个	11 名	294 个	101 名 /1000 名
瑞金市 1 个	4 名	6 个	18 名	256 个	57 名 /274 名
沁源县 1 个	1 名	3 个	8 名	284 个	38 名 /260 名

续表

区县法律 援助机构数量	援助律师 数量	基层法律 服务所数量	基层法律 服务人员	人民调解 机构	专兼职人民 调解员
武乡县1个	2名	2个	5名	352个	34名/324名
右玉县1个	6名	3个	3名	187个	23名/316名
左权县1个	1名	2个	7名	213个	15名/625名
五莲县1个	5名	12个	70名	653个	48名/740名

（1）山西沁源县共有法律援助中心1家，法律援助工作人员5人，其中法律专业3人，具有法律职业资格或律师资格3人，援助律师1人。沁源县共有基层法律服务所3家，基层法律服务工作者8人，沁源县共有人民调解组织284个，专职调解员38名，兼职调解员260名。左权县共有法律援助机构1家，法律援助工作人员1人。左权县基层法律服务所2个，基层法律工作人员7个。左权县共有人民调解组织213个，专职调解员15名，兼职调解员625名。武乡县共有法律援助中心1家，援助律师2人。武乡县共有基层法律服务所2个，基层法律服务工作者5人，武乡县共有人民调解组织352个，专职调解员34名，兼职调解员324名。右玉县共有法律援助中心1家，法律援助工作人员6人，右玉县共有基层法律服务所3个，基层法律服务工作者3人，右玉县共有人民调解组织187个，专职调解员23名，兼职调解员316名。

（2）江西瑞金市。全市共有法律援助机构1家，法律援助工作人员4人，其中4个为法律援助律师。基层法律服务所全县共6家，法律服务人员共18人。人民调解机构256个，专职调解员57名，兼职调解员274名。

（3）浙江开化县法律援助中心1个，援助律师1名。开化县基层法律服务所2个，工作人员11个。开化县共有人民调解组织294个，专职调解员101名，兼职调解员1000名。

（4）湖南茶陵县共有法律援助机构1家，法律援助工作人员4人。

茶陵县共有基层法律服务所 3 个，执业人员 17 人。茶陵县共有人民调解组织 282 个，专职调解员 8 名，兼职调解员 1024 名。

（5）山东省五莲县有法律援助机构 1 家，法律援助工作人员 5 人。五莲县共有基层法律服务所 12 个，法律服务人员 70 人。五莲县共有人民调解组织 653 个，专职调解员 48 名，兼职调解员 740 名。

（三）欠发达地区公共法律服务体系建设取得的成效

1. 欠发达地区公共法律服务平台体系框架基本建成。我们调研发现 8 个欠发达区县完成了县（市）、街道（乡镇）、社区（村）三级公共法律服务实体平台的建设。县级公共法律服务中心基础设施完备，功能分区设置便捷，贴近群众需求。山西省沁源县公共法律服务中心还建立了互联网服务区，其中建 12348 热线室、法律援助远程视频室、律师调解室以及云服务室。各街道（乡镇）公共法律服务站点和社区（村）公共法律服务室已经挂牌运行。一村一法律顾问制度基本建成，沁源县建立了三级法律服务微信群 275 个。网络平台和热线服务平台也依托"12348 山西法网"和各种热线提供服务。山东省五莲县脱贫前为国家级贫困县。近年来，五莲县坚持"打基础、补短板、立长远"思路，狠抓公共法律服务体系建设，不仅县公共法律服务中心被山东省表彰为"山东省公共法律服务示范中心"，12 个乡镇基层司法所全部高标准改建为公共法律服务站，而且全县 632 个村实现了公共法律服务室全覆盖。

2. 欠发达地区群众公共法律服务需求得到一定的满足。公共法律服务在原有的法律资源基础上统筹原来的服务方式，坚持以群众需求为导向，创新资源配置，不断满足广大群众的法律服务需求。这主要表现在两个方面：一方面公共法律服务提供的方式主动化、精准化、一体化。传统公共法律服务依群众申请而提供，我们调研的 8 个区县中法律援助主动走进中小企业、社区、看守所中。退役军人法律渠道的开通、疫情下对中小企业的法律援助等服务的选择性提供回应了法律服务需求程度最高的区域。沁源县建立司法指挥中心，依托热线服务，对群众的法律需求审核后分发办卡至各司法所、局五大中心，在热线中实现各大服务一体化。另一方面基础公共法律服务产品较全面。除了传统的调解、法律援助、公证等法律服务产品的提供，还在各中小学实现了"法治副校长""法治辅导员"的覆盖，在校园中传播法治基因。推进刑事案件律师辩护的全覆盖试点工作，争取实现刑事案件辩护律师全覆盖。

3. 欠发达地区公共法律服务保障制度逐步健全。在制度保障方面，这些欠发达地区根据上级文件制定了相应的公共法律服务体系建设方案。沁源县推行岗位责任制、服务承诺制、首问负责制、限时办结制、服务公开制度等八项制度。规范评价制度、管理制度，健全管理运行机制，建立基本台账、信息报送、工作督办、舆情分析等内部管理制度。在人才保障方面，统管专职队伍，利用政府购买服务的政策聘请退休法官、检察官发展专业队伍；培育社会队伍，发展法律服务志愿者、开展农村法律明白人培训、加强值班律师等人员的培训力度。提高法律援助人员待遇，大幅提高法律援助补贴金额。

五莲县坚持"高起点、严要求，立足县情、不断创新"扎实推进公共法律服务工作，不仅成就了五莲县公共法律服务工作的特色，也形成了许多公共法律服务工作的亮点。具体表现在三方面：

（1）全力打造"枫桥经验"五莲创新版，人民调解工作成效显著。首先，健全调解组织，充实调解员队伍，突出特色调解，做到人尽其用。完善村（居）、乡镇（街道）、县域三级矛盾纠纷化解平台，实现人民调解组织纵横贯通，矛盾纠纷层层防控。完善632个村级"一会三室"，突出第一道防线，调整完善老中青结合、专兼职结合的村（居）调解员队伍，聘用"大嫂调解员"，建立村法律顾问与人民调解员"一对一"帮扶工作机制，整合人员力量，发挥矛盾纠纷排查、预防、化解功能。依托12处乡镇（街道）公共法律服务站、司法所和乡镇（街道）人民调解委员，发挥乡镇（街道）

枢纽作用，对全镇调解工作进行指导，开展疑难矛盾纠纷化解工作。在县公共法律服务中心设立县人民调解委员会，配套设立 8 个行业性专业性调委会，对全县人民调解工作进行业务指导，集中化解全县疑难复杂矛盾纠纷。目前，全县三级调解组织网络共拥有人民调解组织 653 个，全县人民调解员 1956 人。建立"党员老兵调解室"。12 处乡镇司法所充分发挥县司法局 48 名党员老兵"立足乡土、维护稳定"的作用，建立党员老兵调解室，截至目前，党员老兵共参与调处各类矛盾纠纷 1483 件，调解成功率达到 98.5%；其次，创新调解思路，强化多调对接联动，实现矛盾闭环调处。2018 年各乡镇司法所与信访办建立工作对接，全县人民调解员共参与化解信访案件 314 件；与县法院联合开展诉前调解工作，全县已调处法院诉前纠纷 67 件；与公安派出所实行"警调对接"，调处移交的"110"纠纷 174 起；依托 12 处乡镇司法所设立法律援助工作站，指派调解案件 41 件。

最后，严格落实经费保障。积极争取县财政支持，县里每年拿出 50 万元作为人民调解员补贴经费进行发放；研究出台人民调解补贴经费考核发放办法，实行"以案定补、个案补贴"方式，与人民调解员工作量直接挂钩，充分调动其工作积极性，使"有限的经费花在刀刃上"。2018 年全县调处各类矛盾纠纷 1316 件，调处成功 1289 件，成功率达 97.95%，实现"小事不出村、大事不出镇、矛盾不上交"。2018 年底五莲县司法局被中华全国人民调解员协会表彰为先进集体。

（2）坚持高起点、严要求，巩固社区矫正"五莲新模式"。2015 年 9 月，五莲县被司法部命名为社区矫正"五莲模式"，又承担全省社区矫正刑罚执行标准化试点任务。多年来，五莲县通过加强基层社区矫正人员队伍建设，加强社区矫正信息化建设，完善社区矫正机制建设，加强社区矫正档案管理，加强社区矫正工作的体制保障等行之有效的措施，巩固和提升了社区矫正的"五莲新模式"。

（3）以党建引领队伍建设，坚持"考核结果真运用和以人为本"的管理原则和理念，公共法律服务队伍能力素质不断提升。在县委组织部门大力支持下，司法局严格公共法律服务队伍考核任用，坚持"考核结果真运用"的管理原则。2017年度、2018年度全局"群众满意基层司法所""群众满意科室"创建工作考核结果和辖区乡镇党委政府评价情况，实行末位淘汰制，免去17名中层干部职务，提拔13名股级干部，轮岗交流25名，落实了"能者上、庸者下、平者让"用人机制，让不干事的腾出位置，为想干事、能干事、干成事的年轻同志打造了平台，激发了活力。

三、欠发达地区公共法律服务体系建设存在问题及原因分析

（一）欠发达地区公共法律服务体系建设存在的主要问题

通过前期调研发现，8个欠发达区县在公共法律服务建设中既具有各自的个性问题，也存在一些共性的问题。因此，我们以调研的8个区县为基础，主要从共性方面分析探讨欠发达地区公共法律服务体系建设存在问题。

1. 公共法律服务平台建设普遍不完善。平台建设的问题主要体现在三个方面：（1）基层公共法律服务实体平台的虚化。我们调研的5个省都实现了县（市）、街道（乡镇）、社区（村）的三级公共法律服务体系的基本建设。但还是存在实体平台建设不平衡，实体平台的实际发挥效果差等问题。在街道（乡镇）建立的公共法律服务站点基本依托于原有的基层司法所，基层司法所被赋予了司法行政工作和公共法律服务工作两项职责，加上欠发达地区的基层司法所人员的短缺，实体平台虚化现象特别严重。8个区县70%的基层司法所多为"一人所""兼职所"甚至"无人所"，其公共法律服务的职能不能得到良好发挥。各社区（村）建立的公共法律服务点以及一村一法律顾问在基层中实际效果甚微。（2）公共法律服务网络平台实际服务量不足。"12348山西法网"，湖南省"如法网"等网络平台国家工作人员使用比率较大，普通群众点击率较低，而欠发达地区群众

则占比更少；相比较法考服务、公务员普法考试使用量高，法律咨询、法律援助等法律服务申请量少。（3）公共法律服务三大平台融合度不高。所谓三大公共法律服务平台互融共通，就是实现线上线下在工作模式信息整合等方面有机协调，在实体平台方面实现"前台统一处理，后台分流转办"；在网络平台方面实现服务事项网上办理，一次办理。而5个省份的公共法律服务网站都只提供法律服务申请，群众仍需亲自到线下办理业务，并没有实现真正意义上的互通。除此之外，三大平台的数据在网站只是简单的陈列，并没有进行有效的整合分析，不能运用大数据实现精准供需匹配。

2. 公共法律服务保障机制建设不健全。公共法律服务保障体系是从人才、资金、监督管理等多方面保障公共法律服务的有效进行和服务质量的综合性体系。公共法律服务保障机制主要存在三个方面的问题。（1）公共法律服务人才引进渠道较单一且激励机制缺失。浙江省刑事法律援助案件侦查阶段，每件补助600—900元；审查起诉阶段，每件补助800—1200元；审判阶段，每件补助1000—1500元。民事、行政、仲裁和劳动争议仲裁法律援助案件，每件补助1200—1800元；湖南省茶陵县法律援助中心2019一季度法律援助补贴平均每案1312.5元。山西省法律援助补助800—1000元不等。律师办理法律援助案件主要依靠硬性分配机制。同时，欠发达地区当前仍依靠律师、体制内工作人员来开展公共法律服务，没有与法学院校等社会力量合作，拓宽人才引进渠道。（2）公共法律服务资金来源单一且严重不足。欠发达地区的公共法律服务资金绝大部分由财政保障。根据有关规定："将法律援助经费纳入同级财政预算，做好公共法律服务体系建设各项经费保障。将基本公共法律服务事项纳入政府购买服务指导性目录。"虽有国家规定，但公共法律服务平台的建设经费仍未纳入同级财政预算，加上欠发达地区多数为刚刚脱贫的贫困地区，总量较少的财政收入对于公共法律服务建设的支出依旧远远不够。以左权县为例，县公共法律服务中心和县社区矫正中心办公用房问题仍因资金问题无法解决。公共法律服务本应统筹多种社会资金渠道，公益性质的公共法律服务很难引进社会资金，以致于出现一些文件中"不断拓宽公共法律服务资金筹集渠道，鼓励通过慈善捐赠、依法设立公益基金会等方式，引导社会资金投向公共法律服务领域"等实际操作可能性较低的措施。（3）公共法律服务监督管理措施不完善，落实不到位。当地政府没有制定明确的奖惩细则、统一的服务标准规范，没有专人对公共法律服务建设进行监督，除了原有的法律援助、调解等传统业务，其他公共法律服务工作开展比较混乱。基层司法所见不到人，一村一法律顾问只挂名，法律服务室找不到门等现象在欠发达地区十分常见。

3. 欠发达地区公共法律服务体系建设不平衡比较严重。所谓不平衡问题突出表现在三方面：一是人、财、物等资源基本相同，但公共法律服务体系建设效果差异明显。如山西沁源县与左权县，人口都是 16 万，脱贫前同为省级贫困县，但公共法律服务体系建设相差甚远；无论是公共法律服务平台建设水平，还是人均万人拥有律师人数都差距明显。又如山东五莲县，脱贫前是 50 万人口的国家级贫困县，年财政收入 13.8 亿，而山西武乡县，脱贫前也是 21 万人口的国家级贫困县，年财政收入 5 个亿；但是两县公共法律服务体系建设存在明显差距。二是人、财、物等资源差异明显，公共法律服务体系建设效果也差异明显。如山东五莲县，脱贫前是 50 万人口的国家级贫困县，年财政收入 13.8 亿，而江西瑞金市脱贫前也是 71 万人口的国家级贫困县，年财政收入 23 亿，山西右玉县，脱贫前是 11.5 万人口的国家级贫困县，年财政收入 9.5 亿；但三个区县公共法律服务体系建设效果差距明显。五莲县是山东省公共法律服务示范中心和国家级社区矫正示范中心，而另外两个区县公共法律服务体系建设情况明显不足。三是在同一区县内部不同乡镇、设区、村居委公共法律服务体系建设效果差距明显。在前期的调研中我们发现，每个区县都普遍存在城乡差距明显，不同乡镇、设区、村居委公共法律服务体系建设差距也较大。武乡县的一个乡公共法律服务、特别是人民调解是全省全国的先进单位，但其它乡整体水平差距较大。

（二）欠发达地区公共法律服务体系建设存在问题的成因分析

1. 欠发达地区整体法律资源的不足严重制约公共法律服务体系建设质量。资源作为法律资源的上位概念，指一国或一定地区内拥有的物力、财力、人力等各种物质要素的总称，而法律资源又具有社会资源的属性，因此除了法律人才，资金投入等有形资源外，还包括技术、知识、组织、社会关系等无形资源。欠发达地区积极落实关于国家推进公共法律体系建设的政策，但是受制于自身的经济社会发展水平，法律人、财、物资源极其匮乏。以左权县为例，左权县共有律师事务所 3 家，律师 14 名，法律援助工作人员 1 人，本科学历 1 人，基层法律服务所工作者 7 名，本科学历 7 名，而左权县总人口约 16.74 万人，每 1.2 万人拥有 1 名律师。左权县的资金投入也严重不足，2019 年除一般行政管理事务外，专门提供给公共法律服务专项建设资金，法律援助为 6 万，其他业务仲裁、公证、社区矫正、法治宣传皆无支出。武乡县 21 万人口，专兼职共 6 名，专职律师只有 3 名，每 3.5 万人拥有 1 名律师。从资源与人的关系来看，资源具有使用价值，即满足人们某种需求的属性。如果公共法律资源没有达到基本的要求，难以满足人民群众对公共法律服务的需求。公共法律资源不足对公共管理服务体系建设影响主要表现在以下几个方面：（1）法律专业人才基数较小导致公共法律服务供应量小和质量较低。法律援助、公证等公共法律服务产品供给量与人们实际需求量不匹配，人民调解等服务不得已采用非专业人才，影响法律服务提供的效果。三级公共法律服务平台的建设尤其是村（社区）乡镇（街道）两级平台普遍出现完成指标式的建设。一村一法律顾问往往派一个律师服务多个乡镇，以微信群的方式联系群众实际效果并不理想。（2）公共法律服务资金保障严重不足，严重制约了欠发达地区公共法律服务的发展。许多欠发达地区对公共法律服务建设的财政支出过少，甚至出现了挪用公共法律服务专项资金的现象。（3）社会法律组织的空缺，导致公共法律服务体系建设难以形成社会合力。公共法律服务由社会多方面协同建设，即使在法律资源丰富的地方，因为法律工作本身的专业，从业人员也较少，需要寻求社会组织为公共法律服务输送人才，甚至直接承担某些公共法律服务。社会组织的缺少使革命老区通过多渠道引进人才的道路缺少现实条件。（4）公共法律服务物质资源缺失，导致公共法律服务优质资源流失。以山西沁源县为例，县委县政府为了吸引优秀法律人才到沁源工作服务，2018 年出台了两项政策，硕士研究生毕业并获得学位愿意到沁源工作，只要经过县里考核签订合同不用参加统一考试，可以参公或事业编身份直接进入县级机构任职工作；法律硕士研究生或法律本科毕业通过国家法律职业资格考试的经考核可以遴选政府公职律师。但该项政策实施三年来，前一项政策只引进了一名硕士研究生落户，后一项政策没有引进一名符合条件者。

2. 欠发达地区人民群众法律意识普遍不高影响公共法律服务体系建设的推进。一般而言，欠发达地区群众普遍法律意识淡薄，人民群众绝大部分不了解也不关心乡村的公共法律服务站和法律服务室建设情况，当产生邻里纠纷，多数选择私下解决或者被动接受村镇中的调解法律服务。加上当地特殊的人口结构，欠发达地区乡镇中大部分青年人中年人出去务工，常年居住在乡镇中的大多数是儿童、老年人、以及带孩子的妇女，这导致留守在当地的人群文化水平普遍不高，使用智能手机等电子设施存在障碍，通过网络平台进行服务的基础落空。这些都导致本来不就充分的法律服务资源的浪费。群众法律意识较弱和信息网络知识缺乏对公共法律服务体系建设的推进影响主要表现在三方面：（1）群众法律意识淡薄导致公共法律服务需求反应机制失灵或反映不客观。（2）群众现代信息网络知识与技术缺失导致现代公共法律服务智能化格局难以形成。（3）群众法律意识淡薄和现代信息网络知识与技术缺失导致政府公共法律服务资源不能合理利用。

3. 缺少制度化保障机制导致欠发达地区公共法律服务体系建设效果明显差异。实践证明，公共法律服务体系建设成效主要取决于制度化保障机制。地方领导重视和积极贯彻落实推进公共法律服务建设的措施，财政投入能够保障或倾斜于公共法律服务建设，公共法律服务体系建设效果就明显，否则公共法律服务体系建设效果就差。山西省沁源县、山东省五莲县之所以公共法律服务体系建设能够成为省级和国家级示范单位，最主要的原因就是县委县政府形成公共法律服务体系建设制度化保障机制。而绝大部分欠发达区县基于全局的财政收入较低，并没有保障或额外对公共法律服务建设的投入，导致公共法律服务体系建设与发达地区差距越大。根据中央《大力推进公共法律服务体系建设意见》规定"由司法行政部门牵头，充分发挥人民法院、人民检察院、人力资源社会保障、发展改革、财政、民政、农业农村、信访等部门职能作用和资源优势，在规划编制、政策衔接、标准制定实施、服务运行、财政保障等方面加强整体设计、协调推进。"然而实践中，由于司法行政部门统筹力度不足，同级区县领导重视程度不同，欠发达地区的公共法律服务工作推进效果具有明显的偶然性。既是建设效果较好的区县主要依靠领导个体推进，普遍缺乏制度保障机制。缺少制度化保障机制导致欠发达地区公共法律服务体系建设效果明显差异主要表现两方面：（1）公共法律服务体系建设主要依靠同级县委县政府和司法行政部门领导者个人能力和努力推进，而非依靠科学合理的制度保障机制。如山西沁源县和山东五莲县公共法律服务体系建设之所以取得明显成效，主要是几任县里主要领导和司法局领导积极推进。（2）公共法律服务体系建设除了领导重视推进外，在公共法律服务人才引进和优化利用、公共法律服务经费保障、公共法律服务制度保障等方面不规范，随机性较大，难以形成可复制、可推广的建设经验模式。

四、欠发达地区提升公共法律服务水平的基本对策

经过前期的广泛深入的调研我们发现，目前欠发达地区公共法律服务工作主要存在四方面问题，即公共法律服务体系不健全和运行不协调，公共法律服务保障机制不健全和不完善，公共法律服务制度不完备和落实不到位，公共法律服务发展不平衡和作用发挥不充分。因此，要提升欠发达地区公共法律服务工作水平应当针对性做好下列四方面工作。

（一）构建覆盖全面、布局合理、运行有序的公共法律服务体系

虽然欠发达地区公共法律服务体系建设已经取得长足的发展，公共法律服务体系框架已基本形成、公共法律服务三大平台建成运行、公共法律服务相关制度体系也已逐步趋于完善。但是公共法律服务的体系要素欠缺、体系不完整、体系运行不协调。因此，我们应从下列四方面着力完善公共法律服务体系建设。

1. 立足长远，建设覆盖全面的主体要素齐备、协调互动的公共法律服务体系

公共法律服务的体系要素欠缺是欠发达地区公共法律服务体系不健全和运行不协调的突出表现。因此，立足长远的发展目标和建设发展规划，公共法律服务体系建设应首先形成政府服务主体积极主动、保障充分，法律专业服务主体积极配合、负担合理，社会服务主体广泛参与、自觉有为的公共法律服务要素体系。

就政府服务主体而言，要做到积极主动和保障充分。一是要明确政府在公共法律服务体系建设中的角色定位与主要职责，牢固树立以人民为中心的建设理念，敢于主动挑起"舍我其谁"的责任担当；二是要具体明确政府在公共法律服务体系建设的保障措施、保障机制并尽可能通过地方法规或地方规章予以明确划定；三是要充分调动法律专业主体与社会主体参与的积极性，并构建市场与行政、自律与他律、主导与辅助、政策与法律

等有机结合的公共法律服务体系建设机制。

就法律专业服务服务主体而言，要做到积极配合、负担合理。一是要根据律师、法律援助、公证、人民调解、社区矫正、司法鉴定等方面的法律法规以及职业条例，积极承担公共法律服务的职责、主动履行公共法律服务的义务，配合政府主体有效开展公共法律服务的业务；二是要根据县级以上人民政府的国民经济与社会发展规划、基本公共法律服务和民生建设工程、在同级财政经费预算范围内配合同级政府加强公共法律服务基础设施、工作站点、队伍建设和完善工作；三是逐步建立和完善各类公共法律服务专业服务责任考核机制，根据专业工作条例（如法律援助条例等）的要求，按照无偿服务和有偿服务的相关标准，自觉开展公共法律服务质量考评，保证公共法律服务质量水平不断提升。

就社会服务主体而言，要做到广泛参与、自觉有为。一是要自觉履行社会组织、个人（公共法律服务自愿者）的公共法律服务责任，根据组织和自愿者个人的服务承诺履行公共法律服务的义务；二是按照无偿服务的标准，自觉开展公共法律服务质量考评，保证公共法律服务质量水平不断提升。

2. 严格标准，构建全面均衡、保障充分、考评规范的公共法律服务体系

公共法律服务体系不健全的问题是欠发达地区公共法律服务体系不健全和运行不协调的重要表现。因此，严格按照中央对公共法律服务体系建设的要求和标准，应当努力建设全面均衡、保障充分、考评规范的公共法律服务体系。

所谓全面均衡就是针对欠发达地区公共法律服务体系目前人力资源体系和公共法律服务平台体系建设中城乡和区域不均衡的实际情况，率先建构体系完整、城乡和区域发展均衡的公共法律服务体系。一是各级体系建设中公共法律服务人力资源体系、公共法律服务平台体系、公共

法律服务保障体系、公共法律服务监控评价体系要系统齐全、运行有序；二是发达地区与欠发达地区、贫困地区的公共法律服务体系建设要基本均衡；三是城市与乡村、县区与乡镇、村委与居委公共法律服务体系建设也要基本均衡。

所谓保障充分就是指针对欠发达地区目前公共法律服务体系建设中服务保障体系不健全和不充分的实际问题，要着力构建司法行政机关牵头统筹，政府财政部门、发展改革部门、人社部门、教育培训部门通力协作保障的公共法律服务体系。一是同级政府发展改革部门要将公共法律服务体系建设纳入经济社会发展规划，着力建设完善；二是同级财政部门要将公共法律服务体系建设经费纳入同级政府财政预算，着力建设完善；三是同级政府人社部门要将公共法律服务体系人力资源和服务队伍建设纳入同级政府人力资源调配与机构改革的计划，着力建设完善；四是同级政府教育行政部门、司法行政部门教育机构要将公共法律服务人员的教育培训纳入同级政府教育改革发展规划，着力建设完善；五是各级司法行政机关和公共法律服务机构要做好本系统内部人力资源、财政经费、平台建设费用、服务队伍和人员的教育培训规划建设保障工作。

所谓考评规范是指针对欠发达地区目前公共法律服务体系建设中服务监控评价体系基本缺失的实际问题，应重点构建司法行政部门、公共法律服务机构、社会第三方、服务对象、服务平台智能化考评等多元化、多层次的公共法律服务质量考核评价体系和考核评价标准体系。一是要建设和完善多元化的公共法律服务考评体系，形成由司法行政部门、公共法律服务机构、社会第三方、服务对象、服务平台智能化考评的多元化体系；二是要建设和完善多层次的公共法律服务考评体系，形成由省、设区的市、县（区、市）、乡（镇、街道）、村（居）委多层次的公共法律服务考评体系；三是形成系统化、规范化、定性与定量有机结合的公共法律服务考评标准体系。

3. 提质增效，构建"纯准协同、上下协调、主辅联动"的公共法律服务体系

公共法律服务体系运行不协调也是欠发达地区公共法律服务体系不健全和运行不协调的又一表现。因此，以提高公共法律服务的质量和效益为目标，以实现区域公共法律服务体系的良性运行为抓手，着力构建"纯准协同、上下协调、主辅联动"的公共法律服务体系。

所谓纯准协同是指针对公共法律服务体系运行中存在的法律援助、纠纷调解、法律咨询、法治宣传、法治文化建设等纯公共法律服务体系与公证、司法鉴定、社区矫正等准公共法律服务体系协同机制绩效不明显问题，应着力构建纯准协作、纯准互动、纯准衔接的公共法律服务运行机制。一是要构建以政府提供、公益属性、无偿服务为特征的纯公共法律服务体系，并充分发挥政府在公共法律服务体系建设中主导作用；二是要建构以法律专业机构提供、非公益性、有偿服务为特征的准公共法律服务体系，并充分发挥法律专业机构在公共法律服务体系建设中的协同作用；三是建构纯、准两大公共法律服务体系协同运行机制，政府主导引领专业协同、专业协同辅助政府主导，提高两种机制互动衔接的运行效果。

所谓上下协调是指针对欠发达地区公共法律服务体系运行中存在的县区、乡镇（社区）、村居委三级公共法律服务体系运行机制不畅通的问题，应着力构建上下贯通、服务衔接，上下协作、功能互补的公共法律服务体系运行机制。一是以县区公共法律服务体系为统领，从服务规划制定、服务资源配置、服务实施保障、服务考核评价等方面，充分发挥县区公共法律服务的统筹引领的功能作用；二是以乡镇（社区）公共法律服务体系为支撑，从服务规划实施、服务资源转化、服务诉求传递、服务质效反馈等方面，充分发挥乡镇（社区）公共法律服务的传输沟通功能作用；三是以村（居）委公共法律服务体系为基础，从服务范围扩展、服务资源利用、服务诉求把握、服务质效提升等方面，充分发挥村（居）委公共法律服务

的施行奠基功能。

所谓主辅联动是指针对欠发达地区公共法律服务体系运行中存在的司法行政主干体系与辅助体系协同机制尚未真正形成的问题，应着力构建主辅联通、主辅互动、主辅协同的公共法律服务体系运行机制。一是建构和完善以司法行政机构为主导的主干体系，从服务政策、服务规划、机构编制、服务标准的制定实施，服务运行、服务保障、服务监管、服务考核的统筹协调方面，充分发挥公共法律服务主干体系主导引领的功能作用；二是建构和完善以法院、检察院、人社保障、发展改革、财政、民政、农业农村、信访等职能部门为辅助的辅助体系，从诉讼服务、人财物保障、资源整合利用、信息传输共享等方面，充分发挥公共法律服务辅助体系的协同助推功能作用；三是健全公共法律服务与诉讼服务、社会服务等领域的工作对接机制，实现公共法律服务资源整合和互联互通。

4. 构建政策与法律合理衔接的公共法律服务制度体系

公共法律服务制度体系不完备和落实不到位，也是欠发达地区公共法律服务工作存在问题的主要表现。因此，立足于我省公共法律服务质量水平全面提升，构建"法治保障有据有力、政策保障可行可控"的政策与法律合理衔接的公共法律服务制度体系。

所谓法治保障有据有力的公共法律服务制度体系就是针对欠发达地区目前公共法律服务保障主要依靠政策和规范性文件，缺乏地方立法的有力保障的局面，在条件成熟的基础上根据国家的公共法律服务政策制定地方法规或规章，一方面通过实施性立法，细化国家相关法律和政策，使得国家公共法律服务方面宏观性、指导性的法律政策进一步通过地方立法制度化、法治化、操作化；另一方面通过创制性立法，对于国家公共法律服务政策未规定或不易具体规定的部分，紧密结合我省地方实际，制定法规和规章形成特色化、地方化的制度体系。

所谓政策保障可行可控的公共法律服务制度体系是指针对欠发达地

区现行的公共法律服务政策体系中可操作性差、难以真正落实部分或政策体系中制度实施风险还较大的部分，进一步修改完善、补充调整，使其做到政策实施的可行度、可控性逐步提高，实施落空的机率和实施风险明显降低。

所谓政策与法律合理衔接的制度体系是指针对欠发达地区公共法律服务制度体系中政策与法律不衔接或衔接不到位、不顺畅的部分，进一步充实完善，使得政策与法律做到衔接合理、衔接顺畅、衔接可行、衔接有效。最大限度避免制度体系内部相互冲突、相互矛盾、相互抵消。

（二）构建政府积极主导、部门通力协调、社会广泛参与的公共法律服务保障机制

按照中共中央、国务院办公厅《意见》规定要求我国的公共法律服务应当建立和健全党委领导、政府主导、部门协同、社会参与的公共法律服务管理体制和工作机制。目前欠发达地区公共法律服务保障机制不健全和不完善。这方面问题的突出表现就是政府主导、部门协同、社会参与的体制机制尚未真正形成。也就是政府公共法律服务资源投入机制单一且投入严重不足，公共法律服务人才激励机制难以形成且资源匮乏，公共法律服务经费的社会筹措机制短缺，公共法律服务管理监控机制不完善。因此，针对欠发达地区公共法律服务保障机制不健全和不完善的四方面问题，应当以健全和完善保障机制工作为抓手做好下列三方面工作。

1. 努力健全和完善公共法律服务的多元化保障机制

所谓健全和完善公共法律服务的多元化保障机制是指根据国家的顶层设计，从保障主体上，健全和完善政府主导、部门协同、社会参与的多元化保障机制；从保障内容上，健全和完善规划编制、政策制定、地方立法、人力资源、经费投入、平台建设等覆盖全面的多元化保障机制；从保障手段上，健全和完善政府行政指导手段、法律行业自治自律手段、社会组织与个体自觉参与手段有机结合的多元化保障机制。

（1）健全和完善多元化主体保障机制。首先，要充分发挥各级政府对公共法律服务的主导作用和各级司法行政机关统筹保障作用。省委省政府应当在坚持党对公共法律服务工作领导的前提下，努力通过政策、法规、规章、规范性文件的制定工作，特别是应当会同人大和政府及其相关部门，积极开展公共法律服务的地方立法，使得国家公共法律服务政策法律化、制度化，形成公共法律服务的刚性保障机制。其次，要充分发挥同级政府的发展改革、财政、人社、民政等部门的协同作用。一方面上述相关部门应当在机构设置、业务管理、考核落实等方面与同级司法行政机关建立工作对接机制；另一方面上述相关部门在各自职责范围内应与政府或司法行政机关针对公共法律服务工作存在的问题，建立专项工作交流协商、建章立制、考核落实的协同保障机制。最后，要重视发挥社会组织、自愿者个体的参与作用。一是在组织人员参与、经费筹集、志愿服务、质量考评等方面与政府、政府部门、司法行政机关形成广泛互动机制；二是在人力资源、财产经费、组织活动、服务质量认真履行社会主体的社会责任，形成自觉自愿、自我约束的保障机制。

（2）健全和完善多元化内容保障机制。一方面是政府、司法行政机关、相关部门要围绕公共法律服务建设和发展的规划编制、政策制定、地方立法、人力资源、经费投入、平台建设等内容形成协同保障机制，努力改变目前由司法行政机关单方面统筹保障的局面，特别是在政策、法规、规章、规范性文件制定方面形成工作协作机制。另一方面政府、司法行政机关、相关部门应从公共法律服务的政策和法规实施方面存在问题，针对公共法律服务建设和发展的规划编制、政策制定、地方立法、人力资源、经费投入、平台建设等内容，建立和完善信息反馈、纠偏改进、协同完善机制。

（3）健全和完善多元化手段保障机制。一是政府、司法行政部门以及其他相关部门要尽快建立和完善以行政引导为主的公共法律服务保障手段机制，主要通过公共法律服务建设和发展规划的实施、公共法律服务政策与法规、规章、规范性文件实施，公共法律服务考评体系和考评标准等方面工作强化行政引导；二是律师协会、公证协会、人民调解委员、法律援助等行业组织要逐步建立和完善以行业自治自律为主的公共法律服务保障手段机制，主要通过服务事项范围、服务方式方法、服务质量监控、服务效果评价等措施强化行业自治自律；三是公共法律服务社会组织、志愿者也应根据公共法律服务协议或承诺，建立和完善公共法律服务自律保障手段机制，主要通过服务事项范围、服务方式方法、服务质量监控、服务效果评价等措施强化社会自律。

2. 重点激活和完善公共法律服务人才的激励机制

所谓激活和完善公共法律服务人才激励机制是指根据国家公共法律服务的顶层设计，应大力推进公共法律服务队伍革命化、正规化、专业化、职业化建设；优化公共法律服务队伍结构，稳步增加律师、公证员、法律援助人员、仲裁员数量，加快发展政府法律顾问队伍，适应需要发展司法鉴定人队伍，积极发展专职人民调解员队伍，增加有专业背景的人民调解员数量，规范发展基层法律服务工作者队伍；培养壮大擅长办理维护特殊群体合法权益及化解相关社会矛盾的专业公益法律服务机构和公益律师队伍；发展壮大涉外法律服务队伍，加快培养涉外律师领军人才，建立涉外律师人才库；鼓励、引导社会力量参与公共法律服务，实现公共法律服务提供主体多元化的基本要求，重点从人才引进、人才培养、人才运用、人才评价、人才保护、人才流转、人才库建设完善等方面激活和完善公共法律服务实施机制。

（1）激活和完善公共法律服务人才引进和培养机制。一方面立足区域公共法律服务需求，权衡公共法律服务区域、城乡资源配置和发展水平，通过上岗前定向培养、联合培养、特殊岗位优先录用、特殊岗位年金补助等方式，激活和完善公共法律服务人才引进机制；另一方面立足区域公共法律服务需求，把握公共法律服务内容、服务方式和服务标准，通过在岗继续教育、工作骨干重点培养、工作业绩择优提拔等方式，激活和完善公共法律服务人才培养机制。

（2）激活和完善公共法律服务人才运用和评价机制。一方面立足区域公共法律服务需求，权衡公共法律服务区域、城乡资源配置和发展水平，通过竞争上岗、特殊艰苦岗位优薪、服务业绩加薪等方式，激活和完善公共法律服务人才运用机制；另一方面立足区域公共法律服务需求，把握公共法律服务内容、服务方式和服务标准，通过服务总量考核、服务态度评价、服务质效考核、服务岗位差异分析、服务群体差异分析、优绩优先提拔加薪、末位淘汰减薪等方式，激活和完善公共法律服务人才评价机制。

（3）激活和完善公共法律服务人才保护和流转机制。一方面立足区域公共法律服务需求，权衡公共法律服务区域、城乡资源配置和发展水平，通过特岗服务优薪、加班服务计酬、优质服务表彰、特殊群体关爱等方式，激活和完善公共法律服务人才保护机制；另一方面立足区域公共法律服务需求，权衡公共法律服务区域、城乡资源配置和发展水平，通过区域协作、城乡联合、考核遴选、招聘特聘等方式促进公共法律服务人才合理流动，激活和完善公共法律服务人才流转机制。

3. 着力改革和完善公共法律服务的管理监控机制

所谓改革和完善公共法律服务的管理监控机制是指根据国家公共法律服务的顶层设计，应加强公共法律服务管理部门对法律服务秩序的监管的基本要求，应从公共法律服务机构准入准出、服务设施建设、服务人员配备、服务业务规范、服务流程管理等方面改革完善公共法律服务的管理监控机制。

（1）充分发挥法律服务行业协会的作用，完善行政管理与行业自律管理相结合的管理体制机制，明确各类法律服务机构资质认定、设施建设、人员配备、业务规范、工作流程等具体标准，统一场所标识、指引和功能设置，推进公共法律服务标准化和规范化建设。

（2）改革现行公共法律服务管理监控中制度设计与工作实际脱节的情况，逐步形成以自律和他律相结合、示范与引导相协调、服务形式、服务流程、服务内容、服务标准有机统一的公共法律服务管理监控机制。

（三）突出区域特色，凝练区域模式、提高公共法律服务整体水平

公共法律服务模式从不同角度可以形成不同的模式。按照中共中央、国务院办公厅《意见》规定的要求，应当促进公共法律服务多元化专业化，在促进经济高质量发展、促进党政机关依法全面履行职能、促进司法公正和社会公平正义、国家重大经贸活动和全方位对外开放、加强公共法律服务案例库建设等方面提供多元化专业化的服务。两办的《意见》其实是从服务内容角度构建五种服务模式。司法部《关于推进公共法律服务平台建设的意见》中指出，创新公共法律服务模式，构建"主题式""套餐式""一站式""人工智能＋法律服务"公共法律服务模式。司法部的《意见》是从服务方式角度提出了四种基本模式。

在公共法律服务的实践中，我国最早由江苏太仓创立了"公共法律服务均等化模式"；近年来全国各地公共法律服务的新模式不断涌现，如"政府购买社会服务"的模式、城乡一体化公共法律服务模式、区域协作公共法律服务模式、欠发达地区的革命老区、民族地区、边疆地区、贫困地区公共法律服务模式等。

目前欠发达地区虽也因地制宜打造了许多公共法律服务模式，但能真正体现区域特色、代表区域版本的模式还很欠缺。因此，为了提高欠发达地区公共法律服务的整体水平，必须着力打造突出区域特色、具有区域服务文化品牌的公共法律服务模式。

1. 立足欠发达地区城乡区域经济社会发展不平衡实际，打造"人工智能＋"为主的基层公共法律服务模式

欠发达地区长期以来城乡之间和区域之间经济社会发展严重不平衡，由此也就导致公共法律服务资源配置、公共法律服务水平在城乡之间和区

域之间严重不平衡。革命老区和贫困地区较多，特别是县区、乡镇、村居委三级基层地区公共法律服务资源严重不足。因此，针对区域公共法律服务需求大、需求多样化，而服务资源严重不足的实际情况，必须立足欠发达地区经济社会发展不平衡实际，必须打造"人工智能+"为主的基层公共法律服务模式。

（1）构建完善"一网通"基层公共法律服务模式。全面推进三大平台建设，利用信息化手段汇聚实体、热线、网络平台的法律服务需求，法律知识资源和智力成果，整合法律服务领域的有关政策法律法规的实体性规定、服务程序性规定、典型案例等信息，提供人工智能平台为基层广大群众提供"一网通"公共法律服务。

（2）构建完善"模块化"公共法律服务模式。针对不同群体、不同地域、不同部门群众的特殊法律服务需求，一方面通过类型化方式系统梳理相关的法律问题及其办事程序，形成不同法律服务主题；另一方面通过法律服务部门联动，整合法律咨询、法律援助、纠纷调解、司法鉴定、公证、仲裁等相关法律服务资源，形成不同主题的网络链接，为群众提供"主题式、专题式"公共法律服务模式。

（3）构建"套餐式"公共法律服务模式。针对群众"一案多诉、一案多程序"的公共法律服务需求，利用智能化、信息化手段，一是以实体问题为导向，梳理形成问题信息模块；二是以程序问题为导向，梳理形成问题解决步骤信息模块；三是以解决问题部门机构为导向，梳理形成问题解决机关信息模块，最后通过人工智能平台，为群众提供"套餐式"公共法律服务。

（4）构建和完善"个性化、精准化、高端化"公共法律服务模式。充分利用人工智能、大数据、云计算等现代信息网络资源，针对群众特殊、疑难的公共法律服务需求，通过个性化定制、个性化服务方式，围绕个体案件特点、法律风险预测防范、纠纷争议当事人个性心理习惯、具体法律法规分析等问题，为群众提供个性化、精准化、高端化公共法律服务。

2. 立足区域特殊公共法律服务需求，打造契合区域发展特色化的公共法律服务模式

基于山西转型发展的特殊公共法律服务需求，一方面在循环经济建设、清洁能源建设、生态环境改善、旅游产业发展、乡村振兴战略实施、脱贫攻坚战略实施、新型产业建设、开放型经济建设、新型城镇化建设、民生改善和人居环境改善等方面我省公共法律服务需求整体上必然呈现特殊需求；另一方面人民群众在上述方面的特殊公共法律需求也必然凸显。因此，立足于我省特殊公共法律服务需求，必须打造契合山西转型发展特色化的公共法律服务模式。

（1）构建契合山西转型发展多元化需求的"专题式"公共法律服务模式。山西资源型经济转型的基本要求是促进循环经济建设、清洁能源建设、生态环境改善、人居环境改善、新型产业建设、开放型经济建设等，与此相适应我省公共法律服务需求必然随之产生多元化的特殊的需求。因此，基于我省资源型经济转型发展中存在的多元化特殊公共法律服务需求，必须构建以"循环经济建设、清洁能源建设、生态环境改善、人居环境改善、新型产业建设、开放型经济建设"为基本内容的"专题式"公共法律服务模式。

（2）构建契合山西特殊需求的"专题式"公共法律服务模式。近年来我省出现了一些其它省市自治区基本不存在的问题，如由于煤炭资源整合政策实施所引发的问题和纠纷，具体包括兼并主体与政府、兼并主体与被兼并主体、政府与被兼并主体之间纠纷，这类纠纷涉及到土地拆迁、退耕还林、征地补偿、塌陷区改造、资源税转付、矿难伤残职工救济、煤矿职工社保费清欠、支付、工资拖欠等许多方面。因此，必须构建契合我省特殊需求的"专题式"公共法律服务模式。

3. 立足三晋文化传统，打造体现山西服务文化品牌的公共法律服务

模式。山西不仅有着悠久的历史和文明，也有着光荣的革命传统，由此孕育了独特的三晋文化传统。如三晋法制文化传统、抗日根据地红色文化传统等。因此，山西完全可以立足三晋文化传统，打造体现山西服务文化品牌的公共法律服务模式。一方面以三晋历史名人、三晋大地特有的精神等为内容开展法治宣传教育、法治文化建设；另一方面也可以三晋大地涌现出的英雄人物、英雄事迹、精神为形式创新公共法律服务模式。

（1）构建体现三晋法制文化传统的公共法律服务模式。一是构建体现三晋法制文化传统的法治宣传教育、法制文化建设模式；二是构建于成龙、陈廷敬等为典型，以廉政文化传统为内容的品牌公共法律服务模式。

（2）构建体现抗日根据地红色文化传统的品牌公共法律服务模式。如沁源县就以太岳抗日根据地红色文化为主题开展公共法律服务模式；同样，以太行精神、吕梁英雄精神等为主题均可以创新公共法律服务模式。

结语：及至目前，欠发达地区已经开展了三年多公共法律服务工作的探索实践，虽然取得了一定成绩，但存在的短板和问题也很明显。唯有坚持"以人民为中心"的发展理念，扎实开展"不忘初心、牢记使命"主题教育，积极主动针对区域公共法律服务存在问题不断反思，立足新使命、迈向新征程、强化新担当，深入推进公共法律服务改革，才能构建具有区域特色和体现区域文化品牌的公共法律服务模式，全面提升欠发达地区公共法律服务水平。

第三章　法治乡村建设的关系论

法治乡村建设的关系论是指相对于法治乡村建设本体论而言的^①，着重探讨法治乡村与全面依法治国战略（法治国家建设、法治政府建设、法治社会建设）、乡村振兴战略、国家治理体系与治理能力现代化的关系。一方面从理论上研究探讨法治乡村建设在实施乡村振兴战略、全面依法治国战略、国家治理体系与治理能力现代化的宏观背景下具有何种重要价值？是否有助于这些战略目标实现？研究探讨法治乡村建设在法治中国建设、法治国家建设、法治政府建设、法治社会建设的宏观背景或框架体系下处于什么建设位置，能否满足和适应这些建设项目那些基本要求？另一方面从实践上研究探讨法治乡村建设客观上对乡村振兴战略、全面依法治国战略、促进国家治理体系与治理能力现代化以及法治中国建设（包括法治国家建设、法治政府建设、法治社会建设）发挥何种功能与作用？以及相互依赖、相互制约、相互促进关系。从前文法治乡村建设本体论问题的分析中我们不难发现：法治乡村建设本质上既是全面依法治国战略和乡村振兴战略的基础工程，也是国家治理体系与治理能力现代化的基本标志。而且，我们在法治乡村建设的实践价值部分详细分析研究了法治乡村建设的社会

---

① 所谓法治乡村建设从法理学或法哲学而言，至少包括两方面问题：一是法治乡村建设本体问题，着重探讨研究什么是法治乡村建设，其基本内涵、特征、本质是什么？其建设主体、建设内容、建设方式是什么？建设基本目标、建设效果如何评价问题；二是法治乡村建设关系问题，着重探讨研究法治乡村建设与全面依法治国战略（法治国家建设、法治政府建设、法治社会建设）、乡村振兴战略、国家治理体系与治理能力现代化的关系。

战略价值。因此,在此部分我们重点分析研究法治乡村建设与法治中国建设、法治国家建设、法治政府建设、法治社会建设的关系。

第一节　法治乡村建设与法治中国建设的关系

法治既是人类文明进步的重要标志和治国理政的基本方式,也是中国共产党和中国人民的不懈追求。建设法治中国是中国共产党新时期提出的宏伟目标。它是立足中国的基本国情,统筹考虑新时代中国经济社会发展状况、法治建设总体进程、人民群众需求变化等综合因素,在汲取中华法律文化精华,借鉴国外法治有益经验基础上,以全面建成法治国家、法治政府、法治社会和形成中国特色社会主义法治体系,实现人民平等参与、平等发展权利得到充分保障,国家治理体系和治理能力现代化为基本建设目标的伟大系统的工程。

在《法治中国建设规划(2020—2025年)》中指出:党的十八大以来,以习近平同志为核心的党中央从坚持和发展中国特色社会主义的全局和战略高度定位法治、布局法治、厉行法治,将全面依法治国纳入"四个全面"战略布局,加强党对全面依法治国的集中统一领导,全面推进科学立法、严格执法、公正司法、全民守法,形成了习近平法治思想,开创了全面依法治国新局面,为在新的起点上建设法治中国奠定了坚实基础。

党的十九大报告指出:中国特色社会主义进入新时代,我国社会的主要矛盾已经转化为人民日益增长的美好生活需求与不平衡不充分的发展之间的矛盾。目前,虽然我国广大农村的地区已经基本摆脱贫困,温饱问题已基本得到解决、已经总体上达到小康水平。但发展不平衡不充分的现象依然存在,特别是在城乡之间发展不平衡不充分问题尤其突出。"三农"问题依然是制约农村充分发展平衡发展的瓶颈问题。同时农民对文化生活提出更高的要求，对社会主义民主法治、社会公平正义的需求也更加彰显。因此，法治乡村建设不仅对于解决农产品供给需求和供给质量问题、农业现代化问题、农村社会治理问题等具有极其重要意义；也对法治中国建设（包括法治国家、法治政府、法治社会建设）具有重要奠基作用。根据中共中央《法治中国建设规划（2020—2025 年）》和中央全面依法治国委员会《关于加强法治乡村建设的意见》的文件精神，法治乡村建设与法治中国建设具有建设目标价值同构、建设内容协同部署推进、建设模式相互借鉴、建设效果相互促进之功效。法治乡村建设与法治中国建设关系问题主要体现在下列几个方面。

一、法治中国建设与法治乡村建设在建设目标上的相互衔接和相互支撑关系

众所周知，法治中国建设目标主要包括三方面：一是法治国家、法治政府、法治社会基本建成；二是中国特色社会主义法治体系基本形成；三是国家治理体系和治理能力现代化基本实现。而法治乡村建设目标也包括三方面：一是乡村治理法治化水平明显提高；二是乡村治理体系和治理能力基本实现现代化；三是法治乡村基本建成。这两者在建设目标方面形成相互衔接和相互支撑关系。

（一）法治中国建设与法治乡村建设在建设目标上的相互衔接关系

所谓两者在建设目标上的相互衔接关系主要是指法治中国建设目标为法治乡村建设目标的确立和实现提供价值的宏观的指引，而法治乡村建设目标的厘定和实现为法治中国建设目标实现提供现实的具体的支撑。

由此不难发现，法治中国建设中的法治国家、法治政府、法治社会基本建成等三大建设目标，相对于法治乡村建设中乡村治理法治化水平明显提高等建设目标，指向更加宏观、标准更加抽象；相反，法治乡村建设中的乡村治理体系和治理能力基本实现现代化等三大建设目标，相对于法治

中国建设中国家治理体系和治理能力现代化基本实现等三大建设目标，指向更具体、标准更精细。两者在建设目标上形成宏观与微观、系统与局部的有效对接。

（二）法治中国建设与法治乡村建设在建设目标上的相互支撑关系

所谓两者在建设目标上的相互支撑关系主要是指法治中国建设目标为法治乡村建设目标确立和实现提供理念和价值引领，而法治乡村建设目标的厘定和实现为法治中国建设目标实现提供方法和实践的支撑。

通过前文的分析不难发现，法治中国建设中的中国特色社会主义法治体系基本形成等三大建设目标，为法治乡村建设中的法治乡村基本建成等三大建设目标确立和实现提供基本制度资源支撑；而法治乡村建设中的乡村治理体系和治理能力基本实现现代化等三大建设目标，也为法治中国建设中的国家治理体系和治理能力现代化基本实现等三大建设目标的实现提供经验或实践支撑。两者在建设目标上形成价值与经验、理念与事实的相互照应、相互依托。法治中国建设目标为法治乡村建设目标确立和实现提供宏观指引，法治乡村建设目标确立和实现又助力法治中国建设目标的全面实现。这两者在建设内容或任务方面形成相互衔接和相支撑关系。

二、法治中国建设与法治乡村建设在建设内容上的相互制约和相互促进关系

法治中国建设的根本任务是坚定不移走中国特色社会主义法治道路，奋力建设良法善治的法治中国。而法治中国建设的主要内容和任务是通过建设中国特色的法治体系，促进良法善治、建设法治中国。法治中国建设内容包括八方面[1]：一是全面贯彻实施宪法，坚定维护宪法尊严和权威；二是建设完备的法律规范体系，以良法促进发展、保障善治；三是

---

[1] 参见中共中央《法治中国建设规划（2020—2025）》，人民日报，2020 年 12 月 17 日 A 版。

建设高效的法治实施体系，深入推进严格执法、公正司法、全民守法；四是建设严密的法治监督体系，切实加强对立法、执法、司法工作的监督；五是建设有力的法治保障体系，筑牢法治中国建设的坚实后盾；六是建设完善的党内法规体系，坚定不移推进依规治党；七是紧紧围绕新时代党和国家工作大局，依法维护国家主权、安全、发展利益；八是加强党对法治中国建设的集中统一领导，充分发挥党总揽全局、协调各方的领导核心作用。

而法治乡村建设的主要内容包括九个方面[①]：一是完善涉农领域立法；二是规范涉农行政执法；三是强化乡村司法保障；四是加强乡村法治宣传教育；五是完善乡村公共法律服务；六是健全乡村矛盾纠纷化解和平安建设机制；七是推进乡村依法治理；八是加快"数字法治·智慧司法"建设；九是深化法治乡村示范建设。这两者在建设内容方面形成相互制约和相互促进关系。

（一）法治乡村建设与法治中国建设在建设内容上的相互制约关系

所谓两者建设内容和任务的相互制约关系主要是指法治中国建设内容或任务对法治乡村建设内容和任务所形成的方向限缩功能和内涵统摄功能；以及法治乡村建设内容和任务确立和完成对法治中国建设内容与任务完成所具有的效能叠加功能和效能消解功能。

通过上文分析可以发现：法治中国建设的主要任务是建设中国特色的法治体系，其中建设完备的法律规范体系蕴含了法治乡村建设内容的完善涉农立法的内容；其中建设高效的法治实施体系蕴含法治乡村建设内容的规范涉农行政执法、强化乡村司法保障、加强乡村法治宣传教育等。同时，法治乡村建设内容中的完善乡村公共法律服务、健全乡村矛盾纠纷化解和平安建设机制、推进乡村依法治理等不仅可以为中国特色法治体系建设贡

---

① 参见中央全面依法治国委员会《关于加强法治乡村建设的意见》，人民日报，2020 年 3 月 11 日 A 版。

献力量，其建设内容的完成质量会对法治中国建设任务完成形成效能提升与效能消解。

因此，一方面法治中国建设内容在内涵上统摄了法治乡村建设的核心内容，并为法治乡村建设内容确立和完成指明了建设方向；另一方面法治乡村建设内容的完成及其质量直接影响制约法治中国建设内容的质效，形成效能叠加或效能递减。

（二）法治乡村建设与法治中国建设在建设内容上的相互促进关系

所谓两者建设内容的相互促进关系主要是指法治中国建设内容对法治乡村建设内容所形成的目标激励功能和内涵扩充功能；以及法治乡村建设内容确立和完成对法治中国建设内容完成所具有的效能助推功能和目标奠基功能。

通过上文分析可以发现：法治中国建设的主要内容或根本任务是建设中国特色的法治体系，而法治乡村建设的主要内容是针对涉农立法、执法、司法问题等推进乡村民主法治建设。法治中国建设内容的法律规范体系完备、法治实施体系的高效、法治监督体系的严密、法治保障体系的有力、党内法规体系的完善，不仅直接推进法治中国建设，而且为完善涉农立法、规范涉农执法、强化乡村司法、加强乡村法治宣传构建良好的法治环境；同时，法治乡村建设中涉农立法的完善、涉农执法的规范、乡村司法保障的强化、乡村法治宣传的加强，不仅推进法治乡村建设，也可以助推法治中国建设，并可夯实法治中国建设的基础。

因此，一方面法治中国建设内容确立和完成，对法治乡村建设内容确立形成宏观目标激励，为法治乡村建设内容完成构建良好法治氛围；共同实现两者建设内涵的扩充；另一方面法治乡村建设内容的完成还可以直接助推法治中国建设内容增值，并为法治中国建设目标的全面实现奠定基础。

三、法治中国建设与法治乡村建设在建设模式上的相互参照和相互借鉴关系

关于法治中国建设模式学术界和官方均没有明确论述。根据习近平法治思想和中共中央《法治中国建设规划》精神,笔者以为法治中国建设模式包括三个层次,从宏观视角分析,法治中国建设模式就是以四个坚持为纲领的中国特色社会主义法治建设模式,其本质是以中国特色社会主义法治理论为指导,高举中国特色社会主义伟大旗帜,坚持中国特色社会主义法治道路,建设中国特色社会主义的法治体系。从中观视角分析,中国特色社会主义法治建设模式就是坚持党的领导、人民当家作主、依法治国的有机统一的社会主义法治建设模式。从微观视角分析,法治中国建设模式就是"统筹推进建设模式",即坚持依法治国、依法执政、依法行政共同推进,坚持法治国家、法治政府、法治社会一体建设,坚持依法治国和以德治国相结合,坚持依法治国和依规治党有机统一,全面推进科学立法、严格执法、公正司法、全民守法。

关于法治乡村建设模式学说界争议较大,主流观点认为,法治乡村建设模式就是自治、法治与德治"三治融合"的模式[1],但也有的认为法治乡村建设模式核心是走向善治,自治、法治、德治是三种不同的治理方式,三者有不同的功能和作用,有各自的优势和劣势。自治是核心,法治是保障,德治是基础,三者各自可以实现善治,两两组合、三者组合也可以实现善治[2]。就官方而言,党的十九大报告指出:要"健全自治、法治、德治相结合的乡村治理体系",并未论及法治乡村建设模式。中

---

① 参见[5]张文显,徐勇,何显明,姜晓萍,景跃进,郁建兴.推进自治法治德治融合建设,创新基层社会治理[J].治理研究,2018,34(06):5—16。

② 参见[9]邓大才.走向善治之路:自治、法治与德治的选择与组合——以乡村治理体系为研究对象[J].社会科学研究,2018(04):32—38。

央全面依法治国委员会《关于加强法治乡村建设的意见》的文件只是把"自治、法治、德治相结合"作为法治乡村建设应坚持的四项基本原则之一，也未被作为建设模式论述。笔者以为，法治乡村建设模式包括应然与实然两方面含义。从应然的视角，浙江桐乡经验代表法治乡村建设的发达地区模式，应当坚持自治、法治、德治"三治融合"模式；而从实然的视角，由欠发达地区的经济社会发展的客观现实条件所决定，"三治融合"未必是最适合的法治乡村建设模式，自治与法治、自治与德治、法治与德治也可以成为欠发达地区法治乡村建设的基本模式。但必须注意，法治乡村建设模式不论如何结合，自治是乡村治理的核心、法治是乡村治理的保障、德治是乡村治理的导向、善治是乡村治理的目标。因为，法治乡村建设模式代表社会基层治理的基本结构体系或基本模式，离开自治乡村基层治理与国家治理无异，乡村治理没有独立存在的价值；离开法治乡村治理缺乏基本保障，现代社会纯粹的自治难以维系；德治与善治既可以通约、也有所区别，代表乡村基层治理的目标走向。这两者在建设模式方面形成相互参照、相互借鉴关系。

（一）法治中国建设与法治乡村建设在建设模式上的相互参照关系

所谓两者在建设模式上的相互参照关系，主要是指法治中国建设模式对法治乡村建设模式确立和运行，形成一种理想目标、实现路径、价值观的理论引领；法治乡村建设模式选择与运行对法治中国建设模式固化和践行，形成一种经验方法与操作技术的实践回应。

通过前文分析不难发现，法治中国建设模式无论是宏观层面的以四个坚持为纲领的中国特色社会主义法治建设模式，中观层面的三位一体有机统一的中国特色社会主义法治建设模式，还是微观层面的五方面统筹推进的法治中国建设模式，都为法治乡村建设模式的选择与运行提供选择的斟酌空间和运行制度框架；而法治乡村建设模式，无论是应然理想建构模式，还是实然有效运行模式，都为法治中国建设模式厘定与践行提供实践经验的支撑和运行效果的评价标准。中国特色社会主义法治理论、中国特色社会主义法治道路、中国特色社会主义伟大旗帜、中国特色社会主义法治体系都深深嵌入法治乡村建设的任何一种组合模式之中；而法治乡村建设模式中不论是自治、法治、德治单一的善治模式，还是自治、法治、德治二元有机组合的善治模式，抑或是自治、法治、德治"三治融合"的善治模式，都会打上中国特色社会主义法治之烙印，都会彰显中国特色社会主义以党的领导为根本保障、以人民为中心的价值取向、以宪法法律为治国理政基本依据的特质。

因此，一方面法治中国建设模式为法治乡村建设模式选择和运用提供特殊的视角、特色的方法、特别的指引，为法治乡村建设模式取得独特成效提供制度性、纲领性、导向性的保障；另一方面法治乡村建设模式为法治中国建设模式的特色凝练、理论概括、价值选择提供实践经验的支撑，为法治中国建设模式走向成功、推广应用提供最基础的、最坚实、最给力的动力保障。

（二）法治中国建设与法治乡村建设在建设模式上的相互借鉴关系

所谓两者在建设模式上的相互借鉴关系主要是指法治中国建设模式对法治乡村建设模式确立和运行，形成一种政治思想和价值理念的宏观引领、方法架构和思维养成的中观映衬、实现路径和操作程序的微观依托；法治乡村建设模式选择与运行对法治中国建设模式总结和提炼，形成一种运行机制、经验方法、操作技术的实践支撑。

通过前文分析不难发现，法治中国建设模式无论是宏观层面的以四个坚持为纲领的中国特色社会主义法治建设模式，中观层面的三位一体有机统一的中国特色社会主义法治建设模式，还是微观层面的五方面统筹推进的法治中国建设模式，都为法治乡村建设模式的选择提供政治方向引领、价值选择标准、思想观念启迪；为法治乡村建设模式运用提供方法选择思路、思维培养视角、功能完善措施；为法治乡村建设模式运行效果提升提供操作化运行机制和可行性的评价标准。坚持党的领导、坚持以人民为中心、坚持法治与德治相结合都融入法治乡村建设的每一种模式和每一类模式之中。而法治乡村建设模式中不论是自治、法治、德治单一的善治模式，还是自治、法治、德治二元有机组合的善治模式，抑或是自治、法治、德治"三治融合"的善治模式，都从不同治理角度、从不同治理层面、从不同治理主体诠释和揭示中国特色社会主义法治理论、中国特色社会主义法治道路、中国特色社会主义伟大旗帜、中国特色社会主义法治体系的特色元素、特殊使命、特别关怀。

因此，一方面法治中国建设模式为法治乡村建设模式选择和运用提供政治思想、价值目标、方法功能等多元化、多层次的理论依据和价值目标定位；另一方面法治乡村建设模式的选择和运用为法治中国建设模式的形成和推广进行实践证成，为法治中国建设模式的整体优化提供经验范型。

四、法治中国建设与法治乡村建设在建设效果上的相互依存和相互推进关系

建设效果本质上属于事实范畴问题。它既是建设目标、建设内容、建设模式的综合指标的集中评价，也是对建设目标达成与否，建设内容完成与否，建设模式运行稳定与否的综合事实考量。因此，法治中国建设效果实际是围绕法治中国建设的三大目标，即法治国家、法治政府、法治社会建成，中国特色社会主义法治体系形成，国家治理体系和治理能力现代化实现的事实情况进行分析评价。法治乡村建设效果实际是围绕乡村法治化建设水平提升明显与否、乡村治理体系和治理能力是否实现了现代化、法治乡村建成与否的客观事实情况的综合分析评价。法治中国建设与法治乡村建设，两者在建设效果上是相互依存和相互推进关系。因为，一方面法治中国建设效果是法治乡村建设效果的集中体现，包含法治国家建设、法治政府建设、法治社会建设、法治乡村建设等综合结果；另一方面法治乡

村建设效果是法治中国建设效果的局部和分量体现，对法治中国建设（包括法治国家建设、法治政府建设、法治社会建设）具有重要的支撑功能。两者相互依存、协同推进。

（一）法治中国建设与法治乡村建设在建设效果上的相互依存关系

所谓两者建设效果上的相互依存关系主要是指法治中国建设效果对法治乡村建设效果的吸纳、聚集、汇总关系；以及法治乡村建设效果对法治中国建设效果的支撑、衬托、扶持关系。两者的相互依存关系集中体现在三方面：

1. 两者在建设目标实现程度评价上的依存关系。法治中国建设目标与法治乡村建设目标既有宏观整体与微观局部目标之分，也有共同目标与特殊目标之分，还有定性目标与定量目标之分。如法治中国建设中的法治国家、法治政府、法治社会建成目标、国家治理体系与治理能力现代化目标与法治乡村建设中的法治乡村建成目标、乡村治理体系与治理能力现代化目标属于宏观整体目标与微观局部目标的关系；而法治中国建设目标中的中国特色社会主义法治体系形成目标与法治乡村建设中的乡村治理的法治化水平明显提升目标既属于共同目标与特殊目标关系，也属于定性目标与定量目标关系。

因此，两类建设目标关系必然呈现宏观整体建设目标与微观局部建设目标、共同建设目标与特殊建设目标、定性建设目标与定量建设目标之间互为前提、相互依赖、相互扶持、相互支撑的关系。一方面法治中国建设目标的实现从宏观整体上吸纳、聚集、汇总法治乡村建设目标，并承认、肯定法治乡村建设目标实现对其目标实现的扶持、支撑、衬托功能和作用；另一方面法治乡村建设目标确定与实现必须以法治中国建设目标作为宏观指引，并通过自身在建设目标的实现贡献获得法治中国建设的主动承认、正面评价。

2. 两者在建设内容完成质量评价上的依存关系。法治中国建设内容与法治乡村建设内容既有全局抽象建设内容与部分具体建设内容之分，也有共同建设内容与特殊建设内容之分，还有高层次建设内容与低层次建设内容之分。如法治中国建设内容中的建设完备的法律规范体系、建设高效的法治实施体系与法治乡村建设内容中的完善涉农立法、规范涉农司法、强化乡村司法保障、加强乡村法治宣传既属于全局抽象建设内容与部分具体建设内容关系，也属于高层次建设内容与低层次建设内容关系。又如法治中国建设内容中的建设中国特色社会主义法治体系与法治乡村建设内容中的完善乡村公共法律服务、健全乡村矛盾纠纷化解和平安建设机制、推进乡村依法治理、加快"数字法治·智慧司法"建设、深化法治乡村示范建设等建设内容既属于高层次建设内容与低层次建设内容关系，也属于共同建设内容与特殊建设内容关系。

因此，两类建设内容关系必然展现全局抽象建设内容与部分具体建设内容、共同建设内容与特殊建设内容、高层次建设内容与低层次建设内容之间包含与被包含、相互补充与相互叠加、相互扶持与相互支撑关系。一方面法治中国建设内容的完成从全局抽象层面吸纳、聚集、汇总法治乡村建设内容，并承认、肯定法治乡村建设内容完成对其内容完成的扶持、支持、补足功能和作用；另一方面法治乡村建设内容完成必须以法治中国建设内容作为概括引领，并通过自身在建设内容完成贡献获得法治中国建设的积极采纳、肯定评价。

3. 两者在建设模式运行稳定程度评价上的依存关系。法治中国建设模式与法治乡村建设模式之间是抽象运行模式与操作化运行模式、系统运行模式与要素运行模式、协同运行模式与独立运行模式、运行条件与运行机制的有机统一。因此，无论是法治中国建设模式中的以四个坚持为要旨的宏观建设模式，还是以三位一体为核心的中国建设模式，抑或是以五方面统筹推进为具体框架的微观建设模式都与法治乡村建设模式中自治、法治、德治二元组合模式、三元融合模式有着抽象模式引领具体模式、系统模式导引要素模式、协同模式调动独立模式、条件配合机制；以及具体模式效法抽象模式、要素模式助力系统模式、独立模式融入系统模式、机制适应条件的相互依存关系。

因此，两类建设模式关系必然表现为抽象建设模式提炼表达操作化建设模式运行经验，系统建设模式生成运行成就要素模式运行方法，协同模式形成运行吸纳兼顾独立模式运行秉性，运行条件辅助运行机制实现流畅；反之，操作化建设模式为抽象建设模式运行稳定性的提升提供经验支撑，要素建设模式为系统建设模式稳定性固化提供实践契机，独立建设模式为协同建设模式稳定性推进提供个体模本，运行机制为运行条件稳定性提高提供综合保障。一方面法治中国建设模式稳定性评价需要法治乡村建设模式稳定性评价支持；另一方面法治乡村建设模式稳定性也需要在法治中国建设模式稳定性中获得预期。

（二）法治中国建设与法治乡村建设在建设效果上的相互推进关系

所谓两者建设效果上的相互推进关系主要是指法治中国建设效果对法治乡村建设效果形成带动、激励、叠加关系；以及法治乡村建设效果对法治中国建设效果的促进、助推、赋值关系。两者的相互推进关系集中体现在两方面：

1. 两者在建设效果量上的推进关系。众所周知，无论是法治中国建设效果，还是法治乡村的建设效果，首先是建设目标实现程度和建设内容完成程度的事实评价。从法治乡村治理体系与治理能力现代化到国家治理体系与治理能力现代化，从乡村建设的法治化到法治国家建设、法治政府建设、法治社会建设全面法治化，从自治、法治、德治逐步融合的乡村治理格局基本形成到中国特色社会主义法治体系基本形成，都昭示法治中国建设从局部到整体、从具体到抽象、从特殊到一般的发展增量。法治乡村建设效果每一个环节的精进都可以汇入法治中国建设效果的伟大成就；法治中国建设效果的宏伟目标实现都会促使法治乡村建设效果日新月异。同样，法治乡村建设效果的局部失误或子系统失衡，也定会影响法治中国建设效果日积月累的成效积聚；法治中国建设效果些许不足，也定会制约法治乡村建设效果充分显现。

2. 两者在建设效果质上的推进关系。既然法治中国建设效果与法治乡村建设效果在量上会形成推进关系，那么根据哲学的质量转化规律，两者也必然形成质上的推进关系。从法治乡村建成到法治中国建成，从乡村治理体系和治理能力现代化到国家治理体系和治理能力现代化，从共建共治共享的乡村治理格局形成到中国特色社会主义法治体系形成，不仅是两者在建设效果量上的相互推进与增量，而且是两者在建设效果质上的相互转化与质变。

第二节　法治乡村建设与法治国家建设的关系

法治国家的概念起源于德国，主要指"依法而治的国家或法治国"[1]。二次世界大战后，法治国家或法治国被赋予了新的含义。根据日本学者佃中和夫所著的《现代法治国家》一书，将法治国家分为形式上的法治国家与实质上的法治国家[2]。从理论上看，关于法治国家的概念国内外学者争议较大，其争议主要集中在四方面：一是法治国家是否必然蕴含法治精神，两者是否可以统一？二是法治国家与依法治国内涵是否一致，依法治国是否等同于"以法治国"，法治国家究竟应秉持形式法治，还是实质法治？三是法治国家与法制国家、法制与法治含义是否一致？有

---

[1] 参见卓泽渊著：《法治国家论》，中国方正出版社，2001年6月版，第10—11页。

[2] 佃中和夫在《现代法治国家》一书指出：所谓形式法治国家是依据实定法实现国家所有目的的国家，也就是依据法律推行国家事务的国家，确保依法律行政和依法律裁判的国家。所谓实质法治国家是指依法律约束和限制权力，保障和确保人或国民的自由和权利的国家。参见卓泽渊著：《法治国家论》，中国方正出版社，2001年6月版，第12页。

无本质区别？四是法治国家、法治政府、法治社会关系如何？它们究竟是三位一体关系？还是三个不同层次问题？特别是法治国家的概念能否统摄法治社会的概念？这些问题从上世纪八十年代一直到党的十八大之前争论十分激烈。

从实践上看，党的十一届三中全会之后，中国法制建设进入新的历史发展阶段。1996 年第八届全国人大第四次会议制定的《国民经济和社会发展"九五"计划和 2010 年远景目标》，明确指出，到下世纪初要逐步建立社会主义法制国家。而在党的十四届六中全会通过的《关于加强社会主义精神文明建设若干重要问题的决议》又再次确立依法治国，建设社会主义法制国家的宏伟蓝图。1999 年 3 月现行宪法的第三个修正案中明确规定："中华人民共和国实行依法治国，建设社会主义法治国家"，而且将"法制国家"修改为"法治国家"。党的十八届四中全会以习近平同志为核心的党中央做出全面推进依法治国的顶层设计，并提出法治国家、法治政府、法治社会一体建设的方针。党的十九大对新时代全面推进依法治国提出新的要求，指出到 2035 年基本建成法治国家、法治政府、法治社会。

总之，法治国家作为法治中国建设或全面依法治国战略伟大工程的重要组成部分，它主要从国家的层面，通过加强宪法法律的实施，实现民主政治的法治化；通过建设完备的法律规范体系和形成科学民主的立法制度；通过建设高效的法治实施体系以建设廉洁高效的法治政府和公正权威的司法制度；通过建设严密的法治监督体系以规范国家权力和保障人民权利。广义的法治国家包括法治政府，它是相对于法治社会而言的，是人民当家作主和依法执政的国家，是坚持宪法法律至上和尊重保障人权的国家，是坚持科学民主立法和实现良法善治的国家，是坚持严格执法、公正司法、全民守法的国家，是一切公权力受到有效监督和制约的国家。狭义的法治国家是相对于法治政府而言的，其核心是人民主权、依法治国、依法执政，其关键是国家权力法治化。而于狭义的法治国家对应的法治政府，其核心是依法行政，其关键是建设廉洁、诚信、高效的法治政府。

法治乡村建设是全面依法治国战略与法治社会建设的基础工程，它是乡村治理的主体通过依法自治、以德自治、德法共治或者"三治融合"，重点推进乡村民主法治建设的活动[①]。根据中央全面依法治国委员会印发《关于加强法治乡村建设的意见》，法治乡村建设包括近期和远期两个建设目标。从 2020 年到 2022 年的建设目标是：努力实现涉农法律制度和乡村公共法律服务体系更加完善，基层执法质量、干部群众尊法学法守法用法的自觉性、乡村治理法治化水平明显提高。法治乡村建设的远期目标是：从 2020 年到 2035 年，乡村法治可信赖、权利有保障、义务必履行、道德得遵守，乡风文明达到新高度，乡村社会和谐稳定开创新局面，乡村治理体系和治理能力基本实现现代化，法治乡村基本建成。因此，法治乡村建设与法治国家建设的关系主要包括下列几方面。

一、法治国家建设与法治乡村建设的性质、核心目标、重点内容、模式等存在明显区别

（一）法治乡村建设与法治国家建设性质和核心目标不同

法治乡村建设本质上属于社会建设，它主要是在社会组织主导下，通过发挥社会组织自治功能，重点推进乡村民主法治建设；同时法治乡村建设也属于社会治理的范畴，它主要是依据自治章程、村规民约、道德风俗，通过发挥社会自律机制，构建共建共治共享的社会治理格局和社会治理体系。而法治国家建设本质上属于国家建设，它主要是在国家机构组织的主导下，通过发挥国家组织管理和强制功能，重点围绕国家权力分配、运行、监督等内容进行建设；同时其也属于国家治理，它主要是依据国家法律、

---

① 参见史凤林、李怡帆："法治乡村建设中的三治融合模式"，载《三晋法学》第 17 辑，中国法制出版社，2021 年版。

政策等，通过发挥国家他律机制，构建法治化、现代化、规范化的治理格局和治理体系。

法治乡村建设的核心目标是提升乡村治理的法治化水平，实现乡村治理体系和治理能力的现代化，构建和谐有序充满活力的基层社会；法治国家建设的核心目标是提升国家机关及其人员依法执政、依法行政、依法治理的水平和能力，实现国家治理体系和治理能力现代化，构建和谐有序充满活力的社会。

（二）法治乡村建设与法治国家建设重点内容和建设模式不同

法治乡村建设的重点内容是围绕乡村民主法治建设，包括涉农立法、执法、司法建设，乡村普法、乡村治理、乡村纠纷矛盾化解等方面；法治国家建设的重点内容是国家权力法治化建设，具体包括依法治国机制体制建设、宪法全面实施的体制机制建设、法律法规体系建设、法律实施体系建设、法律保障体系建设、法律监督体系建设、党内法规体系建设等方面。

法治乡村建设的模式主要是以自治为核心，以法治为保障，以德治为导引，通过依法自治、以德自治、德法共治，自治、法治、德治三治结合的模式推进建设；法治国家建设模式主要是在法治主导下，依法治国与以德治国相结合的自主推进模式。

二、法治国家建设是法治乡村建设的必要前提

法治国家建设是法治乡村建设的必要前提具体表现在两方面：一是法治国家建设目标和原则是法治乡村建设的价值和制度基础，即离开法治国家建设目标和原则的宏观指引，法治乡村建设不仅价值导向不明，制度基础也会缺失。二是法治国家建设内容是法治乡村建设内容的必要参照，即没有法治国家建设内容作为参照，法治乡村建设内容重点将无法把握，法治乡村建设也就缺乏基本的制度保障。之所以认为法治国家建设是法治乡

村建设的必要前提，支撑此论点理由包括四方面：

1. 法治国家建设的目标为法治乡村建设提供价值导向。众所周知，法治乡村建设是社会治理体系中的乡村治理体系，它不同于法治国家、法治政府建设属于国家治理体系。乡村治理一般具有四大特征：一是治理主体的社会性，它是乡村社会组织共同体依据自治章程、村规民约、道德习惯进行自我管理、自我约束、自我服务，乡村治理的主导力量是乡村组织社会力量，而非国家力量。二是治理目标的社会性，乡村治理的目标是提高社会治理的法治化水平，有效化解社会矛盾纠纷，建设法治乡村、平安乡村。三是治理方式的社会性，乡村治理是以乡村组织自治为核心的多元化治理模式，它可以是依法自治模式、以德自治模式，也可以是德法共治模式，还可以是自治、法治与德治相结合模式。四是乡村治理的客体社会性，即乡村治理的对象社会组织、社会成员的社会行为，而非国家机构和国家人员的公权力行为。

但是，乡村治理的上述特征并不说明，乡村治理可以完全脱离法治国家。相反，乡村治理需要法治国家建设目标作为宏观引导，以确立其基本价值取向。一方面法治乡村建设不是传统的乡村治理或绝对化自治，而是以法治为核心要素的依法治理。法治国家建设目标能够为乡村治理注入法治元素、融入法治精神、传承法治的价值。另一方面法治乡村建设不是传统的乡村治理或僵化的治理，是以现代化为时代特征的乡村治理。法治国家建设目标能够为乡村治理引入现代化的信息、引进现代化的标准、提供现代化技术支持。如法治国家建设目标之一是实现国家治理体系和治理能力现代化，法治乡村建设的目标之一是推进乡村治理体系和治理能力现代化。可以设想，离开法治国家建设这一目标，法治乡村治理体系和治理能力现代化朝着什么方向推进？显而易见，法治国家建设目标构成法治乡村建设的价值导向。

2. 法治国家建设的原则为法治乡村建设提供制度基础。法治建设的原则是构成法治思想政治和制度基础的，体现法治精神和价值观念的本质的，对整个法治建设具有普遍指导意义的基本准则。关于法治建设原则学术界虽然有争议却存在基本共识。坚持宪法法律至上原则、坚持尊重保障人权原则、坚持依法执政、依法行政、司法公正的原则，坚持制约权力原则、坚持法律面前人人平等的原则等应当是现代法治基本原则，同时坚持党的领导原则、坚持以人民为中心、坚持依法治国与以德治国相结合原则是中国特色社会主义法治基本原则。上述基本原则既是法治国家建设的基本原则，有的也是法治乡村建设的基本原则。但是，法治国家建设原则与法治乡村建设原则既有一致性，也有差异性。其一致性表现在两方面：一是构成法治建设制度基础的原则；如坚持党的领导原则、以人民为中心原则、依法治国与以德治国相结合原则。二是体现法治精神和价值观念本质的原则。如宪法法律至上和法治思维优位原则、尊重保障人权原则、促进良法善治原则、制约权力原则、坚持法律面前人人平等的原则。其差异性表现在两方面：一是体现法治国家建设与法治乡村建设特色要求的原则；如坚持依法执政、依法行政、司法公正原则是法治国家包括法治政府建设的基本原则，但并非法治乡村建设的基本原则。又如坚持自治、法治与德治相结合原则是法治乡村建设的基本原则，而非法治国家建设的基本原则。二是对法治国家建设与法治乡村建设不具有普遍指导意义的原则。如坚持统筹推进原则，对法治国家建设具有指导意义，而对法治乡村建设不具有指导意义。又如坚持从中国实际出发原则对法治国家建设具有指导意义，而对法治乡村建设不具有指导意义。相反，坚持从乡村治理的实际出发原则，仅仅对法治乡村建设具有指导意义。通过对法治国家建设与法治乡村建设原则的比较可以发现，法治国家建设与法治乡村建设的相关性：一方面法治国家建设原则与法治乡村建设原则一致性，说明法治国家建设原则往往是构成法治乡村建设的制度基础，这些基本原则不仅是法治国家建设的原则，也是法治乡村建设必须坚持的原则。另一方面法治国家建设原则与法治乡村建设原则一致性，还说明法治国家建设原则也是构成法治乡村建设的价值观念基础。因此，法治国家建设是法治乡村建设的必要前提，是因为法治国家建设原则不仅是法治乡村建设的价值导向，也是法治乡村建设的制度基础。

3. 法治国家建设的核心内容是法治乡村建设内容的必要参照。法治国家建设的核心内容是建设中国特色社会主义法治体系，实现国家治理体系和治理能力现代化、法治化、规范化。法治乡村建设的核心内容是推进乡村治理体系和治理能力现代化，完善涉农立法、规范涉农执法、强化乡村司法保障，提升乡村治理的法治化水平。由此可见，法治国家建设内容与法治乡村建设内容相关性表现在两方面：一方面法治国家建设内容与法治乡村建设内容在方向上的趋同性，即国家治理的法治化、现代化、规范化与乡村治理的法治化、现代化、规范化，虽然国家法治体系建设与乡村法治体系建设内容存在差异，但建设内容的方向是一致的，两者建设内容的本质都是法治化、现代化、规范化。另一方面是法治中国建设内容与法治乡村建设内容性质上的一致性，即国家治理重点内容是构建中国特色社会主义法治体系，乡村治理的重点内容是构建中国特色的社会治理体系，但两者在建设内容的性质上具有一致性，这两大体系建设内容性质都必须突出人民性、正义性、法治性。因此，法治国家建设是法治乡村建设的必要前提，是因为法治国家建设的内容是法治乡村建设内容的必要参照。

4. 法治国家建设的主要内容为法治乡村建设的制度保障。法治国家建设的主要内容是建设中国特色社会主义法治体系，包括建设完备的法律规范体系、高效的法治实施体系、严密的法治监督体系、有力的法治保障体系、完善的党内法规体系。法治乡村建设的主要内容是建设法治乡村，包括完善涉农立法、规范涉农执法、强化乡村司法保障、加强乡村法制宣传，完善乡村公共法律服务，有效化解乡村矛盾纠纷，提升乡村治理的法治化水平。由此可见，法治国家建设内容与法治乡村建设内容不仅建设内容性质具有一致性、建设内容方向具有趋同性，而且在建设内容功能上法治国家建设内容为法治乡村建设提供基本制度保障。一方面中国特色社会主义法制体系形成为法治乡村建设内容完成提供国家层面的制度环境，使得法治乡村局部建设内容具有宏观的制度框架；另一方面中国特色社会主义法制体系形成为法治乡村建设内容完成提供国家强制力保障，使得乡村社会治理体系具有国家权力保障措施。

三、法治乡村建设是法治国家建设的社会基础

法治乡村建设是法治国家建设的社会基础具体表现在两方面：一是社会是国家的基础，法治乡村建设为法治国家建设提供社会观念基础和社会物质基础；二是社会是国家的基础，法治乡村建设为法治国家建设提供制度完善机制和改革发展动力。之所以认为法治乡村建设是法治国家建设的社会基础，支撑此论点理由包括四方面：

1. 法治乡村建设为法治国家建设提供适宜的社会环境。法治乡村建设以法治观念普及为基础。通过对广大村民深入开展尊崇宪法、学习宪法、遵守宪法、维护宪法的宣传教育，通过落实谁执法谁普法的普法责任制，通过充分利用法治广场、法治长廊等法治文化阵地强化法治文化教育，通过重点加强对"两委"班子成员法治培训活动，通过推进乡村"法治明白人"培训工程等活动，乡村法治观念的普及必将为法治国家建设提供适宜的社会环境，奠定和优化法治国家建设的社会观念基础。

2. 法治乡村建设为法治国家建设提供发展的社会物质资源。法治乡村建设属于精神文明建设的范畴，其建设重点是民主法治建设，而非乡村经济建设。但是，法治乡村建设模式是以自治为核心的多元共治，它强调建设者自身的主体性、参与性，通过自治凝聚民心、汇聚民智、保障民权，激发主体意识、激活创造潜力、激励建设热情。这不仅会促进乡村民主法

治建设和乡村精神文明建设，而且会推动乡村经济振兴、带动乡村物质文明建设。乡村治理主体意识自觉与精神振奋必将间接推动乡村物质文明建设为法治国家建设提供持续发展的物质资源。

3. 法治乡村建设为法治国家建设提供制度完善机制。法治乡村建设和法治社会建设一样，不同于法治国家建设。法治国家建设和法治政府建设是自上而下推进，而法治社会和法治乡村建设是自下而上推动；它是通过基层社会治理体系形成与完善，提升乡村治理水平与能力。法治乡村建设的优势就是通过党政引领与社会自治有效对接，法治与德治有机结合，节约社会治理成本、提升社会治理的效果。特别是主要通过行业协会、社会团体、基层自治组织等社会公权力对国家公权力监督，通过公民、法人和其它社会组织对国家公权力监督，去弥补法治国家建设中主要通过国家权力主体相互监督的不足，推动国家监督与社会监督的有效衔接、精准对接，为法治国家建设提供制度完善的机制。

4. 法治乡村建设为法治国家建设聚集持续发展动力。法治乡村建设主要依靠以自治为核心的多元化治理机制，推动乡村治理体系与治理能力现代化。其相对于法治国家建设与法治政府建设的最大优势，乡村治理主体依据自治章程、村规民约、道德准则依法自治或以德自治，在最大限度发挥自律机制的前提下，充分调动乡村治理主体的自主建设热情、激发治理主体自觉，形成共建共治共享的治理格局，人权和自由得到有效保障。如此必将增强乡村治理主体主人翁的意识，焕发出无穷的创造力，最大限度激发出改革发展的主观能动性。因此，法治乡村建设为法治国家建设聚集持续发展动力。

四、法治国家建设与法治乡村建设相互制约相互促进关系

法治国家建设与法治乡村建设相互制约相互促进关系分别表现在两方面：一方面法治国家建设目标的实现程度必然会影响法治乡村建设目标的

整体实现；反之，法治乡村建设目标的实现程度可能会影响法治国家建设目标的具体实现。另一方面法治国家建设效果必然会影响法治乡村建设的总体效果；反之，法治乡村建设效果可能会影响法治国家建设的局部效果。之所以认为法治国家建设与法治乡村建设存在相互制约相互促进关系，支持观点理由包括四个方面。

1. 法治国家建设与法治乡村建设目标同构，两者在建设目标的实现程度损益必然相关。所谓两者建设目标同构主要是指法治国家建设目标与法治乡村建设目标性质上的一致性与方向上的趋同性。如法治国家建设中实现国家治理体系与治理能力现代化建设目标与法治乡村建设中推进乡村治理体系与治理能力现代化的建设目标属于建设目标同构。因此，法治国家建设中实现国家治理体系与治理能力现代化建设目标实现程度必然会影响到法治乡村建设中推进乡村治理体系与治理能力现代化的建设目标的实现，它们应当是荣辱与共、休戚相关。但是，两者在建设目标实现程度损益相关存在差异。法治国家建设目标的实现程度对法治乡村建设目标实现程度的影响较大；反之，法治乡村建设目标实现程度对法治国家建设目标的实现程度的影响较小。

2. 法治国家建设与法治乡村建设目标存在差异，两者在建设目标的实现程度损益可能相关。所谓两者建设目标差异主要是指法治国家建设目标与法治乡村建设目标性质不同或方向不一致的情况。如法治国家建设目标中的"法治政府基本建成"与法治乡村建设目标中的"基层执法质量明显提高"，虽然两个建设目标都属于行政执法法治化，但法治政府基本建成目标与基层执法质量明显提高目标存在较大差异。前者是宏观整体目标，而后者是微观局部目标；前者的评价标准是基本建成，而后者的评价标准是明显提高。因此，如果法治国家建设目标"法治政府建成或没有建成"可能会影响到法治乡村建设目标中"基层执法质量明显提高"。反之，法治乡村建设目标中"基层执法质量明显提高或没有明显提高"也可能会影响到法治国家建设目标"法治政府基本建成"。只不过两者相互影响的作用力大小不同。

3. 法治国家建设与法治乡村建设效果的事实评判标准同一，两者在建设效果的优劣必然相互影响。所谓两者建设效果评判标准同一主要是指法治国家建设效果与法治乡村建设效果的评判标准相同或基本相同情况。如法治国家建设中的"中国特色社会主义法治体系基本形成"的评判标准与法治乡村建设中的"涉农立法完善"评判标准基本一致。因为，涉农立法属于中国特色社会主义法治体系包括完备的法律规范体系。判断法律规范体系完善程度的标准应当基本相同。因此，法治国家建设中的中国特色社会主义法治体系基本形成的建设效果必然会影响到法治乡村建设中涉农立法完善的建设效果；反之，法治乡村建设中涉农立法的完善与否也必然会影响到法治国家建设中的中国特色社会主义法治体系基本形成的建设效果。只不过，两者影响力作用的大小不同。

4. 法治国家建设与法治乡村建设效果的事实评判标准不同，两者建设效果的优劣可能相互影响。如法治国家建设中的"法治国家基本建成"的评判标准与法治乡村建设中的"法治乡村基本建成"评判标准存在明显差异。前者评判标准主要是党领导全面依法治国体制机制是否健全、国家公权力的行使是否法治化、中国特色社会主义法治体系是否形成；后者评判标准主要是乡村法治可否信赖、权利是否确实保障、义务是否切实履行、道德是否得到遵守，乡风文明达到什么高度，乡村社会和谐稳定程度，乡村治理体系和治理能力是否实现现代化。因此，法治国家建成与否的建设效果可能会影响到法治乡村建成的建设效果；反之，法治乡村建成的建设效果也会影响到法治国家建成的建设效果。只不过，两者影响力作用的大小不同。

第三节　法治乡村建设与法治政府建设的关系

法治政府概念最初源自国家文件。2004 年国务院制定的《全面推进依法行政实施纲要》中指出："经过十年左右坚持不懈的努力，基本实现建设法治政府"的目标。2012 年，党的十八大又明确提出到 2020 年基本建成法治政府。但在这两份文件中既没有说明什么是法治政府，也没有提出法治政府建设要求或标准。党的十八届三中全会《决定》提出坚持依法治国、依法执政、依法行政共同推进，坚持法治国家、法治政府、法治社会一体建设的新要求。在党的十八届四中全会《决定》提出了"加快建设职能明确、职责法定、执法严明、公开公正、廉洁高效、守法诚信的法治政府"基本要求。2015 年党中央和国务院发布《法治政府建设实施纲要》，将上述基本要求进一步细化。党的十九大进一步强调"建设法治政府，推进依法行政，严格规范公正文明执法"。由此可见，法治政府建设离不开或主要是在党和政府积极推动下提出、展开和进一步深入。

同时"法治政府"概念与"依法行政"或"行政法治"有密切关联性，它本质是指政府在行使权力履行职责过程中坚持法治原则，严格依法行政，政府的各项权力都在法治轨道上运行。这也充分说明法治政府建设的核心是"依法行政"。1993 年党的十四届三中全会首次提出"依法行政"概念，并要求"各级政府都要依法行政、依法办事"。1999 年国务院颁布《关于全面推进依法行政的决定》。从依法行政到建设法治政府再到法治国家、法治政府、法治社会一体建设，既体现了十一届三中全会以来法治政府建设的艰苦历程，也展现了法治政府概念内涵、基本要求的学术演变脉络。此章分析研究的重点并非法治政府建设的本体论，所以对此不再详论。下面将从关系论的视角，从法治国家、法治政府、法治社会一体建设的框架，重点对法治乡村建设与法治政府建设的关系进行分析探讨。由于法治乡村建设属于法治社会建设的范畴。因此，法治乡村建设与法治政府建设的关系宏观上就是法治社会建设与法治政府建设的关系。立足于这一立场或分析框架，法治乡村建设与法治政府建设的关系主要表现在三方面。

一、法治政府建设与法治乡村建设的性质、目标、重点内容等明显不同

（一）法治乡村建设与法治政府建设性质和核心目标不同

法治乡村建设本质上属于社会建设，它主要是在社会组织主导下，通过发挥社会组织自治功能，重点推进乡村民主法治建设；同时法治乡村建设也属于社会治理的范畴，它主要是依据自治章程、村规民约、道德风俗，通过发挥社会自律机制，构建共建共治共享的社会治理格局和社会治理体系。而法治政府建设本质上属于国家建设，它主要是在国家行政机构组织的主导下，通过发挥国家行政组织管理和服务功能，重点围绕国家行政权力的合法合理行使等内容进行建设；同时其也属于国家治理，它主要是依据国家法律、行政法规、行政政策、行政决策、行政组织、行政行为的法治化等，通过发挥国家他律机制，构建法治化、现代化、规范化的治理格局和治理体系。

法治乡村建设的核心目标是提升乡村治理的法治化水平，实现乡村治理体系和治理能力的现代化，构建和谐有序充满活力的基层社会；法治政府建设的核心目标是提升国家行政机关及其人员依法行政、依法治理的水平和能力，实现国家治理体系和治理能力现代化，构建和谐有序充满活力的社会。

（二）法治乡村建设与法治政府建设重点内容和建设模式不同

法治乡村建设的重点内容是围绕乡村民主法治建设，包括涉农立法、执法、司法建设，乡村普法、乡村治理、乡村纠纷矛盾化解等方面；法治

政府建设的重点内容是国家行政权力法治化建设，具体包括行政组织法治建设、国家行政决策法治建设、国家行政行为的法治化建设等方面。

法治乡村建设的模式主要是以自治为核心，以法治为保障，以德治为导引，通过依法自治、以德自治、德法共治，自治、法治、德治三治结合的模式推进建设；法治政府建设模式主要是在法治主导下，依法治国与以德治国相结合的模式进行。

二、法治政府建设是法治乡村建设的直接保障

所谓直接保障就是法治政府建设不需要通过其它中介事务或机制就能够为法治乡村建设提供保障。法治政府建设是法治乡村建设的直接保障主要体现在四方面：一是通过法治政府的建设，改革行政执法体制、完善行政执法机制，为法治乡村建设提供体制机制保障；二是通过法治政府建设，优化行政执法理念，培育法治思维与法治方式，为法治乡村建设提供良好法治环境保障；三是通过法治政府建设，指导法治乡村建设，推进法治乡村治理体系和治理能力现代化，为法治乡村建设提供行政政策保障；四是通过法治政府建设，提高公共资源投入、改善公共实施、完善公共法律服务，为法治乡村建设提供社会政策与福利保障。

之所以提出法治政府建设是法治乡村建设的直接保障的论点，其支撑论据包括四个方面。

1. 法治政府建设能为法治乡村建设提供体制机制保障。法治政府建设的核心是依法行政、严格规范公正文明执法，推进行政权力的法治化，建设廉洁高效服务法治政府。因此，要建设法治政府就必须不断推进行政改革，破解改革难题，厚植发展优势，在改革中完善法治；更加自觉地运用法治思维和法治方式来深化改革、推动发展、化解矛盾、维护稳定，依法治理经济，依法协调和处理各种利益和问题；通过改革依法设定权力、规范行使权力、合理制约权力、公开监督权力，不断推进政府职能改革，

逐步完善行政执法体制机制，从而为法治乡村建设提供体制机制保障。

2. 法治政府建设能为法治乡村建设提供良好的法治环境保障。法治政府建设的根本理念是以人民为中心、执法为民，法治政府建设的基本理念是合法合理、程序正当、高效便民、诚实守信、权责统一；通过法治政府建设，行政机关及其工作人员，不断完善执法理念，端正执法态度，改善执法作风，提升执法效率，树立执法形象。从而为法治乡村建设营造尊法守法、公正诚信、廉洁自律的良好社会法治环境。

3. 法治政府建设能为法治乡村建设提供行政政策保障。政府是法治社会建设乃至法治乡村建设的指导者和推动者。政府通过完善涉农立法、规范涉农执法、强化乡村法治宣传；政府通过健全化解乡村矛盾纠纷机制和平安建设机制，推进乡村依法治理，加快推进数字法治建设和智慧司法建设，深化法治乡村示范建设，从而为法治乡村建设提供行政政策保障。

4. 法治政府建设能为法治乡村建设提供公平正义的社会政策与福利保障。政府是公共产品和公共服务的提供者，政府通过制定和实施公共政策、完善公共服务体系、提供基本社会保障、实施社会救助等行为，从而为法治乡村建设提供公平正义的社会政策与福利保障。

三、法治乡村建设是法治政府建设的间接目标

所谓间接目标是指法治政府建设除了实现其职能科学、权责法定、执法严明、公开公正、廉洁高效、守法诚信的法治政府的直接目标外，有助于推进法治社会建设和法治乡村建设的间接目标实现。法治乡村建设是法治政府建设的间接目标主要表现在两方面：一是法治乡村建设属于法治社会建设的范畴，法治政府建设属于国家建设范畴，国家不仅不能独立于社会而存在，还必须服务于社会建设。

因此，法治政府建设以法治社会建设为中介，必然以服务法治乡村建设为间接目标。二是法治乡村建设的直接目标建成法治乡村，法治政府建

设的直接目标是建成法治政府，两者直接的建设目标虽然不同，但两者建设目标中具有交叉性和重合性。因此，法治乡村建设也必然会成为法治政府建设的间接目标。之所以提出法治乡村建设是法治政府建设的间接目标的论点，其论点支撑理由包括三方面。

1. 法治乡村建设目标的实现以法治政府建设目标实现为保障。法治乡村建设的基本目标包括三个，即乡村治理法治化水平明显提升，乡村治理体系与治理能力基本实现现代化，法治乡村基本建成。法治政府建设目标是建成职能科学、权责法定、执法严明、公开公正、廉洁高效、守法诚信的法治政府。似乎两者的建设目标不太相关，法治乡村建设属于社会治理范畴，法治政府建设属于国家治理范畴。其实不然，按照马克思主义社会学或政治学原理，国家不仅不能脱离社会而存在，还必须以社会为基础，并最终服务于社会。法治政府建设目标最终是为了法治社会建设，并以促进法治社会建设为目标。因此，作为法治社会建设重要组成部分和基础部分的法治乡村建设，其建设目标实现不仅以法治政府建设目标实现为保障，而且会成为法治政府建设的间接目标。

2. 法治乡村建设内容完成以法治政府建设内容完成为约束条件。所谓约束条件主要含义包括两方面：一是两个事物之间具有因果关系，某一事物是另一事物存在的原因；二是两个事物之间，某一事物是另一事物存在必要条件。法治乡村建设内容完成以法治政府建设内容完成为约束条件，其含义主要是指后者。也就是没有或离开法治政府建设内容的完成，法治乡村建设内容也不可能完成。根据2015年党中央和国务院发布《法治政府建设实施纲要》精神，法治政府建设内容包括七个方面：一是依法全面履行政府职能。二是完善依法行政制度体系。三是推进行政决策科学化、民主化、法治化。四是坚持严格规范公正文明执法。五是强化对行政权力的制约和监督。六是依法有效化解社会矛盾纠纷。七是全面提高政府工作人员法治思维和依法行政能力。而法治乡村建设的主要任务包括九项：一是完善涉农立法。二是规范涉农执法。三是强化乡村司法保障。四是加强乡村法治宣传。五是健全化解乡村矛盾纠纷机制和平安建设机制。六是推进乡村依法治理。七是加快推进数字法治建设和智慧司法建设。八是深化法治乡村示范建设。因此，法治政府建设内容的不能完成，法治乡村建设内容也不可能真正完成；法治政府建设内容的完成有助于法治乡村建设内容的完成。

3. 法治乡村建设效果提升有赖法治政府建设效果的提升。衡量法治政府建设效果的标准包括：一是政府职能依法全面履行；二是依法行政制度体系完备；三是行政决策科学民主合法；四是宪法法律严格公正实施；五是行政权力规范透明运行；六是人民权益切实有效保障；七是依法行政能力普遍提高。而衡量法治乡村建设效果的标准包括：一是乡村法治可信赖；二是权利有保障、义务必履行、道德得遵守；三是乡风文明达到新高度，乡村社会和谐稳定开创新局面；四是乡村治理体系和治理能力基本实现现代化，法治乡村基本建成。因此，没有法治政府建设效果提升，法治乡村建设效果也就难以保证。法治乡村建设效果提升有赖法治政府建设效果的提升。

第四节　法治乡村建设与法治社会建设的关系

党的十八大以来，党中央又提出和实施建设法治社会的重大战略部署，法治社会建设既是实现国家治理体系和治理能力现代化的重要组成部分，也是推进全面依法治国战略的新目标和新举措。2013 年 2 月习近平总书记在中共中央政治局第四次集体学习中提出了"坚持法治国家、法治政府、法治社会一体建设"的重要思想。党的十八届三中全会《决定》确立了一体建设的重要部署。十八届四中全会《决定》对法治社会建设进行专门安排，提出"弘扬社会主义法治精神，建设社会主义法治文化，增强全社会厉行法治的积极性和主动性，形成守法光荣、违法可耻的社会氛围，使全体人民都成为社会主义法治的忠实崇尚者、自觉遵守者、坚定捍卫者。"构建"人民内心拥护法律和真诚信仰法律，依靠法律保障人民权益，人民维护法律权威"的理想社会状态。2020年12月中共中央印发《法治社会建设实施纲要（2020—2025年）》，要求各地区各部门结合实际认真贯彻落实。《实施纲要》指出"建设信仰法治、公平正义、保障权利、守法诚信、充满活力、和谐有序的社会主义法治社会，是增强人民群众获得感、幸福感、安全感的重要举措"。

由此可见，法治社会既是法治中国建设和全面依法治国战略的伟大目标之一，也是法治建设在社会治理机制、治理内容、治理模式最终要达致的法治化、现代化的理想状态。而法治社会建设就是要通过法治系统工程建设，实现"法治观念更加深入人心，社会领域制度规范更加健全，社会主义核心价值观要求融入法治建设和社会治理成效显著，公民、法人和其他组织合法权益得到切实保障，社会治理法治化水平显著提高，形成符合国情、体现时代特征、人民群众满意的法治社会建设生动局面"的建设目标。

法治乡村建设作为法治社会建设的基础工程和社会治理的基础环节，就是要通过以乡村民主法治建设为重点内容，以自治为核心的三治结合模式，提升乡村治理的法治化水平，推进乡村治理共建共治共享格局的形成，推进乡村治理体系与治理能力的现代化。法治乡村建设与法治社会建设的关系主要体现在下列两方面。

一、法治乡村建设是法治社会建设的基础环节

之所以认为法治乡村建设是法治社会建设的基础环节，支持理由具体包括三方面：一是法治乡村建设理念为法治社会建设奠定观念基础；二是

法治乡村建设目标实现和内容完成为法治社会建设目标实现提供增量支撑；三是法治乡村建设效果提升为法治社会建设效果提升提供必要条件。

（一）法治乡村建设理念为法治社会建设奠定观念基础

法治乡村建设秉持的是共建共治共享理念，依法自治理念、以德自治理念，依靠自律机制自我管理、自我约束、自我服务理念，重点形成和普及法治意识的理念，依法有效化解乡村纠纷矛盾的理念，和谐有序推进社会治理的理念等。这些法治乡村建设理念与法治社会建设理念具有同质性、具有共构性，具有趋同性。因此，法治乡村建设理念能够为法治社会建设奠定坚实的观念基础。

（二）法治乡村建设目标实现和内容完成为法治社会建设提供增量支撑

法治乡村建设目标是提升乡村治理的法治化水平、推进乡村治理体系和治理能力现代化、实现乡村和谐共治。这与法治社会建设实现社会治理法治化水平显著提高、推进社会治理体系与治理能力现代化、弘扬社会主义法治精神，建设社会主义法治文化，健全社会公平正义法治保障制度，增强全社会厉行法治的积极性和主动性，推动全社会尊法学法守法用法的建设目标一脉相承。

法治乡村建设内容概括讲主要是普及民主法治观念、推进法治乡村治理、建设法治乡村，这与法治社会建设内容推动全社会增强法治观念，健全社会领域制度规范，切实保障公民基本权利，有效维护各类社会主体合法权益，推动社会事业发展，加强依法管网、办网和上网，全面推进网络空间法治化等能够形成有效对接、层层推进、稳步提升。因此，法治乡村建设目标实现和内容完成为法治社会建设目标实现提供增量支撑。

（三）法治乡村建设效果提升为法治社会建设效果提升提供必要条件

法治乡村建设最终是要达到乡村法治观念全面深入普及，乡村民主法治环境全面优化，乡村公共法律服务体系日益完善，乡村治理体系与治理能力实现现代化，法治乡村基本建成。这些建设效果自然成为法治社会建设能够取得全社会尊法学法守法用法法治观念普及，信仰法治、公平正义、保障权利、守法诚信、充满活力、和谐有序的社会主义法治社会基本建成，人民群众获得感、幸福感、安全感明显增强的建设效果提供必要条件。

二、法治社会建设目标实现是法治乡村建设目标内容效果的全局推进

之所以认为法治社会建设目标实现是法治乡村建设目标内容效果的全局推进，支持理由具体包括两方面：一方面法治社会建设目标、建设内容、建设模式是法治乡村建设相关目标、内容和模式的全面扩展和整体延伸；另一方面法治社会建设效果的整体提升是法治乡村建设效果的全面提升和局部积累。

（一）法治社会建设内涵是法治乡村建设相关内涵的全面扩展和整体延伸

法治社会建设的目标、内容、模式与法治乡村建设的目标、内容、模式实质上是宏观整体和微观局部、概括抽象和经验具体、普遍和特殊的涵摄关系。虽然两者在建设目标、建设内容和建设模式并不完全相同，但两者在建设性质类型、建设内涵特征、建设方向取向等方面具有一致性、趋同性。因此，法治社会建设内涵其实是法治乡村建设内涵的全面扩展和整体延伸。一方面法治社会建设目标和建设内容通过对法治乡村建设目标和建设内容的空间延展、经验概括、普遍概括提升为整体目标、全局内容；另一方面法治社会建设模式通过对法治乡村建设模式的一般化总结、理性化提炼升格为普遍化建设模式。

（二）法治社会建设效果的整体提升是法治乡村建设效果的全面提升的结果

法治社会建设的宏观整体效果与法治乡村建设的微观布局效果密切相

关。没有法治乡村建设机制的优化，不可能形成完善的法治社会建设机制；没有法治乡村建设内容的全面完成，不可能实现法治社会建设内容的系统扩充；没有法治乡村治理主体的自觉意识提高，不可能实现全社会厉行法治的积极性和主动性增强局面；没有乡村治理格局与治理体系的形成，不可能实现社会治理体系与治理能力的现代化、法治化、规范化。因此，法治社会建设效果的整体提升是法治乡村建设效果的全面提升的结果。

中　编

法治乡村建设中的重点问题研究

法治乡村建设的重点问题是一个很复杂的话题。一般而言，中文含义上，重点是指同类事物中的重要的或主要的。因此，重点一方面具有相对性特点，也就说重点是相对于其它同类事物的重点，没有绝对的重点；另一方面重点也具有主体价值导向，同类事物或同样重要的事物人们有重点地着力推进、发展、促成某些事物或某一方面事物也会产生重点。所以，法治乡村建设中的重点问题也就产生两方面涵义：

1. 法治乡村建设工作中客观上确实重要的、主要的问题。如建设主体问题、建设内容问题、建设模式问题、建设效果问题。因为这四方面问题构成法治乡村建设的框架性、结构性问题；相对于建设目标问题、建设任务问题、建设措施问题、建设评价问题，既具有相对重要性，同时是法治乡村建设不可回避的结构性问题。

2. 法治乡村建设过程中需要着力推进的、发展的问题。如建设特色问题、建设模式问题。因为建设特色问题虽然不是法治乡村建设工作全局性的重点问题，但却关乎建设主体、建设内容、建设模式、建设效果等质量品牌、独特风格。而建设模式问题不仅是法治乡村建设过程应着力打造的关键问题，也是建设过程的难点问题。本编的两章主要从四方面对法治乡村建设中的重点问题进行分析，即建设主体问题、建设模式问题、建设内容问题、建设特色问题。

第四章　法治乡村建设中重点问题及其表现

第一节　法治乡村建设的主体问题

一、法治乡村建设主体概念与分类

法治乡村建设的主体问题是法治乡村建设的首要问题与重点问题。然而，法治乡村建设的主体既是多元的，也是多层次的，同时具有时空特殊性。因此，明确法治乡村建设的主体及其分类对于把握法治乡村建设主体问题及其表现具有重要意义。

（一）法治乡村建设的主体内涵与特征

法治乡村建设的主体是指以个体或集体身份直接参与法治乡村建设并具体依法享有权利和履行义务的自然人、法人和非法人组织。具体包括三方面内涵：

一是法治乡村建设的主体是法治乡村建设的直接参与者和建设者。一般而言，间接参与法治乡村建设的组织或个人不属于法治乡村建设的主体。如县、乡镇党政领导机构不属于法治乡村建设的主体。

二是法治乡村建设的主体是依法享有权利和承担义务的基层集体组织和成员。

三是法治乡村建设的主体应当具有基层集体组织身份或集体组织成员身份。

法治乡村建设的主体包括三方面特征：（1）法治乡村建设的主体的多元性。所谓多元性是指法治乡村建设的主体包括组织主体、机构主体、成员个体等多种类型。（2）法治乡村建设的主体的多层次性。所谓多层次性是指法治乡村建设的主体包括集体组织代表主体、集体组织机构主体、参与主体三个层次。（3）法治乡村建设的主体特殊性。所谓主体的特殊性是指法治乡村建设的主体具有特定时空性，非特定组织成员一般不能成为主体。

（二）法治乡村建设的主体的基本分类

1. 依据法治乡村建设的主体身份标准，法治乡村建设的主体可以分为组织主体与成员主体。组织主体包括村党组织、村民委员会、村民会议、村民代表会议、村务监督委员会、人民调解委员会、治安委员会、村民小组等；成员主体主要包括村民个体、农户。

2. 依据法治乡村建设的主体地位标准，法治乡村建设的主体可以分为组织领导主体、组织结构主体与参与主体。组织领导主体是指对外代表组织的主体包括村党组织、村民委员会；集体组织机构主体是指在集体组织内部设置依法行使内部管理监督职能的主体，如村务监督委员会、人民调解委员会、治安委员会等；参与主体主要是指仅仅能够代表个体行使权利和履行义务的主体，包括村民个体、农户。

二、法治乡村建设的主体问题重要性分析

（一）法治乡村建设主体问题的理论重要性

1. 主体问题是实践哲学最主要问题。实践或实践哲学通常包括三个要素，实践主体、实践客体、实践手段。不论是唯心主义哲学，还是唯物主义哲学，认识或实践主体都是最主要的问题，只不过是关于认识和实践关系不同。马克思主义的实践观的内容强调：实践是认识的源泉；实践出真知；实践是认识发展的动力；实践是检验真理的标准。法治乡村建设作

为最广泛的社会实践活动，既是法治乡村建设主体认识不断提高和完善的过程，也是法治乡村建设主体实践不断深化和提升的过程。能否全面客观认识法治乡村建设的现状，能否正确理性面对法治乡村建设中的问题，能否发现制约法治乡村建设的深层次原因，能否有效解决法治乡村建设存在矛盾和纠纷、提升法治乡村建设效果，都依赖主体自觉性和主体实践创新精神。要防止离开正确理论指导的盲目法治乡村建设实践和脱离中国法治乡村建设实践的空洞理论两种错误倾向，认识或实践主体问题至关重要。因此，从实践哲学看法治乡村建设主体问题重要性是不言而喻的。

2. 主体问题是任何社会问题分析的切入点。社会学对社会问题的分析视角，往往是在实用主义哲学观指导下，通常从社会关系和社会问题的事实入手，但其最重要的特点是从社会主体与社会关系和社会事实的互动去发现社会问题。一方面立足于现实的社会问题发现社会主体的价值倾向；另一方面立足于社会主体特定的社会目的去考察其社会实践效果。最终根据社会实践效果不断调整其社会政策。因此，注重社会事实和社会问题的分析立场并未忽视对社会主体的社会目的和价值倾向的分析，而是把主体问题作为社会问题分析的切入点。法治乡村建设作为法治中国建设重要领域和基础工程，其法治建设的进程直接影响到法治国家、法治政府，特别是法治社会建设的大局。而法治乡村建设主体问题对于法治乡村建设的进展和建设的效果具有举足轻重作用。因此，法治乡村建设主体问题自然成为我们分析法治乡村建设的重要切入点。

3. 主体问题是思考和解决法律问题的必要前提。法律思维和法治思维的本质是合法性思维和法律问题思维。而法律思维和法治思维对合法性判断不是抽象判断，而是从具体的法律关系入手进行合法性的分析判断；法律思维和法治思维对法律问题的判断也不是抽象的，而是从具体法律关系的主体、客体、内容分析入手进行法律问题的思考判断。合法性判断与法律问题判断主要解决两方面问题：一方面是否属于法律问题或者是否存在法律关系？另一方面法律关系的主体、客体、内容是什么？而法律关系主体问题往往成为思考和解决法律问题的必要前提。因为，法律关系本质上既是特定的法律关系主体间的权利义务关系或权力责任关系（内容）；也是特定的法律关系主体对法律关系客体利益的分享关系。离开法律关系主体法律关系的内容和客体失去存在价值。法治乡村建设作为全面依法治国战略和乡村全面振兴战略的重要组成部分，从法治思维视角出发其所有问题存在和解决都必须以法治乡村建设主体问题为必要前提。法治乡村建设主体的自觉性和主体能动性问题是其法律问题的根本问题。因此，法治乡村建设主体问题也是法治乡村建设的抓手。

（二）法治乡村建设主体问题的实践重要性

1. 法治乡村建设主体问题是制约法治乡村建设水平提升的瓶颈。新中国成立以来，中国共产党领导人民开始了乡村民主法制建设的探索。改革开放后中国乡村民主法治建设进入了一个全新阶段。充分发扬社会主义民主、大力加强社会主义法制、全面开创社会主义现代化建设新局面成为新的历史潮流。1982 年全国农村相继建立了村民委员会，同年 12 月《中华人民共和国宪法》，确认了村民委员会的合法地位，为村民自治提供了宪法依据。1998 年《中华人民共和国村民委员会组织法》颁行，推动农村基层民主建设走上了制度化、法律化的道路。1999 年宪法修正案将"依法治国，建设社会主义法治国家"确立为治国方略。2005 年党的十六届五中全会提出了建设社会主义新农村的伟大目标。党的十八大以来党中央提出实施全面依法治国战略和乡村振兴战略，并于 2020 年 3 月印发了《关于加强法治乡村建设的意见》，法治乡村建设进入了全新建设发展阶段。但是，我们必须清醒地看到：一方面党的十八大以来，农村的整体面貌发生了前所未有的变化，农村的民主法制建设取得了实质进展；另一方面随着城镇化加速发展，农村人口大规模流失、农村经济仍旧不发达、乡村区域发展不平衡、基层民主法治观念淡薄、农村公共法律服务体系不健全，特别是法治乡村建设的主体缺失、主体自觉性差、基层干部资源和新型农民严重匮乏等成为制约法治乡村建设水平提升的瓶颈。因此，法治乡村建设主体问题自然成为法治乡村建设必须解决的重点问题。

2. 法治乡村建设主体问题是促进乡村振兴战略实施的精神保障。"三农"问题一直是我国现代化建设进程中不可回避的问题，解决"三农"问题不仅是实现农业现代化的关键问题，也是实现全面依法治国战略和乡村振兴战略的核心问题。但是，乡村振兴是全面振兴。一方面乡村振兴不仅实现乡村产业经济振兴、乡村生态环境优化，还应达致乡村生活富裕、乡村风俗文明、乡村治理有效；另一方面乡村振兴不仅实现产业兴盛、物质富足、生态宜居、硬实力充实，而且要实现精神振奋、文化自信、制度文明、软实力提升。而在实现乡村全面振兴战略中，法治乡村建设主体问题（主体的理性自觉、主体的精神振奋、主体的法治信仰、主体的道德自律）既直接关系着软实力提升，也间接推动硬实力扩充，它是促进乡村振兴战略实施的精神保障。

3. 法治乡村建设主体问题是推进全面依法治国战略实施的重要抓手。党的十八届四中全会决定提出实施全面依法治国战略，党的十九大报告又明确指出："全面推进依法治国总目标是建设中国特色法治体系、建设中国特色社会主义法治国家"。法治乡村建设无疑是其重要组成部分，是全面依法治国战略的基础工程。然而，法治乡村建设无论是作为中国特色法治体系和中国特色社会主义法治国家的组成部分，还是作为全面依法治国战略的基础工程，其建设主体、建设内容、建设模式、建设效果都与其息息相关。特别是法治乡村建设主体问题将成为推进全面依法治国战略实施的重要抓手。因为，一方面法治乡村建设主体的理性自觉、法治信仰、道德自律，不仅可以避免法治乡村建设的主体缺位，还可以克服法治乡村建设的主体性缺失；另一方面法治乡村建设主体的精神状态、主观能动性、社会责任感、法治使命感将成为克服法治乡村建设物质条件障碍的动力源泉。

三、法治乡村建设主体存在问题的表现

法治乡村建设的主体问题是法治乡村建设决定性问题，也是最为重要的问题。通过前文的调查报告发现：法治乡村建设的主体缺位、主体性缺失、乡村基层干部资源严重短缺、乡村治理主体法治文化素质普遍较低这四方面问题是法治乡村建设主体问题表现最明显的问题（这些问题认同率超过50%）。访谈结果统计显示：导致法治乡村建设主体问题产生原因主要包括三方面：一是城乡经济发展不均衡乡村人口流失严重所致；二是乡村教育文化资源严重短缺，解决子女上学问题就业问题是首要问题，其他问题难以权衡考虑；三是"三农"问题如果不能彻底解决，这些问题出现就不可避免。综合分析可见，法治乡村建设主体问题的原因与乡村经济社会发展水平具有直接关系，也不排除主观认识方面原因。

表3-1-1：法治乡村建设主体存在问题的调查结果统计

问题表现	问卷调查结果统计（1503份有效问卷）	访谈结果统计（391个访谈对象）	平均值
1. 法治乡村建设的主体缺位	1089人，72.5%	261人，67%	71.3%
2. 法治乡村建设主体性缺失	958人，63.7%	234人，59.8%	62.9%
3. 乡村基层干部资源严重短缺	876人，58.3%	208人，53.2%	57.2%
4. 乡村治理主体法治文化素质普遍较低	757人，50.4%	192人，49.1%	50.1%
5. 乡村经济社会条件难以保障法治乡村建设	543人，36.1%	112人，28.6%	34.6%
6. 其它建设主体方面问题	154人，10.2%	48人，12.3%	10.7%

（一）法治乡村建设的主体缺位

法治乡村建设的主体具有多元性和多层次性，法治乡村建设的主体缺位问题也因此具有整体性缺位、差异性缺位、层次性缺位。

所谓法治乡村建设的主体整体性缺位主要是指乡村治理主体的农民在

城镇化进程中离开或放弃农村和农业，不断向城市中心地区转移，农业劳动力老龄化十分严重，导致农业生产力不足，农村空心化问题日趋突出。而且这种现象在欠发达的农村更加严重。近两年来课题组调研发现，贫困地区或欠发达地区农村空心化达到 70%（即按照农村户籍人口不足 30%，而且几乎没有 60 岁以下劳动力）。

所谓法治乡村建设的主体差异性缺位主要是指两种情况：一是乡村治理主体的农民，因为子女教育问题基本放弃农业或离开农村，到附近乡镇或县区打工谋生，几乎不参与乡村治理情形。二是乡村治理主体的农村干部缺失或基本缺失情形。这种现象在欠发达地区农村愈加严重。课题组在近两年调查中发现，欠发达农村地区因上述原因一年无法召开村民大会或村民代表大会的占到 40% 多。但是，上述两种情况的地区差异较大，靠近城市或乡镇工矿区比较富裕农村地区情况不太严重。

所谓法治乡村建设的主体层次性缺位是指作为乡村治理主体的农民，基于年龄、受教育程度、职业取向、婚姻状况等所导致的主体缺位情形。如欠发达农村地区普遍存在的高学历农民脱离农业或农村现象相当严重；30—40 岁大龄男青年因贫困不能结婚，虽身在农村却无所事事的占适婚男性 10%—20% 以上；还有因为不喜欢农业农村或嫌弃农业收入低、农村生活贫困的青壮年农民，宁肯到城市打工收入极低也不愿意回到农村的占30% 以上。

（二）法治乡村建设的主体性缺失

法治乡村建设的主体性缺失主要是指乡村治理主体的农民和农村干部面对"三农"问题及其困境所表现出来的精神颓废、前途迷茫、责任担当缺失、参与热情不高等情形。与法治乡村建设的主体缺位相比主体性缺失主要表现在两方面：

1. 两种现象的体现方式不同。主体缺位主要体现在物质层面，即身份缺失、行为缺失；而主体性缺失主要体现在精神层面，即主体精神低迷、人浮于事、主观能动性差。

2.两种现象产生主要原因不同。导致主体缺位的主要原因是客观条件，即乡村地理环境、乡村基础物质条件、乡村教育文化水平、形成个体家庭状况等；而导致主体性缺失的主要原因是主观条件，即村民和村干部个人主观认识、主观能动性、个人意志品质、个体心理障碍等。当然，也不排除主体缺位也存在主观原因，主体性缺失同时也存在客观原因。

（三）法治乡村建设中乡村优质干部资源严重短缺

法治乡村建设中乡村优质干部资源严重短缺是指作为乡村治理的农村两委领导、两委成员、精英人才流失严重，老龄化、非专业化问题突出，大学生村官中有能力和有才干的不安心扎根基层等情形。根据课题组近两年调查情况统计，凡是法治乡村建设成效明显或获得省级国家级示范乡村的地区肯定是有一支热爱乡村、能吃苦耐劳、甘于奉献、有远见卓识、有责任担当的乡村干部队伍和精英人才、乡贤名士；凡是法治乡村建设成效不明显或法治乡村建设较为落后的首先是由于缺乏一支热爱乡村、年富力强、乐于奉献、有所作为的干部队伍。特别是农村经济落后、偏远山区优质干部资源缺失情况更为严重。

（四）法治乡村建设中主体法治文化素质普遍较低

法治乡村建设中主体法治文化素质普遍较低主要是指作为乡村治理主体的村民及村民干部人员，法律知识、法治意识、法治思维欠缺，权利义务观念、民主意识观念淡薄；掌握农业科技创新、农村脱贫致富、现代信息网络、现代农业养殖、林业种植等方面技术和知识的人才缺失；熟悉了解优秀文化传统、时代文明风尚、自治精神、契约精神、具有诚信品质的管理员队伍缺失。

第二节 法治乡村建设的模式问题

2013 年，源起于浙江桐乡的"三治融合"乡村治理模式，以其将自治、法治、德治的有益结合，成为我国乡村建设的一面旗帜。2017 年 10 月，习近平总书记在党的十九大报告中提出："加强农村基层基础工作，健全自治、法治、德治相结合的乡村治理体系，"将这一来自基层的经验实践上升为国家顶层设计，由此确立"三治融合"建设农村的新模式，成为我国农村建设新的风向标。在中央深化改革委员会印发的《关于加强法治乡村建设意见》中将自治、法治与德治相结合作为法治乡村建设的基本原则。学术界习惯将自治、法治与德治相结合概括为"三治结合"或"三治融合"，并将其表述为法治乡村建设的模式。而且，在我们梳理的四方面重点问题中，法治乡村建设模式问题是唯一既是建设的重点，也是难点的问题。

一、法治乡村建设模式的概念与特征

关于法治乡村建设模式或法治乡村治理模式学术界没有明确的概念化的表述方式。有的将其表述为治理体系，有的将其表述为建设或治理原则。笔者以为，法治乡村建设模式或治理模式是指法治乡村建设或治理中合规律性的、具有可行性运行方式。其包括三方面内涵：

一是法治乡村建设模式是自治、法治与德治"三治"相融合。"三治融合"之所以称其为建设或治理的基本方式是因为，从本质上讲自治是一种治理方式，这是无可争议的。它是自治共同体依据《村民委员会组织法》和《村民自治章程》自我服务、自我管理、自我教育、自我提高的一种乡村治理方式。自治作为一种治理方式已经包含法治的内涵，《村民委员会组织法》和《村民自治章程》本身都是法，只不过《村民自治章程》属于契约法、民间法，《村民委员会组织法》属于制定法、国家法。自治不违反《村民委员会组织法》和《村民自治章程》时，乡村治理完全依靠自律机制；如果超越或违反这两个法或者其它的国家法律，他律机制就会介入发挥底线保障作用。因此，现代社会中自治与法治已经基本融合。至于，能否将德治融入其中都不影响其成为一种基本的治理方式（如何融入德治后文详论）。

二是法治乡村建设或治理模式是有规律可循、可推广复制、具有可行性的治理方式。因为方式不等于模式，模式是定型化、稳定化、符合事物运行规律的方式。依据《组织法》自治、依据《章程》自治。在组织法和章程限度内发挥自律机制，在组织法和章程限度之外发挥他律机制。这就是一种典型化、有规律的运行模式。如果能够把理想道德或主流道德融入这一建设或治理体系，充分发挥道德引领作用、发挥道德的自律机制，实现"三治融合"，可以称之为高级的建设模式或治理模式。

三是"三治结合"或"三治融合"既是法治乡村建设的基本原则，也是基本建设模式。自治、法治与德治相结合、相融合，即使作为法治乡村建设或治理的基本原则，也不影响其建设或治理模式的定位。因为，基本原则一般是指构成特定制度思想和政治基础的，对该制度创设和运行具有普遍指导意义的基本准则。基本原则已是高度概括、反复验证、运行无障碍的一种工作机制。

法治乡村建设模式具有三方面的基本特征：1. 法治乡村建设模式的形式化、相对性特征。所谓形式化主要是指从哲学范畴论角度，建设模式是相对于法治乡村建设内容而言属于形式的范畴，它是把法治乡村建设内容的诸要素（建设目标、建设任务、建设措施等）统一起来的结构和表现内容的方式。虽然，在前文讲到模式不同于形式，它是定型化、稳定化的形式，但仍然属于形式的范畴、具有相对性，是法治乡村建设内容的有规律的表现方式。

2. 法治乡村建设模式的综合性、规律性特征。所谓建设模式的规律性和综合性是指相对于法治乡村建设活动或工作而言，建设模式是多要素的组合。一方面宏观上它是由自治、德治与法治多要素构成的；另一方面微观上它是由治理主体、治理内容、治理标准或依据、治理机制（自律机制、他律机制）构成的。同时，建设模式是符合法治乡村建设规律、可重复、可复制的具有可行性的建设方式或治理方式；否则不能称其为建设模式。

3. 法治乡村建设模式的基础性和基层化特征。法治乡村建设不仅属于法治社会建设和社会治理范畴，而且主要指基层社会治理，而不是高层社会治理，也不是上层社会的治理[①]。法治国家建设、法治政府建设属于高层社会治理和国家治理的范畴。所谓法治乡村建设模式的基础性是指法治乡村建设属于法治社会建设的范畴，对法治国家和法治政府建设具有夯实基础、推动保障的作用；所谓法治乡村建设模式的基层性主要是指法治乡村建设属于基层社会治理，主要依靠乡村基层的干部群众通过自治方式或"三治融合"的方式进行的。这种治理模式仅仅适用于基层乡村的社会治理。

二、法治乡村建设模式的重要性分析

法治乡村建设模式能够成为或之所以成为法治乡村建设的重点问题，一方面从理论上讲，法治乡村建设模式不仅与法治乡村建设内容相对应、相得益彰，而且能否充分完美地表现建设内容，既关乎建设内容成败，也关乎其自身的合理性和有效性。另一方面从实践上讲，法治乡村建设模式是错综复杂建设内容的有效统合形式，是符合法治乡村建设工作规律的具有可行性的运行方式，法治乡村建设模式会影响决定法治乡村建设工作整

① 张文显，徐勇，何显明，姜晓萍，景跃进，郁建兴. 推进自治法治德治融合建设，创新基层社会治理［J］. 治理研究，2018，34（06）：5—16。

体的建设效果。

（一）法治乡村建设模式的理论重要性

1. 法治乡村建设模式的重要性是建设内容的重要性的集中体现。内容和形式是一对密切相关的范畴或矛盾，两者不仅休戚相关，而且也相得益彰。一般情况下内容的重要性决定和影响形式的重要性，有时形式的重要性也会彰显内容的重要性。对法治乡村建设而言，建设性质、建设特征、建设目标、建设任务、建设措施、建设效果都属于建设内容的范畴。建设的形式能够将这么多错综复杂的内容有机、有效统合起来实属不易；更何况要使得建设形式转化成建设模式，体现法治乡村建设的规律、定型化、稳定化，变成具有可行性的运行方式更难。因此，就法治乡村建设工作而言，建设模式从理论上更具有重要意义。

2. 法治乡村建设模式对建设目标实现、建设任务完成、建设效果的提升具有重要保障和促进作用。从 2013 年浙江桐乡开始的自治、法治与德治"三治合一"乡村治理实践探索。经过数年努力，业已发展成为我国基层社会治理的重要品牌，被写入党的十九大报告，并被中央政法委定位为新时代"枫桥经验"的精髓、基层社会治理创新的发展方向[1]。2020 年 3 月中央全面依法治国委员会印发了《关于加强法治乡村建设的意见》，形成了全面系统的法治乡村建设规划。从建设的指导思想、建设目标、基本原则、建设任务、保障措施等各方面进行了顶层设计。但是，这些内容的实现都主要取决于法治乡村建设的"三治融合"模式。因为，法治乡村建设模式不仅是建设目标实现、建设任务完成、建设效果全面提升的重要保障，也是建设目标、建设任务、建设效果的融合剂，具有极其重要的助推功能和聚合作用。

---

[1]　张文显，徐勇，何显明，姜晓萍，景跃进，郁建兴. 推进自治法治德治融合建设，创新基层社会治理［J］. 治理研究，2018，34（06）：5—16。

（二）法治乡村建设模式的实践重要性

1. 法治乡村建设模式是法治乡村建设内容的有效统合方式。从理论或逻辑角度分析，法治乡村建设模式与建设内容之间是一种相互对应关系、相互表征关系；而从实践的角度分析，法治乡村建设模式与建设内容之间是统合与被统合关系，而且必须是有效统合，否则不能称其为建设模式。因此，法治乡村建设模式相对于建设内容的重要性就主要体现在建设模式是建设内容的有效统合方式，是两者的理论和逻辑上相互对应关系和相互表征关系的现实化、升级版。

2. 法治乡村建设模式是符合法治乡村建设工作规律的可行工作方式。从逻辑上分析，法治乡村建设模式与法治乡村建设工作是一种包含关系，法治乡村建设模式是法治乡村建设工作的一种工作方式。但是，从实践的角度分析，法治乡村建设模式必须体现和契合法治乡村建设工作规律，并具有可行性的工作方式。如此，工作方式才能转化和升级为工作模式。因此，强调法治乡村建设模式对法治乡村工作而言的实践重要性，就是他们之间不仅是逻辑上的包含关系，而且是实践意义上的契合关系、价值上的超越关系。

3. 法治乡村建设模式是决定和影响法治乡村建设效果的主要因素。制约法治乡村建设效果的因素众多，建设方案的设计是否科学合理，建设目标的设定是否客观可行，建设任务的安排是否得当，建设条件与环境是否有利等等，其中，建设模式是否科学可行是最重要的，它直接决定或影响法治乡村建设的效果。因为，一方面"三治"能否融合？何种时空条件下可以融合？如何融合？是一个重大复杂疑难的理论和实践问题。另一方面"三治融合"在具体实践层面具有个体差异性，乡村治理主体的主客观环境、资源、体制机制不同真正实现融合也有重大差别。因此，强调法治乡村建设模式对建设效果的重要意义，本身也证实了建设模式的重要价值。

三、法治乡村建设模式的难点分析

前文讲到，我们认为法治乡村建设模式问题既是法治乡村建设的重点问题，也是难点问题。主要理由包括两方面：一方面建设模式问题相对建设主体、建设内容、建设特色三方面重点问题，法治乡村建设模式问题更复杂、更精深、理论指向更高。另一方面建设模式问题相对于建设基础、建设关键、建设抓手、建设保障四方面难点问题，法治乡村建设模式问题更难以把握切入、更难以综合推进实施、更难以改革突破创新。因此，我们必须要将其理论和实践的难点问题进行专门系统分析。

（一）法治乡村建设模式难点问题的理论分析

1. 法治乡村建设模式是法治乡村建设的其它三方面重点问题的复杂综合与有机统摄。我们认为法治乡村建设包括建设主体、建设内容、建设特色、建设模式四方面重点问题，而建设模式问题既是其它三方面重点问题的复杂综合，也是其它三方面重点问题的有机统摄。因为，相对于建设主体而言，建设模式是必须通过主体的构思设计、试验推行、检验总结、积极创新、提炼定型才能完成；相对于建设内容而言，建设模式必须通过借助建设目标、建设任务、建设措施等错纵复杂的建设内容要素，并将其有机统合起来，形成对建设内容最佳表现方式；相对于建设特色而言，一方面建设模式特色是法治乡村建设工作最大的特色，最值得展现的特色；另一方面其它法治乡村建设的特色都必须统摄在建设模式特色之下，通过建设模式特色充分展现或形成特色体系。

2. 法治乡村建设模式对法治乡村建设的其它三方面重点问题形成深度辐射。我们之所以认为法治乡村建设模式对法治乡村建设主体、建设内容、建设特色三方面重点问题形成深度辐射。主要是基于三方面的理由：一是法治乡村建设模式问题对法治乡村建设工作整体而言，建设目标、建设内容属于直观的、浅层次的问题，而建设模式问题和建设特色问题属于间接的、深层次、不宜认知和把握的问题；二是建设模式问题和建设特色问题一样，虽然均属于间接的、深层次、不易认知和把握的问题，但建设特色本身包括建设目标特色、建设内容特色、建设模式特色等多元内容，而且建设模式特色是法治乡村建设工作特色体系中层次最深、最不易认知和把握的问题。三是建设模式包括自治、法治、德治三方面问题，也涉及三方面问题排列组合复杂工序，而且不是简单的排列组合，需要对27种复杂模型进行斟酌选择，然后结合地方乡村治理的实际条件选择决定，何其难也[①]！

3. 法治乡村建设模式相对于法治乡村建设的其它三方面重点问题理论指向更高。我们之所以认为法治乡村建设模式比法治乡村建设主体、建设内容、建设特色三方面重点问题的理论指向更高，具体判断标准包括两方面：一方面建设主体、建设内容、建设特色、建设模式同样作为法治乡村建设的范畴，通过比较甄别考察四个范畴哪个内涵更丰富、外延更宽广即可。一般而言，内涵的丰富性与理论指向成反比例关系；外延的宽广性与理论指向成正比例关系。如"法理思维"的理论指向高于"法治思维"，"法治思维"的理论指向又高于"法律思维"。按照此标准，建设主体、建设内容和建设模式属于同一理论层次，建设特色应该高于其它三个。但是，建设模式的难度明显高于建设主体、建设内容前面第一点已经论证清楚；而按照此标准建设模式的理论指向低于建设特色，如何解释？第二点也已经论证明白。另一方面理论指向的高低有时不能够简单根据概念或范畴的类型化程度而定。还应当结合某一领域问题中具体概念或范畴的理论层次来确定。在法治乡村建设工作问题领域，建设主体、建设内容通常只包括三个层次问题，即什么是主体、内容？主体和内容包括哪些？为什么其构成主体、内容？而建设特色一般包括四个层次问题，即什么是特色、

---

① 参见邓大才. 走向善治之路：自治、法治与德治的选择与组合——以乡村治理体系为研究对象［10］. 社会科学研究，2018（04）：32—38。

特色有哪些？为什么是特色？如何有效地形成特色和完善特色？然而，建设主体、建设内容、建设特色三方面问题只需要内部证成。

但法治乡村建设模式除了进行四个层次论证外，还要进行理论的外部证成。其理论的内部层次包括四个，即什么是建设模式？建设模式有哪些？为什么选择这些建设模式？如何保障建设模式有效运行？除此之外，法治乡村建设模式本身是自治、法治、德治"三治融合"的模式，因此，大大增加其理论层次。什么是自治、法治、德治？"三治"能否融合？为什么要"三治融合"？"三治"如何进行融合？是平行融合？还是主次融合？还是强弱融合？是有特定的价值目标融合？还是没有特定价值目标的融合？如果有特定价值目标，是什么？如何选择？其次，法治乡村建设模式需要完成理论的外部证成。即"三治融合"需要参照或创设外部条件或环境吗？这些外部环境条件是什么？为什么选择这些外部环境与条件？选择的标准是什么？邓大才教授通过《走向善治之路：自治、法治与德治的选择与组合》一文系统分析，足以彰显法治乡村建设模式问题的高深理论指向。

（二）法治乡村建设模式难点问题的实证分析

1. 法治乡村建设模式是法治乡村建设四方面难点问题的综合切入点。之所以认为建设模式是法治乡村建设的其他四方面难点问题的综合切入点，主要包括两方面理由：一方面建设基础问题、建设关键问题、建设抓手问题、建设保障四方面难点问题，首先是建设模式形成和完善的外部条件环境。建设模式的形成和优化必须根据这四方面问题展开，而建设模式就成为其它四方面难点问题的综合切入点；另一方面建设基础问题、建设关键问题、建设抓手问题、建设保障四方面难点问题，同时也是建设模式特色化的综合考量因素，表面上是其它四方面难点问题在支撑着建设模式这一难点问题，实质上是建设模式对其他四方面难点问题形成了逻辑和价值统摄，成为他们的综合切入点。如浙江桐乡的"三治融合"模式的特色形成，就是以该地区发达的经济社会资源条件、优质的教育文化资源、完善的公共法律服务体系、全面有力的社会保障形成了桐乡"以自治为核心、贯通法治与德治"的"三治融合"的特色模式①。而在一些欠发达地区山东五莲县，他们针对该县国家级贫困县地方经济落后、文化教育资源稀缺、公共法律服务体系完善难、社会保障不足的现实情况，以公共法律服务体系完善为抓手，通过区域协作利用发达地区优质的资源，形成了其发达地区"以自治为主体、法治为保障、德治为引领"的"三治融合"的特色模式②。

2. 法治乡村建设模式是法治乡村建设四方面难点问题的综合推进点。之所以认为建设模式是法治乡村建设的其他四方面难点问题的综合推进点，主要是基于两方面理由：一方面是法治乡村建设模式是建设基础问题、建设关键问题、建设抓手问题、建设保障四方面难点问题的共同突破口。法治乡村建设的基础问题是乡村经济振兴问题，但并不意味着经济落后地区就必然导致法治乡村建设模式缺失；法治乡村建设的关键问题是乡村文化教育资源优化问题，但也并不意味着教育文化资源稀缺就必然导致法治乡村建设模式短缺；法治乡村建设的抓手问题是乡村公共法律服务体系完善问题，但同样公共法律服务体系不健全就必然导致法治乡村建设模式的简化；法治乡村建设的保障问题是乡村社会综合保障问题，但乡村社会保障的严重不足不是导致法治乡村建设模式缺乏特色的唯一决定因素。这四方面难点问题都可以通过法治乡村建设模式的创新找到共同的突破口。我省长治市沁源县是省级贫困县，该县灵空山镇除了依托县里的煤焦民营企业村民有一些稳定非农业收入外，其它文化教育资源、公共法律服务体系建设、乡村社会保障条件都不是很好。但是，灵空山镇 2018 年成为"省级民主法治示范乡"。其法治乡村建设的成功经验就是以法治乡村建设模式为突破口，

---

① 张文显，徐勇，何显明，姜晓萍，景跃进，郁建兴. 推进自治法治德治融合建设，创新基层社会治理［J］. 治理研究，2018，34（06）：13—16。

② 参见史凤林、闫斌. 贫困地区公共法律服务经验研究. ［C］. 山西省法理学研究会 2019 年年会论文集. 2019：25—29。

以乡村公共法律服务体系建设为抓手，形成了"以村民自治为主体、以法治和德治为两翼"的建设模式，同时促进了乡村经济振兴、乡村文化教育发展、乡村公共法律服务体系不断完善、乡村社会保障不断增强的法治乡村建设效果[①]。

3. 法治乡村建设模式是法治乡村建设四方面难点问题的改革创新突破点。之所以认为建设模式是法治乡村建设的其他四方面难点问题的改革创新突破点，主要是基于两方面理由：一方面法治乡村建设模式创新会推动法治乡村建设多方面难点问题找到突破口。如在许多贫困和欠发达地区应该说其乡村经济、乡村文化教育资源、乡村公共法律服务体系、乡村社会保障都属于落后，法治乡村建设自然难以有效开展。课题组近两年调研过的八个贫困乡镇地区和十三个欠发达乡镇地区，人均耕地不足三亩，乡村几乎没有工业企业，村民主要依靠农业收入；乡村文化教育资源十分贫乏，乡村社会保障严重不足。但是有四个贫困乡村以法治乡村建设模式创新，推动和促进乡村振兴和乡村社会保障完善。农村党组织坚持以人民为中心的发展理念，充分依靠村民，从乡村实际困难入手，从群众最迫切需要的问题做起。首先完善村民自治组织，先后成立了"村民议事会"和"乡贤理事会"等，通过自治激活群众乡村振兴和法治乡村建设的热情。村委根据"村民议事会"和"乡贤理事会"的建议，村集体把村民的土地租赁经营，种植中药材等经济作物，建设蔬菜大棚种植蔬菜、花卉，通过乡贤招商引资与国内知名大学合作开展工业园区、现代农业科技开发园区。农民不仅拿到租地补偿金，还被雇佣到各种基地参加种植、养殖、从事非农业工作拿到了固定工资，年终村委又将集体企业、园区的收益按人口发给村民。同时，还强化法治保障。利用集体公共积累的收入，与省市发达地区建立

---

① 参见康晓嘉. 公共法律服务建设的"沁源探索"［C］. 山西省法理学研究会 2019 年年会论文集. 2019：1—3；田雨蕾. 长治市提升公共法律服务水平调查报告［C］. 山西省法理学研究会 2019 年年会论文集. 2019：73—82。

了公共法律服务的跨区域实体合作服务模式、跨区域网络合作服务模式，解决了农村公共法律服务难的问题①。另一方面法治乡村建设模式创新会影响提升法治乡村建设工作其它难点问题解决效果。如沁源县灵空山镇，近两年来以建立和完善"三治有机融合"模式为法治乡村建设工作的创新点，推进乡村文化教育资源全面优化。乡镇和村党委坚持村民自治以村民根本利益为出发点，充分调动村民的主体性、积极性；以社会主义核心价值观引领法治乡村文化建设，实施引导新型农民和乡贤精英回村建设的措施。一是乡镇党委出台各项政策，吸引资金发展乡镇企业，创造更多就业岗位，把走出农村的大学生、乡贤精英、优秀农民工引回来，安心新农村建设，助力乡村振兴和法治乡村建设；二是因地因才就近培育乡村干部骨干、群众积极分子、退伍军人、退休干部，充实到乡镇村委组织，凝聚人心示范引领。连续三年乡镇两所初级中学中考学生平均成绩不仅高于全县平均水平，而且比县城的四所中学平均成绩还高。

四、法治乡村建设模式存在问题及其表现

法治乡村建设模式如此重要，并不代表其在实际建设工作中能受到重视或运行效果好。相反，其在法治乡村建设的实践中反映出问题也比较严重。课题组在近两年的调研中发现，法治乡村建设模式方面存在的问题，在众多的问题中仅次于法治乡村建设的主体问题。这也就是我为什么在问题排列顺序中将建设模式排在建设内容之前的重要理由。根据问卷调查结果和访谈结果统计显示，法治乡村建设模式问题主要集中在两方面：一是法治乡村建设模式认识理解问题。尽管国家的顶层设计方案对建设模式选择非常清晰，但乡村建设或治理主体并不清晰。特别是对于自治、法治、德治究竟是"三治合一"、"三治结合"，还是"三治融合"并不清楚。至于

---

① 史凤林、杨兴香、陈姿燕. 山西省提升公共法律服务水平调研报告［C］. 山西省法理学研究会 2019 年年会论文集. 2019：83—113.

如何结合、如何融合更不清楚。这一问题普遍存在。关于"三治如何有机融合"问题，既不是简单合一，也不是直接结合，而应当是有机结合或有机融合。二是法治乡村建设模式实际把握运用问题。通过下表不难看出其实建设模式问题的第一、三、四方面问题属于认识问题，第二、第四方面问题属于实践问题，第五方面问题属于事实问题只不过认同率较低，我们不做分析。

表 2-2-1：法治乡村建设模式存在问题的调查结果统计

问题表现	问卷调查结果统计（1503份有效问卷）	访谈结果统计（391个访谈对象）	平均值
1. 法治乡村建设模式难以理解把握	1125 人，74.9%	283 人，72.4%	74.3%
2. 法治乡村建设模式单一	1104 人，73.5%	276 人，70.6%	72.9%
3. "三治融合"模式是否可能？	763 人，50.8%	212 人，54.2%	51.5%
4. "三治融合"模式如何实现？	759 人，50.5%	194 人，49.6%	50.3%
5. 法治乡村建设模式实践差异较大	489 人，32.5%	132 人，33.8%	32.8%
6. 其它建设模式方面问题	161 人，10.7%	53 人，13.6%	11.3%

（一）法治乡村建设模式认识问题

通过问卷调查结果和访谈结果统计发现，法治乡村建设模式的问题首先是认识问题。在数据统计结果中认识问题包括两方面：一是宏观认识问题，即被调查对象或被访谈对象笼统地认为法治乡村建设模式认识理解较难。二是微观的具体的认识问题，即数据统计结果中的第三、第四方面问题，"三治融合"模式是否可能？"三治融合"模式如何实现？但是，"三治融合"模式如何实现问题既属于认识问题，也属于实践问题。我将其放到实践问题中进行分析。

1. 法治乡村建设模式的宏观认识问题。问卷调查结果和访谈结果统计显示，法治乡村建设模式的理解难的问题，74.9%的被调查对象和72.4%被访谈对象对此表示认同，平均认同率达74.3%，这是课题组调查结果中所有问题认同度最高的。这足以说明我们将法治乡村建设模式同时作为法治乡村建设工作的重点问题和难点问题的重要价值。当然，也从侧面说明法治乡村建设模式认识不清或认识模糊问题存在的普遍性。访谈过程中课题组曾经与被访谈对象进行过深入交流，我们发现对于建设模式认识难的表现比其他方面问题更复杂。一是浙江桐乡经验总结"三治合一"，中央顶层设计方案称作"三治结合"，学术界将其表述为"三治融合"。因此，在关于建设模式缺乏统一表述时，认识难也属正常。但笔者认为建设模式"三治融合"的表述更准确。因为，"三治合一"的表述不仅没有结构主次，也缺乏方法导向；"三治结合"表述同样既没有结构主次，也缺乏方法导向；只有"三治融合"的表述中"融合"具有明显的方法导向，即融为一体、有机融合意思；同时方法决定结构主次，既然要"融合"自然不是平行、不分主次或简单相加。"融合"表述也为法治乡村建设主体的实践操作留下了特色形成和方法创新的空间。二是有的访谈对象问道，法治乡村建设模式就等于"三治融合"吗？当然两者是不相等的。从应然的视角，建设模式属于抽象概念、总概念范畴，"三治融合"属于具体概念、类型概念；从中国目前官方或学界权威解读，这两者又似乎可以等同。当然，我们也排除在未来的法治乡村建设的实践中还有其它的具体模式产生。三是"三治"能否必然融合或可能融合？这个问题虽然提出者不多，但确实应当思考和需要思考（对此在微观认识部分详论）。

2. 法治乡村建设模式的微观认识问题。问卷调查结果和访谈结果统计显示，对"三治"能否融合的质疑或担忧，属于法治乡村建设模式认识问题的微观问题。50.8%的被调查对象和54.2%被访谈对象对此表示认同，平均认同率达51.5%。这一问题的提出也属于正常。因为，学术界曾经存在这样观点："自治与法治和德治属于不同层面问题，并非可以必然融合"。2018年和2019年中国法理学年会上都听到类似观点、个人也对此观点与主张者进行个别交流讨论。因为及至目前为止讨论的观点没有刊文发表，因此不便透露观点的主张者。但当时形成三种代表性观点：第一种观点认为，自治、法治、德治单独而言都是一种治理方式，加在一起未必是。主要理由是自治主要属于治理方式，是以共同体的自我约束、民主协商为主的治理方式；法治和德治主要属于治理标准，是依据法律规则进行治理和通过道德规则进行治理；而三者融合到一起更多的是冲突。第二种观点认为，自治、法治、德治单独而言都是一种治理方式，而在现代社会自治与法治已经自然融合。自治主体依据《自治章程》在法律许可范围内进行治理没有争议的；关键是德治在现代社会难以融入自治与法治。一方面道德是多元化的没有统一标准；另一方面即使依据主流道德或核心道德，依靠主体自律很难转化为一种治理方式，如果再融入自治和法治中基本不可能。第三种观点认为，自治、法治与德治不仅能够融合，而且能够实现最佳的融合状态。这方面观点是国内主流观点不再详论。笔者基本赞同第二种观点，但不赞同其德治与自治和法治不可兼容的观点；同时，也不赞同第三种观点"三治融合"必然能够融合并能够实现最佳的融合状态，而主张"三治融合"可能实现最佳状态。（具体融合的方法思路在对策中细论）

（二）法治乡村建设模式的运用问题

1. 法治乡村建设模式运用难的宏观认识问题。问卷调查结果和访谈结果统计显示，"法治乡村建设模式单一"问题属于宏观认识问题，73.5%的被调查对象和70.6%被访谈对象对此表示认同，平均认同率达72.9%。

课题组收集到这一问题时开始感到困惑，但在与访谈对象交流讨论过程中我们总结分析其中原因包括三方面：一是对于基层乡村治理主体而言，法治乡村建设应当采取什么样模式，是否统一采用"三治融合"的模式，他们其实也不完全明白。但他们表示既然法治乡村建设是基层自治为主的治理方式，各地区自然条件、人文环境、风土人情等并不相同，为什么只能采取这一模式？

二是相当一部分乡村基层干部认为，实践中能够搞好村民自治已经不容易，再搞"三治融合"就更搞不清了。而这两种情况和意见在欠发达地区乡村较为普遍。三是中国法治建设模式总体上属于政府主导，法治乡村建设的进程也不是乡村主导。即使法治乡村建设工作开展较好的地区，基层治理主体需求并不完全一样，而在欠发达地区更是差距较大。因此，法治乡村建设模式既需要反映各地客观需求，也需要推广学习的过程和时间。

2. 法治乡村建设模式运用的具体认识问题。通过问卷调查结果和访谈结果统计显示，"三治融合"如何实现的问题属于具体运用问题，50.5%的被调查对象和49.6%被访谈对象对此表示认同，平均认同率达50.3%。按说国家已经明确提出"三治融合"就是法治乡村建设的标准化模式，为什么仍存在运用难问题。课题组与访谈对象的反复交流讨论中形成两方面认识：一方面是"三治融合"模式起源于东南沿海经济社会发达的江浙地区，而且经验已经基本成熟，但在其它大多数乡村属于新鲜事物，即使模仿学习也需要时间；另一方面"三治融合"的模式虽然国家顶层设计方案已经明确，要全面贯彻落实变为普遍的实践必须让绝大多数的乡村治理主体通过实践体验、实践改进才能真正掌握。

第三节　法治乡村建设的内容问题

一、法治乡村建设内容的内涵与特征

从哲学角度，内容是相对于形式而言，是构成事物的一切要素，包括事物的本质、特征、结构要素等。从社会学角度，内容是相对于主体和客体而言，是社会主体通过实践活动对客体事物产生和形成影响总和。因此，法治乡村建设的内容就是相对于法治乡村建设的形式而言的，包括建设目

标、建设原则、建设考核评估指标体系、建设任务、建设过程等。具体包三方面特征：

（一）法治乡村建设内容的相对性

所谓相对性是指法治乡村建设内容是与建设形式相对应的，是建设形式所具体针对实质要素。如法治乡村建设的主要方式是"三治结合或三治融合"，与此对应的建设内容包括自治、法治、德治具体针对的实质要素，以及"三治融合"共同针对的实质要素。与自治相对的主要是民主选举、民主管理、民主决策、民主监督问题；与法治相对的主要是涉农立法完善问题、涉农执法规范问题、涉农司法保障问题、涉农守法自觉问题；与德治相对应的主要是村民行为善良、家庭关系和美、社会关系和谐问题。与"三治融合"相对应的主要是自治、法治与德治的协同机制和冲突解决边界问题。把握法治乡村建设内容相对性特征的意义就是要告诉和提醒我们考察和研究法治乡村建设内容不能够脱离法治乡村建设的形式，应当针对性地考察研究。

（二）法治乡村建设内容的客观性

所谓客观性是指法治乡村建设的内容是基于我国乡村社会实践需求而产生的，适应乡村社会改革发展的规律而形成的，体现了社会主义民主法制建设基本要求的要素。法治乡村建设内容总体上是根据中央顶层设计方案形成和实施。中央顶层设计方案也是基于中国乡村经济社会发展的需求，体现中国社会主义民主法制建设的基本要求，顺应乡村改革发展规律的必要和重要内容。把握法治乡村建设内容的客观性特征的意义，就是要让我们牢记法治乡村建设内容不是无源之水、无本之木，一定要切合"三农"问题的实际，符合法治乡村经济社会建设的规律，顺应乡村民主法治建设的趋势。

（三）法治乡村建设内容的主观性

所谓主观性主要是指法治乡村建设的内容是法治乡村建设主体的长期

基层民主法治过程中的实践创造；同时，法治乡村建设内容也需要在今后的乡村治理实践中弘扬主体精神并不断完善。而决非指法治乡村建设内容可以脱离乡村民主法治建设的实际、违背乡村治理规律进行主观臆造。把握法治乡村建设内容的主观性特征的意义，是让我们以法治乡村建设主人翁的姿态、弘扬主体精神、充分发挥主观能动性不断丰富和完善法治乡村建设的建设内容。

二、法治乡村建设内容的重要性分析

法治乡村建设的内容之所以能够成为其重要问题，一方面是其建设内容与建设目标、建设原则、建设任务、建设指标体系具有密切关系，是这些内容的集中体现；另一方面是其建设内容是考量建设模式是否可行，衡量建设效果质量水平的重要依据。

（一）法治乡村建设内容的理论重要性

1. 法治乡村建设内容是建设目标和建设原则的现实载体。建设目标是法治乡村建设应当达致的理想效果及抽象描述，一般具有宏观性、概括性；建设原则是对法治乡村建设具有普遍指导意义的必须遵循的基本准则，一般也具有宏观性、概括性。建设目标和建设原则如果离开了建设内容就缺乏现实的载体，失去具体落实点。建设内容之所以重要就在于它是建设目标和建设原则的现实载体，它能够使得建设目标和建设原则宏观表达落到实处，使得建设目标和建设原则的抽象描述变成具体的可操作的指标任务。从建设内容角度来考核和分析法治乡村建设更直观和具体。

2. 法治乡村建设内容是建设任务、建设措施、建设指标体系的集中表达。建设任务是法治乡村建设的具体落实方案，一般具有微观性、操作化特征。建设措施是法治乡村建设的具体实现的保障方法和程序，一般也具有微观性、操作化特征。建设指标体系是考核和评价建设效果的具体定性和定量方法和标准。建设任务和建设措施是建设内容的重要组成部分，建设内容是建设任务和建设措施的集中表达。建设内容之所以重要就在于它是建设任务、建设措施和建设指标体系的集中表达。从建设内容角度来考核和分析法治乡村建设更全面和系统。

上述两个方面内容之所以归入法治乡村建设内容的理论重要性分析视角，主要是因为对这三方面内容关系分析是纯粹逻辑的、思辨的分析，即使不结合法治乡村建设的实践也可以厘清其相互关系。

（二）法治乡村建设内容的实践重要性

1. 法治乡村建设内容是建设方式可行性的参照说明。建设方式是与法治乡村建设内容相对的，包括建设路径、建设方法等问题。无论是官方，还是学术界对于法治乡村建设的基本方式似乎已经达成共识——"三治结合或三治融合"的方式[1]，只不过官方表述是自治、法治、德治相结合[2]。相对于法治乡村建设方式，建设内容更丰富、更直观。建设内容之所以重要，一方面是因为建设内容比建设方式更能够展示法治乡村建设的全貌；另一方面是因为建设方式的可行性必须结合建设内容本身及其两者实践互动效果方可说明。这也就是把这一方面内容归于实践重要性的理据。如自治、法治、德治在法治乡村建设中是否可以"三治融合"？如何进行融合？必须针对自治、法治、德治的具体内容加以分析说明。因为，有的学者认为，自治与法治和德治本身属于不同层次问题。自治是一种治理方式，而法治和德治主要是一种治理依据或标准，不一定能够融合[3]。但是，法治乡村建设方式是否可行问题必须对照建设内容结合建设实践加以说明。从建设

① 郁建兴，任杰. 中国基层社会治理中的自治、法治与德治［J］. 学术月刊，2018，50（12）：64—74；陈涛，李华胤. "箱式治理"：自治、法治与德治的作用边界与实践效应——以湖北省京山市乡村振兴探索为例［J］. 探索，2019（05）：107—115；张明皓. 新时代"三治融合"乡村治理体系的理论逻辑与实践机制［J］. 西北农林科技大学学报（社会科学版），2019，19（05）：17—24。

② 参见：中央全面依法治国委员会印发的《关于加强法治乡村建设的意见》。

③ 陈于后，张发平. 新时代乡村"自治、法治、德治"融合治理体系研究［J］. 云南行政学院报. 2019。

内容角度对法治乡村建设或建设方式进行评价更具有主导性、全面性。

2. 法治乡村建设内容是建设效果的主要衡量标准。建设效果是根据建设目标、建设内容、建设任务、建设考评指标体系等对法治乡村建设的经济效益、社会效果进行考核评价的活动。建设质量是否优良？建设效益是否明显？建设目标是否达到？主要是根据建设内容完成情况进行评价。因为，一方面建设内容涵盖了建设目标、建设任务、建设考评指标体系；另一方面建设效果必须在建设的实践中完成。从建设内容角度去考察法治乡村建设的整体效果更具有代表性和决定意义。

三、法治乡村建设内容存在问题的表现

根据前文调查报告不难发现：法治乡村建设内容之所以具有重要性除了其具有理论和实践的重要性之外，还在于法治乡村建设内容问题及其表现对提升建设效果的重要价值。因为，调查报告显示的建设目标不明确、建设内容不全面不系统、建设重点不突出这三方面主要问题排在前三位（认同率50%以上），也从负面向度说明建设内容的重要价值。访谈结果统计显示导致法治乡村建设内容三方面问题的共同原因主要体现在两方面：一方面是城乡经济社会发展水平严重不均衡，法治乡村建设主体缺位、主体性缺失所致；另一方面是乡村基层领导干部和群众对法治乡村建设意义、目标、任务等问题不了解或不真正了解。

表 2-3-1：法治乡村建设内容存在问题的调查结果统计

问题表现	问卷调查结果统计（1503 份有效问卷）	访谈结果统计（391 个访谈对象）	平均值
1. 法治乡村建设目标不明确	1073 人，71.4%	252 人，64.5%	70.1%
2. 法治乡村建设内容不全面不系统	937 人，62.3%	221 人，56.5%	61.1%
3. 法治乡村建设重点不突出	845 人，56.2%	198 人，50.1%	55.1%
4. 法治乡村建设任务落实不到位	644 人，42.8%	132 人，33.8%	41%

问题表现	问卷调查结果统计（1503 份有效问卷）	访谈结果统计（391 个访谈对象）	平均值
5. 法治乡村建设措施不得力	539 人，35.9%	108 人，27.6%	34.2%
6. 其它建设内容方面问题	129 人，8.6%	41 人，10.5%	9%

（一）法治乡村建设目标不明确

通过前文调研报告中的问卷调查结果和访谈结果统计显示，"法治乡村建设目标不明确"是目前我国法治乡村建设中建设内容方面最突出的问题。71.4% 的被调查者和 64.5% 的访谈对象认同这一问题存在，而且较为严重。在访谈中被访谈对象认为造成这一问题的主要原因包括四方面：一是地方政府相关部门对法治乡村建设文件精神理解不透、宣传工作不到位，尤其是村级领导干部和群众根本不了解相关政策的内容意图；二是乡村领导干部和群众对于法治国家、法治政府、法治社会、法治乡村建设等项目的主要内容、不同法治建设项目的联系和区别搞不清，即使地方组织宣传培训效果也不明显；三是乡村经济落后，人们忙于生计考虑、子女教育考虑，无暇顾及法治乡村建设问题。即使经济富裕的农村地区让村民关注这些问题也困难；四是农村人口流失严重，欠发达地区农村人口多数离开乡村到城镇谋生，村委一年组织召开一次村民大会都难，如何有效开展法治乡村建设。由此可见，前两方面问题属于主观认识问题，后两方面问题属于乡村治理的客观现实问题。这些问题都是制约法治乡村建设关键问题。

（二）法治乡村建设内容不全面不系统

法治乡村建设内容不全面不系统包括两方面含义：一是乡村治理主体整体上对法治乡村建设目标、任务、考评指标体系认识不全面、不到位；二是法治乡村建设过程中对法治乡村建设内容存在缺失和遗漏。对这方面问题 62.3% 的被调查者和 56.5% 的被访谈对象表示认同，平均认同率达 61.1%。而导致该问题的原因除了上述两方面共同原因外，还有两方面特殊原因：一方面是对大多数乡村地区而言，国家推进法治乡村建设项目刚刚起步，无论从开展法治乡村建设的基础物质条件，还是乡村治理主体主观认识条件都不具备，这项工作需要较长时间、花费较大精力去推开。也就是说需要循序渐进地开展此项工作。另一方面从目前我国城乡发展水平严重不均衡的现实来看，广大农村地区优质文化教育资源严重缺失，这既会直接制约法治乡村建设进程，也会间接影响法治乡村建设主体整体法治文化素质、影响法治乡村建设的进程。因此，法治乡村建设内容不全面不系统问题，对于基层乡村在现阶段是不可避免的。

（三）法治乡村建设内容重点不突出

法治乡村建设内容重点不突出问题，一方面调查访谈结果统计显示具有一致性，即对这方面问题 56.2% 的被调查者和 50.1% 的被访谈对象表示认同，平均认同率达 55.1%。另一方面访谈结果统计显示也存在认识不一致之处，即相当数量的访谈对象认为法治乡村建设内容是否存在重点？重点是什么？其本身存在争议。支持这一观点的访谈对象表示，国家法治乡村建设方案和建设考核评价指标并未规定建设重点内容，只是考评指标体系分值权重不同，国家建设方案是要全面推进。笔者与访谈者交流中提出，法治乡村建设内容有无重点因政策文件缺失难以判断，但基层乡村开展法治乡村建设的主客观条件是存在差异的。因此，具体到不同的乡镇、村应当是存在建设内容重点的。当然，对这一问题调查访谈结果存在认识误区：一是部分干部群众认为，法治乡村建设内容的重点首先是乡村经济振兴，先让乡村富起来，然后再推进法治乡村建设；二是部分干部群众认为，法治乡村建设不是重点突出与否的问题，而是广大欠发达乡村地区目前能否应当开展此项建设问题。由此可见，法治乡村建设确实是一项基础性的、系统性的工程，不仅建设的经验需要在具体的实践过程中积累完善，建设的方案也需要在建设的具体实践过程中改进和完善。

第四节　法治乡村建设的效果问题

一、法治乡村建设效果的内涵与特征

法治乡村建设效果主要是指相对于建设目标和建设过程而言的建设结果和建设活动所取得的积极效应。具体包括两方面内涵：一是法治乡村建设效果是指相对于建设目标和建设过程而言建设取得的结果；如一个乡镇或一个乡村经过多年的建设活动或过程实现了建设规划或方案所要求的目标，成为国家级或省级民主法治示范乡镇、村。

二是法治乡村建设效果是指建设活动所产生的建设效应（效率、建设效益）。如某乡镇法治乡村建设活动不仅比其它乡镇建设时间短，而且建设带来经济和社会效益提高。法治乡村建设效果具有三方面特征：（1）建设效果的相对性，即法治乡村建设效果是相对于建设目标或建设过程而言的建设活动的结果，没有相对参照的目标或标准一般无法独立解释或说明建设效果。（2）建设效果的客观性或肯定性，即法治乡村建设效果通常是指建设活动所呈现出来的积极效应。如建设效率提高、建设效益提升。（3）建设效果的主观性或评价性，即法治乡村建设效果好坏、优劣通常需要运用一定评价方法，依据一定评价体系标准做出定性或定量评价。从 20 世纪 90 年代我国开始的法治评估实践，再到党的十八大报告明确提出"建立科学的法治建设指标体系和考核标准"都说明建设效果的主观性或评价性特征。

二、法治乡村建设效果问题重要性分析

法治乡村建设效果之所以属于法治乡村建设的重要问题，一方面是因为建设效果问题对于法治乡村建设而言具有重要的理论价值，是法治乡村

建设绕不开的必须回答的问题。正如我们前文分析的建设主体、建设内容、建设模式问题一样，建设效果也是法治乡村建设理论不可回避的主要问题。另一方面是因为建设效果问题对于法治乡村建设实践而言具有重要的应用价值、实用价值、经济效益、实践意义，是法治乡村建设实践活动必须进入的领域。下面我们主要从理论和实践两方面分析其重要性。

（一）法治乡村建设效果问题理论重要性分析

1. 建设效果问题是法治乡村建设工作的最终目标追求。任何事物运行、任何工作开展只要是人类有目的的活动，都是具有目标价值追求的。法治乡村建设工作作为我国全面依法治国的基础工程、实施乡村振兴战略的基本制度保障、建设社会主义新农村的重要内容，其目的是通过推进法治乡村建设为全面依法治国战略实施奠定坚实的基础，为解决"三农"问题实施乡村振兴战略创造良好的法治环境，为社会主义新农村建设增添法治元素和法治内涵。因此，法治乡村建设如果只有建设主体、建设目标而缺乏建设效果，如果只有建设内容而没有转化为建设效果，如果只有建设模式而没有形成建设效果，法治乡村建设意义何在？相反，只有通过法治乡村建设效果才能验证建设主体、建设目标设计是否正确、建设内容和建设任务完成有无内涵、建设模式和建设机制运行是否科学可行。

2. 建设效果问题是法治乡村建设活动过程的积极指向。从理论上讲，不仅任何人类的活动都有目标追求，而且一般追求的是一种积极的指向。趋利避害不仅是人的本性，也是人的主观能动性的体现。法治乡村建设也一样，无论从顶层设计者、还是中间的推动者、乃至基层的实施者和建设者、参与者，其共同的追求是使得建设行为、建设活动、建设过程能够取得建设的预期效果，能够通过法治乡村建设推进乡村共建、共治、共享治理格局形成，提升乡村群众的获得感、幸福感，提高基层治理体系和治理能力的现代化。因此，法治乡村建设就是要避免只有建设的投入、而无建设的收益，只有建设的主观热情、而无建设的客观良效，只有建设的规划设计和启动仪式、而没有建设质量的评估和优质总结。建设效果应当是法治乡村建设活动的积极指向。

（二）法治乡村建设效果问题实践重要性分析

1. 建设效果问题是对法治乡村建设实践工作的质量检验与效益评价。从实践视角，法治乡村建设是一个动态的有始有终的，既有建设目标、建设内容、建设任务、建设模式，也有建设结果、建设考核、建设评估、建设总结的系统活动过程。同时，法治乡村建设工作还是不同的建设地区、建设主体相互学习借鉴建设经验，发现建设过程存在普遍问题或特殊问题，不断总结提升建设质量水平的过程。因此，建设效果不仅能检验建设目标、建设内容、建设任务、建设模式的正确与否，而且能对建设工作和建设活动进行经济效益和社会效益评价；还能够促使设计者、建设者、参与者对建设过程形成反思，纠正建设过程的失误，弥补建设不足，完善建设方案，开始新的建设过程。

2. 建设效果问题是推动法治乡村建设实践活动逐步走向成熟的接力棒。与其它所有的工作一样，法治乡村建设工作是一个不断实践、不断完善、不断趋于成熟的实践过程。在每一次建设实践过程中、在每一个建设实践的环节、在每一个建设实践的周期，法治乡村建设效果既是旧的建设过程、建设环节、建设周期的建设质量标志和终结，也是新的建设过程、建设环节、建设周期的建设质量基准和起点。因此，建设效果的缺失不仅会影响法治乡村建设过程不断延续，还会导致法治乡村建设质量水平的不断提升。建设效果就是推动法治乡村建设实践活动逐渐趋于成熟的接力棒。

（三）法治乡村建设效果存在问题的表现

对于法治乡村建设效果存在问题及其表现，我们采取文献分析与问卷调查和访谈分析相结合的方法。一方面课题组通过对实地调研县区、乡镇、村居委的法治乡村建设规划、推进政策、实施方案、问题分析、评估总结等资料统计，直观梳理分析不同县区、乡镇、村居委存在的问题；另一方面课题组通过对问卷调查统计访谈结果的统计分析，发现被调查访谈对象对所在地区法治乡村建设效果的主观评价，最后整理形成了下列关于法治乡村建设效果存在问题的表现。

1. 法治乡村建设主体的主动性不高。通过文献统计资料分析发现：在我们实地调查的 19 个县区、43 个乡镇、267 个村居委，县乡村三级政府的法治乡村建设规划制定、推进政策、实施方案、问题分析、总结评估、方案完善资料严重缺失。即使已经获得示范乡镇、村居委的文件资料完整度平均只有 6.3%，其它非示范单位文献资料完整度更低只有 2.4%。这足以说明法治乡村建设主体对建设工作大多采取消极被动的态度。

表 2-4-3-1：法治乡村建设效果存在问题的文献资料统计表
（示范单位）

文献资料内容	县区（19）	乡镇（43）	村居委（267）	平均值
A. 法治乡村建设规划制定资料	2，10.5%	5，11.6%	23，8.6%	9.1%
B. 法治乡村建设推进政策资料	2，10.5%	5，11.6%	12，4.5%	5.8%
C. 法治乡村建设实施方案资料	0，0%	2，4.7%	11，4.1%	4%
D. 法治乡村建设问题分析资料	1，5.3%	3，7%	14，5.2%	5.4%
E. 法治乡村建设总结评估资料	2，10.5%	2，4.7%	23，8.6%	8.2%
F. 法治乡村建设方案完善资料	1，5.3%	2，4.7%	14，5.2%	5.2%
合计	8，7%	19/6，7.4%	97/6，6.1%	6.3%

表 2-4-3-2：法治乡村建设效果存在问题的文献资料统计表
（非示范单位）

文献资料内容	县区（19）	乡镇（43）	村居委（267）	平均值
A. 法治乡村建设规划制定资料	1，5.3%	3，7%	8，3%	3.6%
B. 法治乡村建设推进政策资料	0，0%	2，4.7%	8，3%	3%
C. 法治乡村建设实施方案资料	0，0%	2，4.7%	8，3%	3%
D. 法治乡村建设问题分析资料	1，5.3%	0，0%	5，1.9%	1.8%

文献资料内容	县区（19）	乡镇（43）	村居委（267）	平均值
E. 法治乡村建设总结评估资料	0，0%	0，0%	8，3%	2.4%
F. 法治乡村建设方案完善资料	0，0%	0，0%	2，0.7%	0.6%
合计	2/6，1.8%	7/6，2.7%	39/6，2.4%	2.4%

2. 法治乡村建设效果整体不明显。具体表现在三方面：（1）民主法治示范乡镇和村居委建设比率低。通过文献资料统计结果显示：我们实地调研的 43 个乡镇、267 个村居委，民主法治示范单位建成率平均只有11.6%。

表 1-1-6-1：法治乡村建设中民主法治示范村社区情况的调查结果统计

民主法治示范村建设情况	43 个乡镇	267 个村社区	平均
已经获得国家级	2 个，4.7%	9 个，3.4%	
已经获得省级	3 个，7%	14 个，5.2%	
正在申报省级	0 个，0%	8 个，3%	3%
平均比率	5 个，11.6%	23 个，8.6%；31 人，11.6%	

（2）法治乡村建设工作整体满意度低。通过调查问卷访谈结果统计资料显示：一方面被调查访谈对象认为"很满意"的只有 4.2%，认为"基本满意"的也只有 27.7%，两者相加不足 32%；另一方面即使在已经成为法治乡村示范单位的被调查者，"很满意和基本满意"相加才达到 71% 的满意度。

表 1-2-5-1：法治乡村建设中满意度的调查结果统计

您对所在乡镇法治乡村建设满意吗？	调查问卷统计	访谈结果统计	平均
A. 很满意	62 人，4.1%	18 人，4.6%	4.2%
B. 基本满意	439 人，29.2%	86 人，21.9%	27.7%
C. 一般	197 人，13.1%	92 人，23.5%	15.3%
D. 不满意	504 人，33.5%	106 人，27.1%	32.2%
E. 不清楚	305 人，20.3%	89 人，22.8%	20.8%

表1-2-5-2：法治乡村建设中民主法治示范村社区
满意度情况的调查结果统计

民主法治示范村满意度	43个乡镇	满意度	267个村	满意度	平均值
已经获国家级	2个，48人	12+18	9/19人	5+11	65.8%
已经获省级	3个，75人	23+37	14/31人	9+16	70.8%
正在申报省级	0个，0	0	8/17人	4+7	64.7%
平均比率	5个，133人	35+55=90	5/67人	18+34=52	71%

（3）法治乡村建设效果的认同度低。通过调查问卷访谈结果统计显示：1503份调查问卷和391份访谈结果统计数据中，66.4%被调查访谈对象认为："法治乡村建设整体效果不明显"，67%的认为"法治乡村建设推进力度不大"，63.6%的认为"法治乡村建设工作进程缓慢"，62.2%的认为"法治乡村建设方案与实施方案不完整"，60.6%的认为"法治乡村建设总结评估环节缺失"，还有32.9%的对建设效果"不清楚"。

表2-4-3-3：法治乡村建设效果存在问题的问卷访谈调查结果统计

您所在地区法治乡村建设效果方面存在那些问题？（多选题）	问卷调查结果统计（1503份有效问卷）	访谈结果统计（391个访谈对象）	平均值
A．法治乡村建设整体效果不明显	990人，65.9%	267人，68.3%	66.4%
B．法治乡村建设工作进程缓慢	954人，63.5%	249人，63.7%	63.6%
C．法治乡村建设方案与实施方案不完整	938人，62.4%	241人，61.6%	62.2%
D．法治乡村建设推进力度不大	1004人，66.8%	263人，67.3%	67%
E．法治乡村建设总结评估环节缺失	932人，62%	215人，55%	60.6%
F．不清楚	499人，33.2%	124人，31.7%	32.9%

由此可见，法治乡村建设的整体效果无论从被调查单位实施推进法治乡村建设的文献资料完整度、法治乡村建设示范单位数量比这两个客观指标来考察，还是从被调查访谈对象对法治乡村建设效果的认同度和满意度这两个主观评价指标来考察均可看出。目前我国欠发达地区法治乡村建设的效果不明显或较差，存在问题也较为突出。

第五章　法治乡村建设中重点问题的突破

第一节　法治乡村建设主体的组织强化与个体自觉

前文分析发现，目前法治乡村建设存在四方面主体问题，即主体缺位、主体性缺失、基层优质干部资源严重缺失、主体法治文化素质普遍较低。针对上述问题法治乡村建设中建设主体问题的重点突破从下列两方面展开。

一、应重点强化基层组织建设

在法治乡村建设中基层组织建设具有中心地位，发挥着核心作用。这不仅关系到乡村党组织、居民委员会能否坚持以人民为中心、全心全意为村民服务、总揽法治乡村建设的全局、引领法治乡村建设的政治方向，而且能够从优化基层领导干部资源做起，针对性解决法治乡村建设中的主体缺位、主体性缺失等问题。重点强化基层组织建设具体措施包括两方面：

（一）应重点强化基层党组织建设

健全和强化农村基层党组织建设是实现法治乡村建设的关键，也是解决法治乡村建设主体问题的抓手。因为中国特色社会主义最本质特征是坚持党的领导；中国特色法治乡村建设的关键也是坚持党的领导。充分发挥农村基层党组织的战斗堡垒作用和农村党员干部的先锋模范带头作用，不仅对提高法治乡村建设成效具有政治组织和思想保障作用，也对解决法治乡村建设主体问题具有示范效应。

1. 通过不断健全农村基层党组织，做到党的组织不缺位，农村党组织总揽乡村治理全局，使村民有主心骨、办事有依靠、乡村治理有正确的政治方向；村党组织能够组织村民积极开展乡村自治，有效协调各种利益关系、化解各种矛盾纠纷，让群众有奔头。法治乡村建设主体性缺失问题也就顺其自然得到解决。

2. 通过不断强化党的思想建设和组织建设，每一个基层党员干部不缺位，党员干部时时刻刻心里想着群众、为了群众，遇到困难设身处地为群众考虑，并主动帮助群众克服困难；遇到利益能够主动让利于群众或与群众合理分享利益。法治乡村建设主体性缺失问题也就自然而然解决了。

（二）应重点强化基层"两委"干部队伍建设

法治乡村建设的重点是基层民主法治建设。而民主法治运动本质上是多数人活动或多数人意志的表征。乡村民主法治建设更是一种广泛的、基础性的、多元共治的活动。然而，法治乡村建设和其它类型和层次的民主法治建设一样，都不是纯粹自发的运动。他需要少数的社会思想先驱者和精神领袖振臂一呼，唤起民众的民主和法治意识，培育民众的民主法治理想情怀。法治乡村建设中重点强化基层"两委"干部队伍建设意义也正在于此。干部队伍首先能够接受民主化、法治化、信息化、知识化、网络化的洗礼，能够率先年轻化并保持理性的主体自觉，法治乡村建设主体问题解决就有了榜样的力量。

1. 法治乡村建设中"两委"干部能够配齐配好，并能够按照德、能、勤、廉，知识化、年轻化、信息化、法治化标准优化，不仅法治乡村建设的主体缺位和主体性缺失自然可以解决；基层优质干部资源严重缺失和主体法治文化素质普遍较低问题也能够得到有效化解。

2. 法治乡村建设中能够注重充分发挥"两委"干部的道德楷模的示范作用、道德教化的助推作用、不良风气的匡正作用、助人为乐的劝善作用，自觉守法的表率作用。不仅法治乡村建设的主体缺位和主体性缺失问题可以解决；基层优质干部资源严重缺失和主体法治文化素质普遍较低问题也能够得到有效化解。

二、应重点激活主体意识和唤起主体自觉

法治乡村建设中四方面主体问题存在，根本原因是主体意识未能够激活。特别是主体缺位、主体性缺失更是由于主体存在感、自觉性责任感、使命感的缺失。前文分析中提到，中国城乡经济社会发展不平衡、乡村教育资源分布不均衡、乡村就业环境、公共服务、社会保障的客观差异导致农村人口流失空心化严重、农业现代化缓慢、农民致富艰难。因此，导致法治乡村建设主体缺位。而广大农民特别是农村领导干部对"三农"问题认识模糊悲观，对"三农"问题解决对策缺乏自信，导致法治乡村建设主体性缺失。当然，从唯物史观角度看，目前我国"三农"问题是客观存在的，而且短时间内也无法彻底解决。个体农民在面对"三农"问题所表现出来的悲观、失策、逃避也属正常。但是，从国家制度设计层面和农村集体组织法律政策实施层面，对"三农"问题应当表现出来的应当是理性面对、乐观处置、积极改善的姿态。这种积极姿态首先是通过体制创新、机制创新、城乡资源优化配置、惠农政策激励重点激活主体意识。具体措施包括四方面：

（一）创新体制机制激活乡村主体意识

罗尔斯认为，社会体制公正是首要正义。这一论断的合理价值就在于道德示范作用、善行义举的引领功能虽具有特殊意义但其是有限的；社会体制的公正无私与法律规则的普遍平等以及可预测性具有普遍决定作用。在解决法治乡村建设的主体问题时，重点强化基层党组织建设和强化基层"两委"干部队伍建设对解决法治乡村建设主体问题具有示范作用、引领作用。但是，通过体制机制创新激活主体意识更具有普遍的制度保

障作用。因为，一方面体制是一个社会制度体系的刚性结构，是社会职权及其限度的划分体系。在传统的社会结构中乡村与城市的经济、政治、社会功能的配置处于二元体系，这在自然经济时代，哪怕是计划经济时代问题都不凸显。然而，进入市场经济、知识经济时代后，特别是信息网络经济时代后城乡体制的二元配置不仅引发了严重的"三农"问题，也使得法治乡村建设目标和任务及其迫切和艰巨。另一方面机制是一个社会体制控制下特定事物带有规律性的运行模式。体制决定机制发挥效能的框架和限度，机制也制约着体制发挥效能的程序和流畅度。因此，法治乡村建设中通过体制机制的创新激活主体意识尤为重要。

1. 通过对社会经济产业体制、政治法律体制、教育文化体制、公共服务体制、社会保障体制等创新，激活乡村主体意识。如民法典通过确立集体土地"三权分置"的体制，让集体的土地在农村集体组织、农村承包经营户、第三方经营者之间依法自由流动，不仅提高了农村土地的利用效益，也使得农业、农村、农民因此受益；不仅使得土地成为他们谋生资本，还成为他们吸引城市资本、缩小城市收入差距的调节器，增加农民对集体的归属感。

2. 通过对社会运行机制、法律实施机制、政策激励机制、社会监管机制、公共服务保障机制的创新，激活乡村主体意识。如为了解决"三农"问题，让农业增收、农村减负、农民致富，2000年国家不仅废除了中国几千年来一直设置的农业税，还对农民种地试行农业补贴。这不仅解决了农民不愿种地、从事农业的后顾之忧，还通过发放农业补贴提高农民农业生产积极性，增加了农民从事农业获得感。

（二）优化城乡资源配置激活乡村主体意识

在任何社会资源配置不仅对社会主体意识具有激活作用，同时对社会财富的再分配和社会公平实现具有巨大的促进作用。在解决法治乡村建设的主体问题时，城乡资源配置长期严重不均衡。新中国成立后相当一段时期，为了建立我国工业体系，中国农村和农民做出了巨大的牺牲。改革开放后农村实行土地联产承包责任制，农村生产力获得了空前的解放。但是，随着工业化、城市化进程加速"三农"问题日益凸显，城乡差距逐步拉大，城乡发展不平衡不仅严重制约着农业现代化进程，而且导致乡村治理主体整体缺位和主体性严重缺失。因此，通过优化城乡资源配置激活主体意识也成为解决法治乡村建设主体问题的主要措施[①]。

1. 通过优化城乡物质资源配置激活乡村主体意识。城乡物质资源的优势存在明显差异。乡村的土地、森林、矿产、人力资源、空气环境、自然风光占据优势，城市的资金、设施、交通、通信等资源占据优势。因此，要解决法治乡村建设的主体问题，激活乡村主体意识必须实现城乡资源合理配置，缩小城乡差距。但是城镇化导致城乡资源的逆向配置，既加大了城乡发展的差距，也导致乡村主体整体缺位和主体性普遍缺失。因此，未来国家必须通过优化城乡物质资源配置，使得乡村优质的物质资源提价升值，激活主体意识。

2. 通过优化城乡非物质资源配置激活乡村主体意识。城乡非物质资源的优势存在明显差异。城市的文化教育资源、医疗卫生资源、知识信息资源占据优势；农村里这些资源几乎缺失的，个别地区人文环境、文化资源、旅游资源具有优势，但并未开发转化为非物质资源。因此，乡村非物质文化资源与城市本来就差距很大，而城镇化导致城乡资源的逆向配置，既加大了城乡发展的差距，也导致乡村主体整体缺位和主体性普遍缺失。因此，未来国家必须通过优化城乡非物质资源配置，使得乡村优质非物质资源留在乡村、吸引城市资金投向，激活主体意识。

（三）完善惠农政策激励激活主体意识

改革开放以来国家的各项惠农政策不断出台，农民、农业、农村不仅因

---

① 陈晋胜. 区域性社会管理创新的法治化检视. ［J］《三晋法学》2017（11）. 29—37；中国法制出版社。

此获利受益，也吸引城市优质资源投向农村、农业和农民。如"农资综合补贴政策"，即农资综合补贴按照动态调整制度，根据化肥、柴油等农资价格变动，遵循"价补统筹、动态调整、只增不减"的原则及时安排和增加补贴资金，合理弥补种粮农民增加的农业生产资料成本。还有"农机购置补贴惠农政策"、"完善新型农村合作医疗制度惠农政策"与"扶持专业大户、家庭农场和农民合作社等新型经营主体政策等"①。总之，通过惠农政策激励激活主体意识也是解决法治乡村建设主体问题的有效策略之一。

（四）坚持核心价值引领唤起主体自觉

法治乡村建设中一个重要特点就是治理主体与治理客体的统一性。群众既是治理主体，也是治理的客体。因此，唤起主体自觉、提高主体参与热情至为重要。"三治融合"都与主体精神自觉存在巨大的关系。缺乏主体自觉，自治形同虚设或流于形式；没有主体自觉，法治举步维艰，甚至蜕变成压制或力治；没有主体自觉，德治将被碎化或泛化。社会主义核心价值观代表了人类先进的道德诉求，充分体现了以人民为中心的价值取向，彰显了中国传统优秀的文化内涵。因此，以社会主义核心价值为引领，唤起乡村治理主体的主人翁精神、协作互助的道德使命感、理性尊法的法治意识，通过"三治融合"提升主体的组织化参与热情、扩大主体的社会化参与机会、拓宽主体的多元化参与渠道，构建共治、共建、共享的法治乡村建设治理格局。

第二节　法治乡村建设模式的多样化与典型化

目前我国法治乡村建设模式存在两方面突出问题，一是如何提高对法

---

① 陈晋胜著：《中国惠农政策与法治一体化建设研究》，中国书籍出版社 2019 年 5 月版，第 6—39 页。

治乡村建设模式的整体认识；二是法治乡村建设模式选择与运用问题。这两方面问题客观存在，也较为普遍。而解决完善的对策也较为复杂。因为，应当采取什么样的建设模式不是一个纯粹学术问题，而是一个重大实践问题。浙江桐乡"三治融合"的典型模式确实具有独特的价值，也代表了中国基层乡村治理的建设发展方向。但是，既然是乡村治理就存在治理条件的差异和治理模式的差异。更何况中央《关于加强法治乡村建设意见》的基本原则明确指出坚持"因地制宜的原则"。所以，针对我国现阶段区域发展严重不平衡的现实，法治乡村建设模式的完善应当采取多样化与典型化相结合的方针。

一、法治乡村建设模式的多样化

自治、德治、法治是不同的社会治理模式，体现出不同的约束规则和治理方式；但是三者之间也可以相互联系，相互作用；法律是最低限度的道德，法治通过规则之治，设定自治范围，明确自治边界，规范自治行为；德治通过人们内心的内生约束力，自发调整、约束自己的行为，成为法治、自治未涉领域的补充和基础；自治是乡村治理的基本模式，是法治和德治发挥作用的前提条件和载体。由此看来，自治是法治和德治的核心，法治是自治和德治保障，德治是自治和法治的基础。

邓大才教授在《走向善治之路：自治、法治与德治的选择与组合》中提出："自治、法治、德治是三种不同的治理方式，三者有不同的功能和作用，有各自的优势和劣势。总体来看，三者不是同一层面的治理方式，自治是核心，法治是保障，德治是基础。三种治理方式在一定的条件下各自可以实现善治，两两组合、三者组合也可以实现善治。"[1]可见"三治融合"是法治乡村建设的最优模式，但不是唯一的模式。因此，在法治乡村建设

_____

[1] 邓大才. 走向善治之路：自治、法治与德治的选择与组合——以乡村治理体系为研究对象［J］. 社会科学研究，2018（04）：32—38。

的实践中建设模式选择不仅需要多样化，也能够实现多样化。借鉴邓大才教授观点，结合不同地区乡村治理的实际情况，现阶段我国法治乡村建设至少可以选择三种模式。

1. 自治与法治融合的模式。法治乡村建设可以选择自治与法治融合的模式，即依法自治。从本质上讲自治是一种治理方式，这是无可争议的。它是自治共同体依据《村民委员会组织法》和《村民自治章程》自我服务、自我管理、自我教育、自我提高的一种乡村治理方式。自治作为一种治理方式已经包含法治的内涵，《村民委员会组织法》和《村民自治章程》本身都是法，只不过《村民自治章程》属于契约法、民间法，《村民委员会组织法》属于制定法、国家法。自治不违反《村民委员会组织法》和《村民自治章程》时，乡村治理完全依靠自律机制；如果超越或违反这两个法或者其它的国家法律，他律机制就会介入发挥底线保障作用。因此，现代社会中自治与法治已经基本融合。至于，能否将德治融入其中都不影响其成为一种基本的治理方式。但提出自治与法治融合模式可能遭遇的最大责难是将"德治"置于何地？客观地讲，德治是否融合在自治与法治中并不影响德治正常发挥其功能和作用，道德本身是一种适用范围极广的社会规范，且其不同于自治和法治有着明确的地域适用范围，道德的适用没有时空限制，主要是凭借社会主体的道德自觉发挥作用。另外，有的人还会提出如果法治乡村建设只是采取"自治与法治融合"模式，又将社会主义核心价值观置于何地？其实问题简单之极：一方面社会主义核心价值已经入法，坚持自治与法治融合自然不能超越社会主义核心价值（如民法典）；另一方面既使社会主义核心价值未入有些法律，其作为人类最先进的道德和理想道德，并不影响其进入道德自觉者的心中！

2. 自治与德治融合的模式。同样，法治乡村建设也可选择自治与德治融合模式，即以德自治。一方面乡村自治共同体依据《村民委员会组织法》和《村民自治章程》，通过民主协商和自我约束的方式处理自己事务，实现自治。另一方面乡村治理主体依据道德规范，充分发挥道德自律机制，通过内化于心的道德约束处理自治事务或非自治事务，实现德治。但主张"自治与德治融合"模式可能遭遇的最大责难是将"法治"置于何地？客观而论，现代社会是法治社会孰能够排斥法治！不管自治与德治融合后怎样，法治始终都是自治与德治的刚性约束。因为，一方面自治是否与法治相融合，法治都客观存在的。依法自治既是前提，也是最终结果（自治违法后）。另一方面自治与德治融合，只是没有与法治融合，但不是抵制和排除法治，也不能排除法治。有何担忧？另外，有的人顺着逻辑马上会提出，照此逻辑自治足矣，何须与法治和德治"三治融合"？其实道理也简单之极，一方面即使法治乡村建设只实行自治也未尝不可，法治和德治照常发挥其应该发挥的作用。另一方面在我国 1999 年之前乡村治理已经开始了自治实践探索，事实上乡村自治曾经是在单一的非融合状态下运行的。这也正是我提出法治乡村建设模式多样化的真正合理之处。之所以未将自治作为现阶段法治乡村建设模式的一种可选择的单独方式提出来，不是因为其不能单独适用，而是事实上现在其已经不能超越法治和德治独立存在。

3. 自治、法治与德治融合模式。"三治融合"是在桐乡乡村治理的实践经验基础上，通过国家顶层设计确认的法治乡村建设的典型化模式。其基本的治理方式就是自治与法治、德治相融合，简称为"三治融合"；基本目标是打造共建共治共享的社会治理新格局。"三治融合"作为新时代"枫桥经验"的精髓，代表了基层治理和法治乡村建设创新的发展方向。因此，法治乡村建设模式的多样化以"三治融合"模式最为典型，应当是自治与法治融合的依法自治模式、自治与德治融合的以德自治模式的升级版。但是，三治以何为侧重点，治理机制以何为主，"三治融合"的条件与效应不同。按照邓大才教授分类①：（1）重法 + 弱德 + 自治模式。

---

① 邓大才. 走向善治之路：自治、法治与德治的选择与组合——以乡村治理体系为研究对象［J］. 社会科学研究，2018（04）：36—37。

这一种模式一般是乡村法治意识强，法律机构完善、公共法律服务资源充足，乡村治理主体道德自律能力素质较差的选择；（2）弱法＋重德＋自治模式。这一种模式一般是乡村治理主体道德自律能力素质较高，道德氛围环境优质、公共法律服务体系不太健全乡村的选择；（3）弱法＋弱德＋强自治模式。这一种模式是乡村治理主体的法治意识不高、道德自觉意识也不高、通过强化自治规则、扩大民主协商的方式进行治理的选择。

总之，上述"依法自治"、"以德自治"、"三治融合"的模式在现阶段的法治乡村建设过程中都可以选择。相对而言，依法自治是所有乡村治理均可选择的模式，尤其是在乡村治理主体整体法律意识较强、公共法律服务体系较为完善的乡村选择，而且这一种模式条件成熟时最终也可以转化成"重法弱德的三治融合模式"；以德自治模式主要是适用于乡村治理主体道德意识强、自律能力素质优，公共法律服务体系不完善的乡村选择，而且这一种模式条件成熟时最终也可以转化成"重德弱法的三治融合模式"。

二、法治乡村建设模式的典型化

（一）"三治融合"模式基本思路

"三治融合"是法治乡村建设模式的最理想模式或典型化。"三治融合"的基本方式应当遵循唯物辩证法的对立统一规律进行架构。首先应明确"三治"的内涵及其功能的侧重点，即自治是自治共同体依据法律和自治章程进行自我服务、自我管理、自我教育、自我提高的自律方式。自治功能侧重于自律，反对非必要的他律。法治是社会主体依据法律自觉守法，并凭借国家强制力的最终约束得以施行的他律方式。法治功能侧重于他律，但不反对自律。德治是社会共同体依据主流或理想道德进行自律方式。德治的功能是倡导自律，也希望获得他律。其次应理性促进"三治融合"，即自律是"三治融合"的协同方式，他律及其限度是"三治融合"应保持的基本界限。最后是妥善处理三治关系，即自治是法治乡村建设的治理方式基础，法治是法治乡村建设的治理方式保障，德治是法治乡村建设的治理目标导向。

（二）"三治融合"的操作化方法

1. 法治乡村建设应以自治为常态，以乡村共同体为治理范围，以自律为协调机制促进和谐共治。村民自治是乡村治理的核心。1998 年《村民委员会组织法》规定"三个自我"和"四个民主"，确定村民是自治主体，切实实现人民当家做主这一目标，同时，我国村民自治通过"四个民主"激发村民参与村务管理的热情，唤醒村民的主人翁意识，提升村民参与村务管理的质量和水平；引导村民通过"四个民主"民主选举、民主管理、民主决策、民主监督以实现自我服务、自我教育、自我管理和自我发展。自治成为乡村治理中的常态机制，我们应当在自治的基础上，以德治为引导，促进法治乡村建设，达到乡村和谐共治。

2. 法治乡村建设应以法治为必要约束，以主权国家为治理范围，以他律为约束机制促进合法善治。"国不可无法，有法者不善与无法等"，"奉法者强则国强"，法治是推动国家治理体系现代化和治理能力现代化、维持社会稳定，促进社会长治久安的重要法宝。同样，法治是乡村法治建设的重要保障，法律为法治乡村建设提供了基本依据。自治、德治在乡村治理和乡村建设中有着不可磨灭的作用，但不可否认的是现今法治乡村建设中法治因素越来越强大。在法治乡村建设中，法治是村民获得自治权利、依法行使自治权利的重要依据，自治章程成为法治乡村建设中"法治"实现的重要载体。2018 年 12 月修正《中华人民共和国村民委员会组织法》，2019 年《×省实施〈中华人民共和国村民委员会组织法〉办法》为村民自治的实施和自治章程的制定指明了方向。在法治乡村建设中应以法律为必要约束，树立民众法律信仰，培育民众知法守法用法，以法治强化乡村治理。

3. 法治乡村建设应以德治为目标导向，以社会共同体为治理范围，以自律为激励机制促进合理善治。德治在我国的基层社会治理中有着悠久的历史，"乡绅政治"、"乡贤政治"都是德治在我国乡村治理中的具体体现。人们依照约定成俗的习惯和"礼治"来规范自身行为，维持社会秩序；"德治"成为乡村治理的主要手段。当今，在法治乡村建设中，我们要以德治为目标导向，为乡村"善治"指引方向；以德治为内在支撑，不断提升人们对道德规范的认识，强化民众的道德素养；同时，以德治为基，滋养法治乡村建设。"德治"成为我国新时期法治乡村建设中应坚持的目标导向，我们要充分发挥道德的引领作用，培育良好的法治乡村建设氛围，增强人民对德治的情感认同，使德治因素充分融入村规民约内容中，从而实现乡村合理善治。

4. 法治乡村建设中"三治融合"的边界是自治应在法治范围内促进共治和德治，法治为自治和德治提供合法保障，德治为自治和法治提供价值目标。目前，我国大力推进法治乡村建设，"三治融合"新方式是实现乡村规范化治理和促进乡村法治建设的有效途径。2018年《中共中央国务院关于实施乡村振兴战略的意见》明确提出建设法治乡村的重大任务；2020年《关于加强法治乡村建设的意见》对法治乡村建设提出明确要求，并再次强调，坚持法治与自治、德治相结合，以自治增活力、法治强保障、德治扬正气，促进法治与自治、德治相辅相成、相得益彰。法治乡村建设中，应坚持以自治为常态机制，法治为保障机制，德治为目标导向，自治、法治和德治是相互联系、相互补充、相互作用的，三治的共同结合，甚至是融合为法治乡村的建设提供了有效路径；但同时，我们应当注意"三治"在融合中的边界，自治应在法治范围内促进共治和德治，法治为自治和德治提供合法保障，德治则为自治和法治提供价值目标，在乡村法治建设中，应以"三治融合"为抓手，在乡村不遗余力地推进法治建设，培养农民守法用法的理念，"以法治定分止争"；充分彰显新乡贤的价值，着重发挥传统道德等乡土文化的感召作用，借此约束农民的行为，以"德治春风化雨"；丰富完善乡村自治工作，注重提升农民主人翁意识，使其主动参与乡村建设发展，化解干群矛盾，以"自治消化矛盾"；通过法治、德治的作用和功能促进自治，以自治为依托实现乡村的发展，以达到乡村"善治"的终极目标。

综上所述，我们要充分理解"三治融合"的相关理念，深入分析自治、法治和德治三者之间的关系，恰当利用"三治融合"基本方式，促进乡村和谐共治，合理、合法善治；从而促进国家治理体系、治理能力现代化和法治化建设。

第三节　法治乡村建设内容的整体充实与重点突破

前文关于法治乡村建设的内容问题及其表现的分析，至少我们明确几方面问题，并形成一些基本认识。一是法治乡村建设的目标不明确、建设内容不全面不系统、建设重点不突出这三方面问题，尽管存在认识差异但确实存在。二是法治乡村建设的目标不明确问题，应当属于乡村治理主体的主观认识不到位、不清楚，并非国家建设方案的建设目标不明确；法治乡村建设中应当根据国家建设总体规划细化建设目标。三是法治乡村建设内容不全面不系统问题，既存在乡村治理主体认识不清问题，也存在法治乡村建设实践中某些方面建设内容客观事实问题。例如，课题组近两年调查过的 19 个县区、43 乡镇、267 个村委几乎没有《村民自治章程》，其中有两个已经获得省级民主法治示范村也没有制定《村民自治章程》。四是法治乡村建设内容的重点不突出问题，同样既存在乡村治理主体认识不清问题，也存在法治乡村建设实践中乡村治理主体不能根据乡村建设实际分阶段、有重点推进建设内容完善的问题。如从国家制度设计层面"乡村民主法治建设"就是重点建设内容，是有重点的；而乡村治理主体根据乡村建设的实际情况也应当分阶段、有重点推进。这一方面问题实质上主要属于认识问题。因此，法治乡村建设内容的完善应当采取整体充实与重点突破相结合的方针，具体包括三方面。

一、准确细化法治乡村建设目标

通过上文分析可知，法治乡村建设的目标不明确问题，确实客观存在，而且主要属于乡村治理主体主观认识的问题。因此，法治乡村建设的目标不明确作为建设内容的重点问题，应当从两方面突破。

（一）提高认识正确把握国家政策的宏观建设目标

法治乡村建设的目标不明确问题，首先是乡村治理主体认识问题。因此，针对法治乡村建设过程中乡村治理主体对国家政策（《意见》）中宏观建设目标不明确问题，应当采取加强专题培训对标国家关于法治乡村建设的近期和远期建设目标，结合法治乡村建设的九项重点任务和四十四项具体任务，结合法治乡村建设考评指标体系，提高乡村干部群众对相关问题的认识。具体做到：

1. 把国家法治乡村建设的宏观目标与九项具体建设任务对标细化，让乡村基层领导干部和群众搞清楚，近期和远期建设目标对标哪些重点任务和哪些具体建设任务。例如，第一、二、三项重点建设任务"完善涉农立法""规范涉农执法""强化涉农司法保障"几乎与乡村治理主体无关。而第四项重点建设任务"加强乡村法治宣传教育"，包括五方面具体任务[①]。但是这五方面任务第二项与乡村治理主体无关；第一、三项属于乡村治理主体必须承担任务；第四、五项主要是县区和乡镇两级政府的任务，

[①] 根据《意见》加强乡村法治宣传教育"，包括五方面具体任务：（1）深入开展宪法法律宣传活动。（2）切实落实"谁执法谁普法"普法责任制。（3）利用乡村法治文化阵地，广泛开展群众性法治文化活动。（4）加强对村"两委"班子成员、村务监督委员会委员法治培训。（5）实施农村"法律明白人"培养工程，优化乡村"法治带头人"队伍建设。

乡村治理主体、特别是村级党委和村委具有积极配合的任务。因此，要做到法治乡村就是目标明确，至少对于乡镇和村"两委"领导干部必须搞清建设目标对应的具体建设任务。属于村级任务"两委"不仅要清楚，而且要组织落实；属于上级的建设任务"两委"不仅要清楚，而且要督促上级负责人落实完成任务。这样才能做到法治乡村建设目标明确。

2. 把国家法治乡村建设的宏观目标与国家法治乡村建设考评指标体系对标细化，让乡村基层领导干部和群众搞清楚，近期和远期建设目标对标哪些考核评价指标。例如，在《全国民主法治示范村（社区）建设指导标准》中，包括五个一级指标，二十个二级指标，五十九个三级指标。其中：第五个一级指标"组织保障坚强有力"，包括二个二级指标"抓实法治建设专人职责"和"行政部门协同落实创建工作"。但这两个二级指标中的四个三级指标都与乡村治理主体无关。而第一个一级指标"村级组织健全完善"，包括三个二级指标"村党组织领导工作体系规范""村民委员会及监督机构工作制度健全""村党组织廉政建设扎实有效"。这三个二级指标所包含的四个三级全部是村"两委"职责。因此，要做到法治乡村建设目标明确，至少对于乡镇和村"两委"领导干部必须搞清建设目标对应的具体考评三级指标。属于村级完成落实的指标"两委"不仅要清楚，而且要组织实施落实；属于上级的完成落实的指标"两委"不仅要清楚，而且要督促上级负责人落实完成。这样才能真正做到法治乡村建设目标明确。

（二）抓准定位细化法治乡村建设的具体目标

法治乡村建设的目标不明确问题，同时还包括乡村治理主体建设实践的策略问题。因此，法治乡村建设中乡村治理主体、特别是乡镇和村"两委"干部应当根据国家建设总体规划细化建设目标。具体做到：

1. 把法治乡村建设的国家建设各项任务，结合地方特色与工作实际细化成乡村民主法治建设的具体任务。例如，在建设重点任务的第七项：

"推进乡村依法治理"，包括九个方面具体任务①。其中第八项具体任务是："建立健全小微权力监督制度"。国家建设方案概括指出："制定村级小微权力事项清单，建立事项流程图。权力清单、规章制度、运行程序、运行过程、运行结果全程公开"。但对于乡村治理主体的村"两委"而言，如何制定村级小微权力事项清单？如何做到小微权力公开透明？国家给村级组织留下了工作创新的机会和空间，需要村"两委"组织结合乡村民主法治建设的实际，细化建设任务创造性地进行工作。尤其是结合信息网络经济时代特征，在村民流失严重的情形下，通过建立专门的微信公众号，及时发布小微权力清单，接受群众监督。

2. 把法治乡村建设的国家建设考评指标，结合地方特色与工作实际细化成乡村民主法治建设的特色指标。例如，国家《民主法治示范村（社区）建设指导标准》第二个一级指标"基层民主规范有序"中的第七个二级指标"民主评议制度规范"。下面又包括两个三级指标，第二个三级是"村务监督机构主持民主评议每年至少一次"。这个指标要求有三：（1）村务监督机构评议；（2）接受村民会议或村民代表会议评议；（3）每年至少一次。针对这一问题笔者在我省一个省级贫困县最贫困的一个乡进行调研，该乡14个村的村委干部在接受访谈时都明确表示，这一个指标在他们乡里根本不可能实现。因为，即使是选择村民代表会议评议，代表们一半甚至绝大多数都在城里打工，没法开会。我问村民代表是否都有手机？他们回答都有。村民代表的手机是否有微信功能？他们表示几乎都有。那么，通

---

① 根据《意见》"推进乡村依法治理"，包括九方面具体任务：（1）坚持用法治思维引领乡村治理。（2）全面推行村党组织书记通过法定程序担任村民委员会主任和村级集体经济组织、合作经济组织负责人，村"两委"班子成员应当交叉任职制度。（3）完善群众参与基层社会治理的制度化渠道，健全充满活力的群众自治制度。（4）落实和完善村规民约草案审核和备案制度，健全合法有效的村规民约落实执行机制。（5）全面推行村级重大事项决策"四议两公开"制度。（6）开展形式多样的村级议事协商制度。（7）依法开展村级组织换届选举，依法公开党务、村务、财务。（8）建立健全小微权力监督制度。（9）加强对农业农村环境污染等重点问题的依法治理。

过手机微信功能提前发布评议内容，定期手机评议结果没有障碍。然后，他们表示有的村民代表年龄大不会使用微信。现代社会通过学习培训也不成问题。

总之，在现代信息网络时代，要做到法治乡村建设目标明确，只要保持积极态度把国家法治乡村建设的具体任务和建设的指标体系，结合乡村治理的实际细化任务、细化成特色指标、善于创造性开展工作并非难事。

二、全面系统落实法治乡村建设的指标

从前文的分析不难看出，法治乡村建设内容不全面不系统问题，既属于乡村治理主体认识不清问题，也属于法治乡村建设实践中的客观事实问题。因此，要全面系统落实法治乡村建设的指标，应当从以下两方面突破。

（一）补足短板重点落实法治乡村建设的关键指标

法治乡村建设内容不全面不系统问题，从客观角度分析就是法治乡村建设的关键指标未落实；从主观认识角度分析是乡村治理主体对于法治乡村建设的关键指标的理解不全面、不系统，特别是关键指标落实方面存在误解或疑虑。如，关于制定《村民章程》问题，在国家的建设指标体系属于第二个一级指标中专列的二级指标[1]。但课题组近两年调研的267个村委，没有一个制定章程。访谈中绝大多数村"两委"干部提出两个问题：一是《村民自治章程》必须有吗？二是有村规民约还需要制定《村民自治章程》吗？由此可见，对如此关键的指标尚存在可有可无的认识。所以，法治乡村建设内容不全面不系统问题不仅客观存在，而且存在极其严重的主观认识错误。类似问题在国家建设指标体系的第三个一级指

---

[1]　根据《全国民主法治示范村（社区）建设指导标准》：第二个一级指标"基层民主规范有序"，下面包括七个二级指标，其中的第四个二级指标："及时依法制定和修改村民自治章程、村规民约，程序完整，内容合法，符合实际，执行规范。多种形式推进自治章程、村规民约入户率实现全覆盖"。

标"法治建设扎实推进"表现的更突出、问题更严重。例如，该项一级指标的五个二级指标中四个都存在类似问题①，而这些都是关键指标。因此，解决法治乡村建设内容不全面不系统问题，必须补足短板重点落实法治乡村建设的关键指标。

（二）有序提升全面落实法治乡村建设的核心任务

法治乡村建设内容不全面不系统问题，从客观角度分析就是法治乡村建设的核心任务未落实；从主观认识角度分析是乡村治理主体对于法治乡村建设的任务理解不全面、不系统，特别是重点任务的落实方面存在误解或偏差。例如，法治乡村建设任务的第五方面的任务是"完善乡村公共法律服务"，其包括三方面具体任务②。无论对于法治乡村建设的整体任务而言，还是对于法治乡村建设的现实状况而言，其应当属于核心任务。但是，这一核心任务在欠发达乡村地区基本没有落实。因为，一方面欠发达乡村地区公共法律服务资源严重缺失，我省一个国家级贫困县、革命老区，21万人口只有3名专职律师。另一方面法治乡村建设中乡村治理主体对这些核心任务落实存在认识偏差。如，面对欠发达的乡村地区公共法律服务体系不健全的现实情况。访谈中乡村干部群众曾提出这样的问题：一是乡村公共法律服务体系建设有无必要？二是政府购买律师服务经费不如直接用于乡村扶贫。由此可见，法治乡村建设任务落实确实存在不到位、不全面的问题。而且问题的关键不在于核心任务难以落实的客观现实，

---

① 根据《全国民主法治示范村（社区）"建设指导标准》：第二个一级指标"法治建设扎实推进"，下面包括五个二级指标，"推进法治宣传进村入户"、"村级干部、党员、村民代表法治培训常规化""广泛开展法治宣传教育""积极推进乡村公共法律服务体系建设""健全德治与法治相结合的乡村治理体系"。

② 根据《意见》第五方面的任务是："完善乡村公共法律服务"，其包括三方面具体任务：（1）健全乡村公共法律服务体系，为乡村提供普惠优质高效的公共法律服务。（2）进一步加强乡村法律顾问工作，为农村基层组织和人民群众处理涉法事务提供专业优质便捷的法律服务。（3）充分发挥基层法律服务工作者在提供公共法律服务、促进乡村治理中的作用，加强涉农法律援助工作。

而在于乡村治理主体对于核心任务落实的主观认识障碍。因此，解决法治乡村建设内容不全面不系统问题，必须要有序提升全面落实法治乡村建设的核心任务。

三、重点完善乡村民主法治建设的内容

（一）重点完善法治乡村建设的基本内容

由前文分析可见，法治乡村建设重点内容不突出问题，同样既存在乡村治理主体认识不清问题，也存在法治乡村建设实践中乡村治理主体不能根据乡村建设实际分阶段、有重点推进建设内容完善的问题。法治乡村建设内容的重点不突出问题实质上仍属于认识问题。因此，这一问题的突破从下列两方面展开。

关于法治乡村建设的重点内容，从国家制度设计层面"乡村民主法治建设"属于重点建设内容，这一点不言而喻。但法治乡村建设的实际条件和进程不同，不同的地区、乡镇、村或社区的重点建设内容也不同；同一地区、乡镇、村或社区不同时段建设内容的重点也不同。因此，调查和访谈中反映出的法治乡村建设重点内容不突出，一方面是乡村治理主体对国家建设方案设计的重点建设内容认识模糊不清；另一方面是对本地区、乡镇、村或社区现阶段法治乡村建设重点内容认识模糊或判断不准。课题组在进行法治乡村建设专题培训互动交流时，就针对重点建设内容普遍提出三方面疑问：一是许多乡镇、村社区领导干部问："国家法治乡村建设意见任务包括九项重大任务、二十七项具体任务，重点是哪些？"二是欠发达地区的乡镇、村社区领导干部问："我们这些乡村经济落后，人均耕地较少且贫瘠，绝大多数村民都离开村里，法治乡村建设应当重点做好哪些工作？"三是欠发达地区的乡镇、村社区领导干部问："在我们乡村有些工作根本无法进行（如民主评议、法治宣传进村户、一村一法律顾问等），如何开展此项工作？"由此可见，法治乡村建设工作整体推进确实难度较

大，不同地区、乡镇、村社区建设的客观条件、进展情况、存在突出问题差异较大，要面对如此错综复杂的情况下理清法治乡村建设的重点内容确实难度较大。因此，在正确理解国家法治乡村建设政策的重点建设内容基础上，应首先着力完善法治乡村建设的基本内容。具体包括两方面：

1. 在全面理解国家法治乡村建设任务和建设指标体系的基础上，根据国家建设规划的总体框架要求，抓实法治乡村建设专项职责、专项负责人，对标总体任务和全部指标体系，搭建起工作体系与任务明细，夯实法治乡村建设的基础工作，重点完善法治乡村建设的基本内容。如法治乡村建设指标体系的一级和二级指标，法治乡村建设任务的九大任务中属于乡村治理主体应当完成的五项基本任务。

2. 根据国家法治乡村建设的任务和建设指标体系，结合地区、乡镇、村社区的实际情况，制定分层次、分阶段的地区建设规划，重点完善法治乡村建设的基本内容。如一般而言，在建设初期对标法治乡村建设基本任务和建设指标体系，找准短板、搭建框架、夯实基础；建设中期对标法治乡村建设核心任务和建设重点指标体系，结合乡村治理的实际，突出特色、瞄准核心、有所突破；在建设后期主要对标省级或国家级《民主法治示范乡村（社区）》的指导建设标准，逐条落实、自查自评、重点矫正、整体提升。

（二）突出法治乡村建设的核心内容

既然从国家制度设计层面"乡村民主法治建设"属于重点建设内容，那就说明法治乡村建设内容是有重点的，在全面对标建设任务和建设的指标体系，夯实基础工作和搭建整体框架前提下，应当突出法治乡村建设的核心内容。具体包括三方面：

1. 对标国家的法治乡村指导建设指标体系，首先健全完善村级组织。从村党组织领导工作体系规范、村民委员会及监督机构工作制度健全、村党组织廉政建设扎实有效三方面，重点搭建和完善组织制度体系。

2. 对标国家的法治乡村指导建设指标体系，重点落实基层民主制度建设。从村级组织换届程序规范、运用民主方式解决重大民生问题、村级会议制度规范、村民自治章程制定与完善、村级"三务"公开制度完善、村级小微权力清单制度完善、民主评议制度规范七个方面，重点构架和完善乡村民主制度。

3. 对标国家的法治乡村指导建设指标体系，重点推进乡村法治建设。从法治宣传进村入户、村级领导和党员与村民代表法治培训常规化、广泛开展普法宣传、法律服务体系完善、健全德治与法治结合的乡村治理体系五方面，重点构架和完善乡村法治制度。

第四节　法治乡村建设效果的整体提升与评价引导

根据前文分析的法治乡村建设效果存在的法治乡村建设主体的主动性不高与建设效果不明显等突出问题。针对性的对策是强化法治乡村建设的考核评估，以评促建提升法治乡村建设的整体效果。

一、落实主体责任提升法治乡村建设的整体效果

针对法治乡村建设主体的主动性不高影响建设效果提升的突出问题。首要的工作是严格落实各级组织和领导的保障责任。围绕建设效果问题的一系列表现，法治乡村建设推进力度不大、法治乡村建设工作进程缓慢、法治乡村建设方案与实施方案不完整、法治乡村建设总结评估环节缺失等，核心问题是建设主体性缺失，特别是各级组织的组织、领导、保障责任不落实。具体包括三方面：

（一）落实村党组织的领导责任，提升法治乡村建设的基础效果

法治乡村建设的领导责任在村党组织，如何充分发挥村党组织的领导

作用，全面领导村各类组织推进法治乡村建设的各项工作对提升建设效果具有基础保障作用。村党组织的领导作用重点在于统筹谋划、有力指导，定期研判问题、完善相关政策，一线指挥、组织实施。具体而言，统筹谋划就是要根据国家法治乡村建设的方案，结合本村实际制定科学可行的建设规划；有力指导就是要根据法治乡村建设规划对标建设目标、建设任务、建设措施等加强法治乡村建设的指导工作；定期研判问题就是要针对法治乡村就是规划实施过程中存在的问题，分析原因、制定对策，形成法治乡村建设的实施计划，推进法治乡村建设进展；完善相关政策就是要完善法治乡村建设的体制机制，制定法治乡村建设的激励政策、推进政策、保障政策；一线指挥就是要敢于面对和正视法治乡村建设中遇到的问题，敢于担当、勇于负责，在尊重民意、发扬民主的基础上，科学大胆决策；组织实施就是要对法治乡村建设中的重大问题、关键问题、难点问题亲临组织实施落实，在保证正确的政治方向基础上，大力推进法治乡村建设。

（二）落实法治建设第一责任人职责，提升法治乡村建设的保障效果

地方各级党政负责人是法治乡村建设的第一责任人，主要从三方面落实其职责：一是将法治乡村建设创建工作纳入本级政府的目标责任管理制度中，并给予专门经费保障。二是乡镇领导要将法治乡村建设创建工作纳入乡镇年度工作计划，亲自部署、专人负责、保障必要的建设经费投入，具体研究解决法治乡村建设创建工作的重大问题。三是党政第一负责人要善于将法治乡村建设创建的各项工作逐项分解、细化落实、确保职责。

（三）落实行政司法保障责任，提升法治乡村建设的协同创建效果

地方司法行政部门是法治乡村建设工作的主管责任人，主要从两方面落实职责：一是对于行政司法部门承担的法治乡村建设主管责任要认真履行，从工作部署、工作培训、工作考核等方面落实协同创建工作机制；二是组织、宣传、政法、农业农村、财政等涉农管理服务部门要充分发

挥自己的职能优势，落实协同创建工作机制。

二、强化评价引导促进法治乡村建设的水平提高

针对法治乡村建设效果不明显、法治乡村建设方案与实施方案不完整、法治乡村建设总结评估环节缺失等突出问题，关键是要强化评价引导促进法治乡村建设的水平提高。具体包括两方面：

（一）以评促建强化法治评估引领功能

《中共中央关于全面深化改革若干重大问题的决定》和《中共中央关于全面推进依法治国若干重大问题的决定》，都对加强法治评估做出规定。第一个文件提出建立科学的法治建设指标体系和考核标准，为全国范围内的法治评估提出了总方向。后一个文件指出：把法治纳入政绩考核，作为提高党员干部法治思维和依法办事能力的重点措施。近年来，以评促建的理念似乎已经成为法律人的认知通识和职业自觉。故法治乡村建设效果的提升也应当重视以评促建的方法，强化法治评估的引领功能。但真正实现以评促建必须做好三方面工作：

1. 认真研习国家"民主法治示范村"指导建设标准体系，深入理解国家建设方案精神要旨，在明确"村级组织健全完善、基层民主规范有序、法治建设扎实推进、经济社会和谐发展、组织保障坚强有力"宏观指标体系基础上，根据中观指标体系的统摄范围，结合法治乡村建设的乡村实际情况，构建法治乡村建设的微观指标体系。

2. 运用定性与定量相结合的方法，提升法治乡村建设评估质量。根据问卷调查统计、观察实验数据、数理统计资料，形成法治乡村建设可操作化的量化评价指标体系；根据个案分析、深度访谈、观察记录等资料提炼形成法治乡村建设工作或分析要点。

3. 对标上述指标体系，与法治乡村建设目标、建设规划、建设任务、建设措施等，形成具体的法治乡村建设实施方案。制定法治乡村建设的阶

段性建设目标、建设任务、建设考核评价标准。

总之，法治乡村建设评估要实现顶层设计与地方创新相结合，统一规划与地方特色有机结合，宏观指导与微观操作相统一，充分发挥评价引领的功能促进法治乡村建设水平稳步提升。

（二）总结提升强化法治建设示范作用

法治乡村建设效果提升不仅需要建立科学合理的评价指标体系，还要善于创新法治乡村建设评估机制、评估模式。因为，一方面法治乡村建设是一项复杂的系统工程，它需要的不仅仅是建设者理性自觉积极参与的热情，更需要评价分析系统内部客体、介体与主体之间以及系统之间与环境之间的互动、沟通。另一方面科学的法治评估机制和评估模式是评估工作有效开展的前提。由此，通过评估促进法治乡村建设效果的提升，主要做好两方面工作：

1. 坚持自评与他评相结合，自我总结提升与考核监督相结合，创新法治乡村建设评估机制和模式。要积极探索在"民主法治示范村（社区）"创建过程中，引入和建立第三方评价机制，通过问卷调查、电话回访、网络测评、实地考察等多种途径和方式，客观精准评估"民主法治示范村（社区）"创建质量，提出创建改进意见和建议，着力提高评价考核的客观性、针对性和有效性，不断提升示范建设工作水平。

2. 全面深化民主法治示范村创建工作，以创促建发挥示范建设作用。开展"民主法治示范村（社区）"创建工作，是建设法治乡村的重要载体。要进一步提高认识、加强领导，充分认识做好法治乡村示范建设的重大意义。进一步培育典型、扩大影响，积极总结推广法治乡村示范建设的好经验好做法，着力培育和树立先进典型，发挥示范引领作用，促进法治乡村建设不断向纵深推进。

下　编

法治乡村建设中的难点问题研究

　　法治乡村建设的难点问题其实与重点问题一样复杂。从中文字面含义理解，难点似乎比重点更容易理解，难点就是问题不容易解决的地方。其实不然，问题的难点也包括两方面：一方面是某一事物客观不好解决的地方；另一方面难点也存在主体价值导向，具有相对性。对某人或某地区、某时间难的问题，在另外一些人看来一点不难；在某个地区感觉难以解决的问题，放到其他地区也能很容易解决；在某一时间段难以解决的问题，放到另外时间段可能轻而易举就解决了。因此，法治乡村建设中的难点问题其实更复杂。因为，重点问题一般具有普遍性，难点问题就不一定了。如乡村经济发展落后问题对于发达地区就不是难点问题；法治乡村建设中文化教育资源问题，在江浙发达地区也不存在困难。同时，法治乡村建设中难点问题在不同时空条件下解决的难度也具有重大差异。课题组在调查访谈前期，首先根据访谈初步意见将法治乡村建设中的难点问题归纳成六个方面，在此基础上通过问卷调查和深度访谈进行深入分析研究。调查访谈结果显示：被调查对象认为乡村经济发达程度、乡村文化教育资源配置、乡村公共法律服务体系建设、乡村社会矛盾纠纷有效化解、法治乡村建设或治理模式是法治乡村建设难点问题，这些问题被调查对象认同率分别为80.8%、78%、69.6%、66.8%、60.2%。

表 3-1-0：法治乡村建设相关因素问卷调查与访谈结果分析统计表

法治乡村建设的主要难点	问卷调查统计	访谈统计	平均值
1．乡村经济振兴	1214 人，80.1%	317 人，81.1%	80.8%
2．乡村文化教育资源配置	1185 人，78.8%	293 人，74.9%	78%
3．乡村公共法律服务体系建设	1065 人，70.9%	254 人，65%	69.6%
4．乡村社会矛盾纠纷有效化解	1031 人，68.6%	234 人，59.8%	66.8%
5．法治乡村建设或治理模式选择	938 人，62.4%	203 人，51.9%	60.2%
6．其它问题	124 人，11.7%	38 人，9.7%	8.6%

　　因此，本编两章所列举和主要分析论证的法治乡村建设中的难点问

题，一是立足法治乡村建设的全局具有相对普遍性的难以解决的问题；二是主要是立足于现阶段广大农村地区，特别是欠发达地区法治乡村建设中的难以解决的问题。主要包四方面：1. 法治乡村建设的基础——乡村经济振兴问题；2. 法治乡村建设的关键——乡村文化教育资源优化问题；3. 法治乡村建设中的支撑——乡村公共法律服务体系完善问题；4. 法治乡村建设的保障——乡村矛盾纠纷的有效解决问题。

第六章　法治乡村建设中难点问题及其表现

第一节　法治乡村建设中的乡村经济振兴问题

虽然法治乡村建设的重点是乡村民主法治建设、乡村治理体系的完善、乡村矛盾纠纷的有效化解。但是，乡村经济振兴对于法治乡村建设具有极其重要的意义。无论从法治乡村建设已经取得重大突破、形成典型性、代表性的经验的江浙发达地区，还是法治乡村建设刚刚起步或建设成效仍不明显，建设目标、建设任务、建设措施都没有全面得到贯彻落实的欠发达乡村地区；以及法治乡村建设已经基本步入正轨，建设模式、建设特色仍在进一步凝练的中等发达乡村地区。乡村经济振兴都属于法治乡村建设的基础要素条件。只不过对于发达地区而言，乡村经济发展已经成为法治乡村建设的重要基础保障；相对于中等发达地区而言，乡村经济振兴已经开始给法治乡村建设注入了活力，正推动法治乡村建设走向成功；相对于欠发达地区而言，乡村经济振兴还没有成为法治乡村建设的重要基础保障，还作为制约法治乡村建设推进的主要因素。因此，乡村经济的振兴程度无论是作为正向指标，还是负向指标都对于法治乡村建设具有重要的意义。

一、乡村经济振兴问题与法治乡村建设相关性分析

新中国成立后，由于国家社会生产力发展水平条件的制约和建设新中国工业体系的需要，在处理城乡关系时国家不得已采用倾向城市优先发展的非均衡发展模式。因此，中国农村、农业、农民做出了巨大的贡献和牺牲。改革开放四十多年来，我国农村经济取得了长足的发展，整个农村生产力水平也大大提高。但城乡经济发展不平衡问题并未获得真正解决。乡村经济发展不充分、乡村青壮年人才大量流入城市、新型的职业农民队伍培育艰难、工商资本投资的非农业化倾向严重、乡村基础设施建设和公共服务发展严重滞后、涉农资金缺失或分散使用等，这些问题严重制约着乡村经济振兴和发展。乡村经济振兴不仅对解决城乡均衡发展具有重要意义，而且对法治乡村建设也产生极其重要影响。乡村经济振兴与法治乡村建设相关性主要表现在下列三方面。

（一）乡村经济振兴是法治乡村建设的基本经济保障

乡村经济振兴与法治乡村建设的相关性，一方面是指乡村经济振兴对法治乡村建设的正向促进和保障作用；另一方面是指乡村经济落后对法治乡村建设的负向的约束和制约作用。下面就从正向和负向两方面对两者的相关性分析。

1. 乡村经济振兴与法治乡村建设的正相关关系

（1）乡村经济振兴是法治乡村建设目标实现的基本经济保障。法治乡村建设目标是法治乡村建设的基本价值追求和建设工作目标。《意见》的设计方案从近期和远期两方面对法治乡村建设工作目标做出规划。从近期目标而言，核心目标是乡村公共法律服务体系完善，乡村干部群众法治意识提高，乡村治理的法治化水平明显提高。从远期目标而言，核心目标

是法治乡村基本建成、村民普遍守法、乡风文明、社会和谐稳定、乡村治理体系和治理能力基本现代化。乡村经济振兴对这些目标的实现虽非决定性因素，却是其基本的经济保障。因为，一方面就社会事实而言，乡村经济比较发达地区，法治乡村建设进展较快、建设目标实现能够落实；而乡村经济落后、乡村产业单一、农民经济收入较低的欠发达地区，法治乡村建设进展较缓慢、建设目标实现也难以落实。课题组近两年调查过的43个乡镇、267个村中，欠发达地区24个乡镇、131个村，根据建设目标完成近期情况统计，未完成的98个、占到74.8%，而发达地区7乡镇、23个村，基本完成近期建设目标的18个村、占到78.2%。另一方面就社会价值而言，乡村经济比较发达地区，不仅法治乡村建设目标制定和规划科学可行，而且能够扎实稳步推进；而乡村经济落后、农业人口流失严重、农民增收渠道不畅通的欠发达地区，不仅法治乡村建设目标制定与规划不合理，建设目标也多流于形式。

（2）乡村经济振兴是法治乡村建设任务完成的基本经济保障。根据《意见》法治乡村建设完成九大任务，除了涉农立法、执法、司法外，其核心任务是加强乡村法治宣传教育、完善乡村公共法律服务、健全乡村矛盾纠纷化解和平安建设机制、推进乡村依法治理、加快"数字法治·智慧司法"建设。这些任务完成都离不开乡村经济振兴的保障和支撑。在调查访谈中，课题组与被调查对象交流中也发现，乡村经济落后不仅导致农村物质条件差、生活没有保障，而且也往往导致农民思想观念保守缺乏创新意识、缺乏民主法治观念、缺乏积极改变现实愿望。而乡村经济振兴不仅能够改变乡村物质贫乏，也往往能够改变农民精神生活单调、消极颓废的情况，增强人们权利意识和社会责任感。课题组近两年调查过的43个乡镇、267个村中，欠发达地区24个乡镇、131个村，根据6项主要建设任务完成近期情况统计，未完成的102个、占到78%，而发达地区7乡镇、23个村，基本完成6项主要建设任务的19个村、占到82.6%。

2. 乡村经济振兴与法治乡村建设的负相关关系

（1）乡村经济振兴直接影响和制约法治乡村建设工作的进程。法治乡村建设工作进程推进，一是要加强组织领导，要把法治乡村建设作为全面依法治国和实施乡村振兴战略的基础工作来抓，要把法治乡村建设纳入本省、市、县法治建设总体规划，确定重点任务，分步实施，扎实推进法治乡村建设。二是加强对法治乡村建设的组织实施和工作指导，强化督促检查，确保各项任务贯彻落实。三是大力实施乡村经济振兴战略，关键是两方面，即推动乡村产业振兴、构建乡村产业体系、拓宽农民增收渠道；推动乡村人才振兴，把培养本土人才与吸引外来人才和外出能人返乡建设创业相结合，为乡村全面振兴提供人才保障。但是，法治乡村建设工作的进程由于受到城乡发展不平衡，城乡公共资源和公共服务不均衡，"三农"问题的严重影响。不仅乡村经济振兴步履艰难，也直接影响和制约法治乡村建设工作的进程。课题组近两年调查过的 43 个乡镇、267 个村中，欠发达地区 24 个乡镇、131 个村，根据建设进程三类（超前、如期、滞后）情况统计，进程滞后相对的 83 个、占到 63.4%，而发达地区 7 乡镇、23 个村，基本建设进程相对滞后的 4 个村、占到 17.4%。

（2）乡村经济振兴直接影响和制约法治乡村建设的效果提升。法治乡村建设效果提升，一是要突出示范建设质量，完善"民主法治示范村（社区）"建设指导标准，推进"民主法治示范村（社区）"建设科学化、规范化。二是注重工作实效、坚持从乡村治理的实际出发，坚持尊重群众意愿与教育引导群众相结合，因地制宜开展法治乡村建设。但是，法治乡村建设效果提升又受到农民收入稳定性和层次性较低，乡村经济振兴的产业培育和新型农民培育滞后，农业产业结构失衡和农村经济发展区域差距较大等因素影响，乡村经济的振兴既缺乏物质资源条件保障，又缺乏科技创新激励机制保障。因此，乡村经济振兴直接影响和制约了法治乡村建设的效果提升。课题组近两年调查过的 43 个乡镇、267 个村中，欠发达地区 24

个乡镇、131个村，根据国家建设指导标准59个三级指标完成情况统计，基本没有完成（完成率60%以下）的79个、占到60.3%，而发达地区7乡镇、23个村，基本没有完成的3个村、占到13%。

（二）乡村经济振兴是解决法治乡村建设重点问题的突破口

1. 乡村经济振兴是解决法治乡村建设主体问题的关键突破口。由前文分析可知，法治乡村建设的重要问题之一，就是如何提高法治乡村主体的自觉。确实改变乡村治理主体缺位、主体自觉性缺失、乡村干部资源严重稀缺、乡村治理主体法治文化素质普遍低下等问题。直接的方法途径就是通过乡村体制机制创新、乡村资源优化、完善惠农政策等激活主体意识；坚持核心价值引领唤起主体自觉。间接的方法和途径就是通过大力振兴乡村经济。推进乡村经济全面振兴、农业全面升级、农村全面进步、农民全面发展，主体缺位、主体性缺失等问题也就迎刃而解。课题组近两年调查过的43个乡镇、267个村中，欠发达地区24个乡镇、131个村，农民主体流失（流失率60%以上）或主要领导干部长期缺岗（在岗时间不足三分之一）的93个、占到71%；农民流失率低（流失率低于10%）的没有；而发达地区7乡镇、23个村，（流失率60%以上）或主要领导干部长期缺岗（在岗时间不足三分之一）的4个，占17.4%，而农民主体流失率（流失率低于10%）的17个村、占到73.9%，村委干部不在岗（在岗时间不足三分之一）的只有一个村。因此，事实证明乡村经济振兴能够为解决法治乡村建设主体问题找到关键突破口。

2. 乡村经济振兴是解决法治乡村建设内容问题的基本突破口。由前文分析可知，法治乡村建设的另一个重要问题，就是法治乡村建设内容问题。建设目标不明确、建设任务不全面不系统、建设重点不突出。解决法治乡村建设内容问题的直接方法和途径就是整体充实与重点突破，具体包括细化法治乡村建设目标、全面落实法治乡村建设的指标、重点完善乡村民主法治建设的内容；间接方法和途径就是全面振兴乡村经济。通过实施乡村经济振兴，为法治乡村建设目标的细化明确和实施分阶段、分层次建设提供必要参照和客观依据；为法治乡村建设任务全面实现提供经济支撑；为重点推进民主法治建设提供物质保障。因此，乡村经济振兴能够为解决法治乡村建设内容问题找到基本突破口。

（三）乡村经济振兴是法治乡村建设其它难点问题化解的物质支撑点

1. 乡村经济振兴是乡村文化教育资源优化的物质基础。乡村振兴战略的一个重要方面就是实施乡村文化振兴。而乡村文化资源长期严重缺失是法治乡村建设的又一个难点问题（后文详论）。但乡村经济振兴对这一难点问题化解具有重要的物质支撑作用。乡村文化教育资源优化核心，一是提升广大农民的精神风貌，发挥乡村传统文化营造良好文化氛围；二是用社会主义核心价值观引领，倡导并树立农村文明新风尚，增加乡村文化的凝聚力和感染价值。三是持续推进文化惠民工程，实现文化信息资源共享。这些问题的解决都离不开乡村经济振兴的重要支撑。因为，一方面文化教育资源是目前乡村、特别是欠发达地区最稀缺的资源，也是制约乡村产业振兴、人才振兴、民主法治建设发展最主要因素之一。而这些资源的获得与优化如果没有强大的物质资源保障几乎不可能。另一方面文化教育资源优化不同于其它纯物质资源优化，需要国家政策和各级政府支持优化物质条件，更需要发挥主体自觉和活力，优化乡村主体整体意识、观念、精神。这些问题解决必须解决主体稳定收入、稳定生活。许多欠发达地区的乡镇，只有一所小学，只有一个乡镇医院，而且名存实亡；幼儿园没有、图书馆没有、现代信息网络设施没有。乡村文化教育资源缺失可想而知。因此，法治乡村建设中乡村文化教育资源优化需要依靠乡村经济振兴作为物质基础。

2. 乡村经济振兴是乡村公共法律服务体系完善的物质保障。2018年8月习近平总书记指出，要加快建设覆盖城乡、便捷高效、均等普惠的现代公共法律服务体系，统筹研究律师、公证、法律援助、司法鉴定、调解、仲裁等工作改革方案，让人民群众切实感受到法律服务更加便捷。2019 年 7 月，中共中央办公厅、国务院办公厅印发了《关于加快推进公共法律服务体系建设的意见》，要求各地区各部门结合实际认真贯彻落实。2020 年 3 月中央《关于加强法治乡村建设的意见》再次将乡村公共法律服务体系完善作为法治乡村建设的九大任务之一着力推进。完善乡村公共法律服务核心任务包括四方面：一是健全乡村公共法律服务体系，为乡村提供普惠优质高效的公共法律服务。二是进一步加强乡村法律顾问工作，为农村和农民处理涉法事务提供专业优质便捷的法律服务。三是加强涉农法律援助工作，逐步将与农民生产生活紧密相关的事项纳入法律援助补充事项范围。四是完善农村留守儿童和妇女、老年人关爱服务体系，健全残疾人帮扶制度。这些问题作为法治乡村建设的抓手，却离不开乡村经济振兴的助力和物质保障。但公共法律服务人力资源匮乏、经费保障机制不健全这是乡村公共法律服务建设最大难题，课题组在调研中发现：某个经济较发达的设区市的一个 21 万人口省级贫困县只有三个专职律师；该市的刑事辩护律师只有 42 个，在另一个省级贫困县的一起乡村涉黑团伙案件审判中，穷尽全市资源不能为该案全部 44 个被告提供刑事法律援助。可见，乡村公共法律服务体系完善需要以乡村经济振兴作为物质保障。

二、乡村经济振兴作为法治乡村建设难点问题分析

应该说乡村经济振兴不属于法治乡村建设本身问题，而通过前文分析发现，乡村经济振兴与法治乡村建设密切相关，不仅具有正相关关系，还具有负相关关系。一方面它既是法治乡村建设目标实现、任务完成和效果提升的基本经济保障；也是法治乡村建设重点问题解决的关键突破口和基本突破口。另一方面乡村经济振兴也是其它法治乡村建设难点问题化解的物质支撑点。这只是解决了乡村经济振兴与法治乡村建设的相关性。其为什么作为法治乡村建设难点问题提出？难在何处仍需要进一步分析。

（一）乡村经济振兴作为法治乡村建设难点问题的认识困境

乡村经济振兴作为法治乡村建设难点问题提出理由何在？首先表现在其认识困境。也就是说，法治乡村建设中对乡村经济振兴以及它与法治乡村建设的关系存在认识误区或认识难的问题。具体表现在两方面：

1. 在乡村经济振兴与法治乡村建设关系方面存在认识难和认识误区。根据课题组调查发现：一方面是对于乡村经济落后对法治乡村建设影响有无以及影响多大问题认识不清。相当一部分被调查者认为，乡村经济落后，农民生活和生存问题没有解决如何进行法治乡村建设，几乎不可能。我们承认乡村经济振兴对"三农"问题的解决具有重要的作用，对法治乡村建设也具有直接的制约和重要影响。但是，并不是说乡村经济落后、"三农"问题没有解决，法治乡村建设就绝对不能搞，就一定建设不好。这是两个层面问题。而在欠发达乡村地区这种错误认识较为普遍，这既影响法治乡村建设的积极性和主动性，也会影响法治乡村建设的效果和进度。

另一方面，还有一部分人认为，乡村经济振兴无望，也没有必要振兴。市场经济发展和城镇化的加速乡村衰落是必然的。既然如此，法治乡村建设有何意义？我们也承认市场经济发展和城镇化的加速确实给农村经济发展和社会发展带来了重要的影响。法治乡村建设主体缺位和主体性缺失与此有很大的关系。但是，乡村经济的落后除了客观上受到市场经济发展和城镇化的加速影响外，还与城乡建设发展的政策和乡村主体建设的主观能动性有关。所以，国家提出实施乡村振兴战略，全面振兴乡村经济。也包括文化法治的振兴。所以，尊重乡村建设发展的客观规律，理性正视乡村建设发展的现实问题，与充分发挥法治乡村建设主体的自觉性、自主性同样必要、同样重要。

2. 在乡村经济振兴基础上如何推进法治乡村建设认识不清或存在误区。这一种认识相对于前一种较好的方面是绝大多数的被调查者能够客观认识看待乡村经济振兴与法治乡村建设的关系。乡村经济振兴主要属于物质文明建设，法治乡村建设主要属于精神文明建设。两者可以相互促进、相互制约。后者错误之处，对乡村经济振兴与法治乡村建设关系如何具体处理。具体表现也存在两方面，与第一种观点相类似：一方面是乡村经济振兴与法治乡村建设何者更重要？另一方面是乡村经济振兴与法治乡村建设有无先后顺序？对于第一种观点而言，其实本质上还属于对物质文明建设和精神文明建设关系认识不清。从性质上而言，乡村经济振兴与法治乡村建设都是乡村振兴的主要内容和方面，不能够简单地说哪一个重要；但是，根据不同乡村的实际发展情况或不同建设阶段，乡村经济振兴与法治乡村建设可以有重点地建设。而对于第二种观点，其实本质上与第一种一样。如有一次调研时，一个村委干部提出：该村村民文化程度普遍都较低，群众思想觉悟也不高，乡村政策法治宣传和培训不宜搞得太深入，这样有利于乡村和谐。有时培训太多了群众反而不和谐、矛盾纠纷反而会增多。等乡村经济振兴或富裕了有些问题自然解决了。我们要求他举个例子。他说：例如农村婆媳关系，主要是取决乡村经济富裕和儿子会不会沟通。而不在乎法治培训。又如农村土地承包纠纷，主要取决于经济振兴，村民富裕了不在乎一亩三分地。法治宣传培训再搞得好也解决不了历史的土地承包纠纷。对此，我不想详论，后文我会结合案例专门对此问题进行回答。但必须指出，该村委干部对乡村经济振兴与法治乡村建设关系的认识，既有正确合理的，也存在明显认识错误。特别是如果加强法治培训有时会导致村民关系不和谐、村民矛盾难以解决，我表示坚决不同意。

（二）乡村经济振兴作为法治乡村建设难点问题的实践困境

关于乡村经济振兴作为法治乡村建设难点问题提出的理由，除了认识困境外，还包括实践困境。也就是说对于乡村经济振兴与法治乡村建设关系，在具体的乡村经济振兴或法治乡村建设实践过程中同样有难度。具体包括两方面：

1.实践中对于乡村经济振兴与法治乡村建设关系认识容易而实践难。

上面我们已经详细分析了认识难的问题，但大多数情况下实践更难。如上文村委所举的前一个例子：农村婆媳关系处理，主要依靠乡村经济富裕和儿子的沟通方法和艺术，不取决于法治宣传培训。对此，我确实赞同村委说法，乡村经济振兴了且村民富裕了，婆媳之间不会因为家庭琐事发生纠纷；或者儿子的沟通协调方法水平高，婆媳之间的矛盾纠纷也会少得多。从普遍意义讲，这个观点有一定正确性。但从个别意义讲，这个观点未必正确。尤其讲法治宣传培训对此没有意义，绝对不正确。因为，首先，婆媳纠纷原因很复杂，如果主要因为赡养费纠纷，村民富裕了婆媳关系自然好处、纠纷也会少；或如果主要原因是婆媳间生活方式、行为观念、相互理解等问题，也没问题，儿子的沟通协调艺术水平很高，婆媳关系自然好处、纠纷也会少。但是，如果是其他的原因？如因为婆婆传统观念，重男轻女，媳妇生了两个女儿，婆婆坚持要让生第三胎。否则，就要坚持让儿子和儿媳离婚。其实在此案中，儿子儿媳经济很贫困，婆婆就要坚持。甚至，儿媳也表示妥协了，再等两年等家庭经济好转了或国家政策允许了再生。其次，即使村民富裕了也未必就不发生婆媳矛盾。因为这两者之间并非必然联系。相反，如果村民整体文化素质较高、法治意识较高，即使村民仍不富裕或儿子沟通能力很一般，婆媳矛盾纠纷也会减少或能够妥善化解。因此，乡村经济振兴作为法治乡村建设的难点问题，不仅是认识难，普遍意义上实践也难，一般知易行难。

2. 实践中对于乡村经济振兴与法治乡村建设关系认识难而实践更难。上面我们已经详细分析了认识难的问题，但大特殊情况下实践更难。如上文村委所举的后一个例子：对于解决农村历史上形成的土地承包纠纷，乡村经济振兴与法治乡村建设哪个更管用？对此，我确实赞同村委说的，乡村经济振兴了、村民富裕了，农民不会因为一亩三分地发生争议。从普遍意义讲，这个观点是正确的。但从个别意义讲，这个观点未必正确。尤其讲法治宣传培训对此没有意义，绝对不正确。因为，确实目前农村土地纠纷很多是由于第一轮农村土地承包时，农业税没有免，农村种地增收难；但 2000 年后国家不仅免除了农业税，而且还给各种农业补贴。所以，第一轮农村土地承包后相当一部分农民将自己承包的土地退还集体或让集体委托其它村民代耕。结果第二轮土地承包后，农业税减免、农业补贴增加、因耕地被征用补偿等发生了纠纷。但是，只要乡村经济振兴、农民富裕了就不会发生纠纷了吗？未必！特别是加强法治宣传培训，不仅不利于纠纷解决，反而会不和谐，加剧农民矛盾？不一定！因为，导致该类土地纠纷的主要原因有三方面：（1）村委原因，即村委对土地承包管理混乱，每一次承包缺少完善的法律程序或必要手续，程序也不公开没证据没记录；（2）村民的原因，种地无利就放弃土地和农业，有利了就争着种地。而且土地承包变更村民自己也没有法定证据或程序；（3）村委在处理土地补偿等案子前后的补偿标准不一致或同一乡镇、县区补偿标准不一致。

因此，此类纠纷处理不仅仅是乡村经济振兴与法治乡村建设关系认识难的问题，实践更难。因为，首先，上述问题产生的原因的三个方面一般都是换届前的乡村干部、城镇领导、甚至县区里的处理的或造成的，现任领导无法处理；其次，即使有的现任领导如果基于"维稳"思维或"和谐"思维或"信访压力"，临时之间用权宜之计处理了，未必经得起历史或法治的检验。最后，还有历史遗留问题缺乏证据，当下处理依据难找等等。但是，我必须强调，如果广大乡村领导干部能够依法处理或运用"三治融合"的方式妥善处理，至少这类就不会发生或发生甚少。这也是为什么大力推进法治乡村建设的真正意义。乡村经济振兴肯定对法治乡村建设具有重要的基础保障作用，必须大力推进乡村经济振兴；但同时，法治乡村建设即使在乡村经济发达或村民富裕后就一定能够取得理想的建设效果也未必。

三、乡村经济振兴作为法治乡村建设难点问题的表现

前面我们主要分析了乡村经济振兴与法治乡村建设的相关性，乡村经济振兴作为法治乡村建设难点问题的理由。下面我们继续分析乡村经济振兴作为法治乡村建设难点问题的主要表现。

（一）乡村经济振兴对法治乡村建设作用的间接性和差异性

乡村经济振兴作为法治乡村建设难点问题的表现，首先是乡村经济振兴对法治乡村建设作用的间接性和差异性。所谓间接性主要是指从根本上或长期性上，乡村经济振兴对法治乡村建设确实具有重要的促进和保障作用。但从特定的时空上考察，乡村经济振兴对法治乡村建设并不都是必然的、直接的，它需要以乡村的生产关系和社会关系为中介，特别是需要通过治理主体的主体自觉去提升其保障和促进作用。所谓差异性主要是指从根本上或长期性上，乡村经济振兴对法治乡村建设的促进和保障作用是一致的、肯定的。但从特定时空或特定主体考察，乡村经济振兴对法治乡村建设并不都是相同的、肯定的。它往往在不同区域、不同时段、不同的主体间表现出不一致性、甚至否定性。这样，一方面使得乡村经济振兴与法治乡村建设关系理解和处理更加复杂，增加了其不确定性；另一方面如何通乡村经济振兴去有效推进法治乡村建设工作。如乡村产业结构优化、产业链的延伸和延长、产业的融合发展如果不能与法治乡村建设目标有效结合，可能导致经济振兴而民主法治观念仍未深化、乡村文化资源继续流失。

因此，如何通过乡村经济振兴去有效推进法治乡村建设工作，既需要尊重事物本身或相互关系的客观规律，也需要乡村治理主体最大限度发挥其主观能动性，将积极影响作用发挥至最大，将消极影响作用减低到最小。

（二）乡村经济振兴对法治乡村建设作用的复杂性

乡村经济振兴作为法治乡村建设难点问题的表现，另一个方面是乡村

经济振兴对法治乡村建设作用的复杂性。所谓复杂性主要是指乡村经济振兴对法治乡村建设的保障和促进作用，既存在普遍性、确定性、单向性，也存在不确定性、不稳定性、多向性；既呈现出因果关系单一性、有序性、有因性，也呈现出多元性、无序性、无因性。这样既加大了乡村经济振兴与法治乡村建设关系处理的成本，也增添了乡村经济振兴与法治乡村建设关系效能转化的难度。因此，既需要全面考量乡村经济振兴对法治乡村建设保障和促进作用的系统性、复杂性，也需要妥善处理乡村经济振兴对法治乡村建设可能造成的负面影响。

第二节　法治乡村建设中的乡村文化教育资源优化问题

乡村文化教育资源优化问题之所以成为法治乡村建设的难点问题，一方面是乡村文化教育资源相对于城市而言，既严重缺失，又存在优化内容繁多、优化形式抽象、优化过程复杂、优化效果难控等问题；另一方面是乡村文化教育资源在乡村内部存在区域差异、主体差异、个体差异明显，优化力度、优化深度、优化精准度把握较难等问题。下面我们将从多元、多层次角度分析乡村文化教育资源问题与法治乡村建设问题的相关性进行系统分析。

一、乡村文化教育资源问题与法治乡村建设相关性分析

文化是一个既抽象宏观又具体微观，既具有隐形表现又具有显性表现，既蕴含历史积淀又展现时代气息，既静态已成形又动态续发展的整体性、立体性、发展性概念[1]。乡村文化是与城市文化相对应的，体现为与农业

---

① 参见刘作翔. 法律文化理论. ［M］商务印书馆，（1999）：2—3。

生产和农民生活相关的价值观念和行为体系[①]，是一个特定自然区域或同一族群生产生活方式、饮食风俗习惯、图腾崇拜、宗教信仰等历史文化符号的集成表述[②]。文化资源有广义和狭义之分。广义上的文化资源泛指人们从事一切与文化活动有关的生产和生活内容的总称，它以精神状态为主要存在形式；狭义上的文化资源是指对人们能够产生直接和间接经济利益的精神文化内容。通常分为物质文化遗产、非物质文化遗产、自然遗产和智能文化资源四大类[③]。教育资源是指在长期的文明进化和教育实践中所创造积累的教育知识、教育经验、教育技能、教育资产、教育费用、教育制度、教育品牌、教育人格、教育理念、教育设施以及教育领域内外人际关系的总和。文化教育资源是社会资源的一种。乡村文化教育资源特指与城市文化教育资源相对应的，以农耕文化基因为主的、能直接或间接产生经济利益的、对农民生存和发展具有精神价值的人力、物力、财力资源的总和[④]。

乡村文化教育资源问题与法治乡村建设问题的相关性通常表现为两方面：一是乡村文化教育资源问题与法治乡村建设的直接相关性，即乡村文化教育资源丰富或贫乏对法治乡村建设目标、建设内容、建设模式等会形成直接推动或直接制约作用。二是乡村文化教育资源问题与法治乡村建设的间接相关性，即乡村文化教育资源丰富或贫乏对法治乡村建设效果、建设特色等，以建设主体为中介所形成促进或制约作用。下面就从两方面进行详细分析。

---

① 参见李银河. 论村落文化 [J]. 中国社会科学，1993（5）：59—70。

② 参见胡剑南. 乡村振兴背景下乡村文化研究 [J]. 重庆社会科学，2019（5）：120—128。

③ 参见赵旭东. 从文化自觉到文化自信：费孝通文化观对文化转型新时代的启示 [J]. 西北师范大学学报（社科版），2018（3）：18—29。

④ 参见史凤林、陈会会. 现代法治理念与中国传统法律思维的理性超越 [C]. 三晋法学（3）：193. 中国法制出版社，2008. 11。

（一）乡村文化教育资源问题与法治乡村建设的直接相关性

1. 乡村文化教育资源对法治乡村建设目标实现具有直接推进或阻却作用。法治乡村建设的近期目标是两个更加完善、三个明显提高；远期目标是"四个规范、一高、一新、一个基本建成和两个现代化"①。这两个目标的实现主要依赖乡村文化教育资源的优化。因为，一方面相对于法治乡村建设主体而言，近期目标核心是治理主体法治意识和法治水平提高；远期目标核心是治理主体法治行为规范和治理能力的现代化。而法治乡村建设主体的普遍文化教育素质对建设目标实现具有直接推进和决定作用。另一方面法治乡村建设目标中的其他目标，如涉农立法完善、公共法律服务体系完善、基层执法质量提高，乡风文明和乡村社会和谐稳定，乡村治理主体的文化教育素质和文化教育资源对目标实现至少属于必要条件。因此，乡村文化教育资源优化对法治乡村建设目标实现既具有直接推进作用，也具有直接的阻却作用。

2. 乡村文化教育资源对法治乡村建设任务完成具有直接推进或抑制作用。在法治乡村建设的九大任务中，前三项任务涉农立法完善、涉农执法规范、乡村司法保障以及乡村公共法律服务完善属于建设体制和建设环境问题；后两项数据司法和智慧司法建设、法治乡村示范村建设属于建设的科技支撑和政策支撑问题；其建设的三项核心任务是乡村法治宣传教育加强、乡村矛盾纠纷化解和平安建设机制健全、乡村依法治理推进。这三项核心内容主要包括六方面任务：开展对乡村不同群体的普法宣传教育工作；二是开展形式多样的乡村法治文化活动，推进法治文化与民俗文化、乡土文化融合发展；三是乡村矛盾纠纷化解和平安建设机制；四是以自治

---

① 根据《意见》法治乡村就是目标是：到 2022 年，努力实现涉农法律制度更加完善，乡村公共法律服务体系更加完善，基层执法质量明显提高，干部群众尊法学法守法用法的自觉性明显提高，乡村治理法治化水平明显提高。到 2035 年，乡村法治可信赖、权利有保障、义务必履行、道德得遵守，乡风文明达到新高度，乡村社会和谐稳定开创新局面，乡村治理体系和治理能力基本实现现代化，法治乡村基本建成。

为核心的乡村民主建设；五是乡村道德文化、乡风文明建设；六是农村基层微腐败的整治和农村突出治安问题专项整治。显然，这六方面任务中一类本身属于乡村文化教育宣传内容（1.2.5.）；另一类属于必须以文化教育为基础的活动（3.4.6.），至少这方面工作的有效落实和监督离不开乡村文化教育功能作用的发挥。因此，乡村文化教育资源对法治乡村建设任务完成既具有直接推进作用，也具有直接的阻却作用。

3.乡村文化教育资源对法治乡村建设模式优化具有直接促进或消解作用。法治乡村建设的理想模式是"三治融合"模式，但自治是其基础模式，依法自治模式与以德自治模式也属于基本模式。这些建设模式都是自治、法治与德治的有机融合或有机结合模式。由于乡村治理主体及其区域经济、政治、文化、社会资源条件差异，法治乡村建设也可选择不同模式。但是，这些建设模式自治模式是基础、法治是保障、德治是导向。如何将其有机结合或融合，乡村文化资源对法治乡村建设模式优化具有直接促进作用或直接消解作用。因为，一方面自治、法治、德治作为一种独立的治理模式都具有其独特的文化教育资源背景。自治，在中国古代就有"乡绅之治"；我国现行宪法和《村民委员会组织法》对此加以确认，并赋予其乡村治理民主化的时代内涵。德治的文化传统源于西周，后经儒家发扬光大成为中华法治文明最具魅力和最有文化特色的治理模式。法治思想文化在中国也是源远流长，虽然春秋战国法家的法治理念与现代法治理念具有本质的差别，但"法不阿贵、一断于法"的思想文化、"以吏为师，以法为教"的法学教育模式、以注释律为核心的法学教育传统仍然闪现着中国法制文化的智慧。另一方面"三治融合"的法治乡村建设模式也需要社会主义先进的法治文化，中国传统优秀的德治文化、和谐文化、民本文化与近现代法治文化有机融合；并为"三治融合"建设模式提供丰裕的文化教育资源滋养。因此，乡村文化教育资源对法治乡村建设模式优化既具有直接促进，也具有直接的消解作用。

（二）乡村文化教育资源问题与法治乡村建设的间接相关性

1. 乡村文化教育资源对法治乡村建设效果提升具有间接推进或抵消作用。法治乡村建设既是一个循序渐进、日积月累、逐步完善的过程，也是建设目标实现、建设任务完成、建设质量水平提升的最终效果。乡村文化资源包含了自然资源、社会组织、居民建筑、生产方式、风俗习惯、生活状态等内容，体现为农耕生产中的本体文化、农业技艺中的衍生文化、乡村生活中的节庆与仪式文化[①]。乡村教育资源包括乡村教育知识、教育经验、教育技能、教育资产、教育费用、教育制度、教育品牌、教育人格、教育理念、教育设施等。乡村文化教育资源不仅在法治乡村建设过程中起到春风化雨、沁润滋养的功能，而且对法治乡村建设效果提升发挥积极助力、相得益彰的作用。乡村文化教育资源能够优化对法治乡村建设效果提升具有间接推进作用；乡村文化教育资源缺失或断流对法治乡村建设效果提升具有间接抵消作用。因为，一方面正如习总书记所言："文化是一个国家、民族的灵魂"，必须"推动中华优秀文化创造性转化、创新性发展"。文化的凋零与衰落必然会导致民族精神的颓废。另一方面教育正如我国著名教育学家袁振国所言："教育从五方面提升人的地位，即教育发现人的价值、发掘人的潜能、发挥人的力量、发展人的个性，教育促进人的全面自由发展；教育以其特有的方式使文化代代相传，使文化得以保存和维持；教育所提供的便利条件，有利于文化的蕴育、传播、创新，给文化的发展注入了新的生机与活力；教育相对开放的环境，有利于各民族文化交流、整合和融合；教育能够促进人力资本的优化，教育可以提高劳动生产率，教育可以形成新的经济增长点；教育通过培养人的社会意识，为社会提供政治人才和合格公民"[②]。教育的落后与异化必然会导致民族思想观念禁锢反动，

---

① 高瑞琴、朱启臻. 何以为根：乡村文化的价值意蕴与振兴路径：基于《把根留住》一书的思考［J］. 中国农业大学学报（社会科学版），2019（3）：103—110。

② 参见袁振国. 当代教育学［M］. 教育科学出版社（1999）：365—370。

甚至是整个民族创新力的不足和衰退。因此，乡村文化作为乡村建设和发展的"根"与"魂"，乡村教育作为乡村建设和发展的"动力"与"先导"必须要守得住和有创新！

2. 乡村文化教育资源对法治乡村建设特色凝练具有间接聚合或散化作用。法治乡村建设既是一个循序渐进、日积月累、逐步完善的过程，也是建设特色逐步形成、建设特色日益凸显、建设特色不断完善的结果。乡村文化教育资源不仅在法治乡村建设过程中起到春风化雨、沁润滋养的功能，而且对法治乡村建设特色的形成凝练彰显积极助力、效益叠加的作用。乡村文化教育资源能够优化对法治乡村建设特色形成凝练具有间接聚合作用；乡村文化教育资源缺失或断流对法治乡村建设特色巩固和完善具有间接散化的作用。因为，一方面乡村文化虽然分散流失、转化艰难、创新不足，一旦能够集中爆发，具有增进乡村凝聚力，促进社会教化的功能，同时也可以转化为极其有效的治理方式。另一方面乡村教育虽然资源不足、体系不完整、功能发挥有缺失；但乡村教育资源一旦优化改善，乡村教育体系能够建立完善、乡村教育功能充分发挥，必定会推进乡村经济振兴与法治乡村建设走出困境、走向辉煌。因此，乡村文化作为乡村建设和发展的"根"与"魂"，乡村教育作为乡村建设和发展的"动力"与"先导"必须要能开拓和有担当！

二、乡村文化教育资源问题作为法治乡村建设难点问题分析

乡村文化教育资源优化问题既是法治乡村建设本身问题，也是与法治乡村建设密切相关的问题。而通过前文分析发现，乡村文化教育资源优化与法治乡村建设密切相关，不仅具有直接相关关系，还具有间接相关关系。一方面它既是法治乡村建设目标实现、任务完成和模式优化具有直接推进、促进作用或阻却、抑制、消解作用。另一方面乡村文化教育资源优化也对法治乡村建设效果提升、建设特色凝练具有间接推进、

聚合作用或抵消、散化作用。而这只解决了乡村文化教育资源优化与法治乡村建设的相关性。其为什么作为法治乡村建设难点问题提出？难在何处仍需要进一步分析。

（一）乡村文化教育资源问题作为法治乡村建设难点问题的理论分析

从理论上讲，乡村文化教育资源问题作为法治乡村建设难点问题主要理由包括两方面：

1. 乡村文化的多元性和多层次性导致乡村文化资源对法治乡村建设的作用极其复杂。文化本来就是复杂和多元的。故我国文化学者马云杰先生指出："文化作为一种复杂的社会现象，要认识它，自然应该有科学的理论和方法。但由于方法论的不科学、不统一，对文化所引起的纷争也是令人难以想象的"[①]。前苏联政治学家米·尼·凯泽洛夫认为："文化是一个最一般的、包括一切的概念，而且具有独一无二的容量"[②]。多民族和谐共处的大中国因客观自然条件，形成了不同地域、丰富多彩的乡村文化形态。乡村文化资源包含了自然资源、社会组织、居民建筑、生产方式、风俗习惯、生活状态等内容，体现为农耕生产中的本体文化、农业技艺中的衍生文化、乡村生活中的节庆与仪式文化[③]。但城镇化的加速、城市文化的兴盛导致乡村失去了普遍的价值认同，乡村文化在现代化进程中隐匿，乡村文化的生存或升值空间被挤压，乡村文化的自觉和自信减退。因此，本来多元复杂的乡村文化，加之现实的生存发展窘境，导致乡村文化资源对法治乡村建设作用极其复杂。

2. 乡村教育重要性与存在必要性认识矛盾使得乡村教育对法治乡村建设的精神支撑作用不稳定。改革开放四十多年来，中国教育取得了长足

---

① 参见马云杰. 文化社会学. ［M］. 山东人民出版社（1987）：3。

② 转见刘作翔. 法律文化理论. ［M］商务印书馆，（1999）：13。

③ 高瑞琴、朱启臻. 何以为根：乡村文化的价值意蕴与振兴路径：基于《把根留住》一书的思考［J］. 中国农业大学学报（社会科学版），2019（3）：103—110。

的进步。伴随着中国教育快速的发展，乡村教育走过了辉煌而艰难发展历程。乡村教育的辉煌主要是指农民对教育的重要性认识与日俱增，乡村教育从增量为主走向增质为主，从规模发展走向集约发展。尤其是对教育的重要性认识，今天的乡村农民比城市市民一点不落后。而乡村教育的艰难发展历程主要是指随着中国城镇化加速与撤乡并镇等行政改革，乡村教育存在的必要性认识严重不统一。全国乡镇已经普及的九年义务教育，因撤乡并村背景下乡村教育资源集约发展措施，使得已经形成的乡村教育体系分崩离析。乡村教育重要性与存在的非必要性的二律背反，使得乡村教育的发展日益艰难。课题组近两年调查中发现，乡村教育资源流失比其他任何资源流失都严重，乡村教育对法治乡村建设的制约作用比其他任何事务都明显。

（二）乡村文化教育资源问题作为法治乡村建设难点问题的实证分析

1. 乡村文化教育资源有机融合日益艰难使得其对法治乡村建设的软实力支撑作用严重缺失。在一般人的认识中，文化与教育是天然的自融合或天然的自成一体，其实不然。尤其是乡村文化与教育资源，不仅不能够自然融合，相反促进相互融合比较难。因为，一方面乡村文化的多元性、乡土性、本源性与乡村教育的简单性、现代性、非本源性在融合过程中很难协调。如乡村文化的乡土性、本源性要求其资源整合必须遵循其乡土特色、寻根朔源；而乡村教育的现代性、非本源性要求其资源的整合必须符合教育的现代发展趋势、面向未来。如此导致乡村文化与教育资源有机融合比较艰难。另一方面乡村文化与教育资源融合机制和融合逻辑差异使得两种乡村资源的融合结果并非理想。文化资源的融合机制主要是通过感官文化（器物文化、制度文化、行为文化）去激发（心理、心态）精神文化以获得文化自觉和自信；文化资源融合逻辑一般遵循先实践感性体验，后认识理性体悟。教育资源的融合机制是先知后行、知行合一；教育资源融合逻辑一般遵循从认识思考体悟，到实践感受检验。由此导致法治乡村建设中乡村文化与教育资源融合不合拍。如农村法治文化广场建设是有教育资源而缺乏文化资源；农村乡土文化建设（民俗文化）有文化资源而缺乏教育资源。课题组考察许多法治乡村建设示范村，在乡村文化教育资源优化确实普遍存在这类问题。如在我省许多乡村建设法治文化广场，而在山西曲沃县乡村法治文化广场建设过程中，把该县历史上的三晋法家人物、治国名言、执政事迹成效通过图片、雕塑、法器等展示在广场，充分展现了当地优质乡村文化教育资源。同样在山东曲阜、邹城的乡村德治文化广场，把孔子、孟子的府邸、言行、治国理政成效展示在广场，也充分展现了当地优质的文化教育资源。相反，山西和山东的其他地区采用雷同化的方法建设乡村法治、德治文化广场，考察调研完毕后我们感觉这些乡村法治或德治文化广场建设项目的乡村文化与教育资源严重脱节，要么是文化器物、制度的堆积，要么是单纯的说教。

2. 乡村文化教育资源优化理念和方法的科学性与可行性使得其对法治乡村建设的主体自觉形成负面影响。乡村文化教育资源优化既能够促进农民素质的提高，也能够有效推进城乡融合发展并为乡村生态安全提供保障；更重要的是它能够促使法治乡村建设主体自觉。但乡村文化教育资源优化理念的科学性与方法的可行性不仅影响其资源优化，而且严重影响着法治乡村建设主体自觉。因为，一方面乡村文化教育资源优化理念不科学。具体表现在两方面：一是乡村文化教育资源优化整体布局设计欠缺。乡村文化教育资源优化必须探索一条具有乡村特色、关注人文情怀、提升乡村文化自信的科学可行的方案。但目前乡村文化教育资源优化重形式、轻内涵，重城市格局打造、轻乡村特色凝练的资源优化思路，整体设计布局存在严重欠缺。二是乡村文化教育资源优化创意水平低。乡村文化教育资源优化应当走乡村特色化、区域化、本土化之路。但目前乡村文化教育资源优化科技优势不明显、文化创意转化率低、文化教育产品和服务重复模仿且开发水平低、文化教育产品和服务技术工艺落后，乡村文化教育资源优化缺乏特色。另一方面乡村文化教育资源优化方法的可操作性差。具体表现三方面：一是乡村文化教育资源优化缺乏人才和制度保障。乡村文化教育资源优化首先必须具有人才和制度保障。但目前乡村文化教育资源优化过程中乡村人口流失、精英人才严重缺失、乡贤阶层未形成使得资源优化人才保障不足；同时，乡村文化教育资源优化还缺乏城乡文化教育融合发展、乡村公共服务有效对接、乡村社会保障互补联动的可行性制度保障。二是乡村文化教育资源优化难以形成合力。乡村文化教育资源优化必须实现遵循经济的资本逻辑、充分利用现代科技信息技术、符合新时代精神价值追求，这样才能够形成资源优化的合力。目前乡村文化教育资源方法显然做不到、难以形成合力。三是乡村文化教育资源优化的重构空间不足。目前城镇化严重压缩了乡村文化教育资源优化组合的空间。乡村文化教育资源优化必须重构优化发展空间。这些问题的存在不仅影响乡村文化教育资源优化，而且对法治乡村建设的主体自觉形成负面影响。

三、乡村文化教育资源问题作为法治乡村建设难点问题的表现

前面我们主要分析了乡村文化教育资源与法治乡村建设的相关性，乡村文化教育资源问题作为法治乡村建设难点问题的理由。下面我们继续分析乡村文化教育资源问题作为法治乡村建设难点问题的主要表现。

（一）乡村文化教育资源严重流失导致乡村文化自信缺失

1. 乡村教育资源严重流失使得青少年放弃乡村文化或丧失文化自信。乡村文化教育资源问题作为法治乡村建设的难点问题首先表现在两方面：（1）客观上乡村教育资源严重流失且难以有效控制。根据国家统计局统计数据显示，2018 年我国城镇化率已达 59.58%。城镇化既加速了国家现代化步伐，也加速了乡村社会的衰退。由此，不仅乡村劳动力大量流向城市使得农村"空心化"，而且由于大规模的"撤点并校"乡村青少年离开乡

村接受教育。这样使得本来稀缺的乡村教育资源更加严重流失。（2）主观上乡村教育资源的严重缺失导致乡村文化自信缺失。如果说乡村教育资源严重流失是城镇化无法避免的，关键是面对这个客观事实，一方面农村家长在望子成龙观念驱动下引导孩子们远离乡土；另一方面乡村的一些青年教师城市文化情节结合对乡村文化的排斥心理又对乡村青少年形成了抛弃乡土文化的心理诱导。最终导致乡村主体整体的乡村文化自信缺失。

2. 乡村文化服务供给机制的非常态化使得乡村文化教育资源严重浪费。乡村文化教育资源问题作为法治乡村建设的难点问题还表现在，乡村文化服务供给机制的非常态化，使得政府本来希望通过加大乡村文化服务投入缩小城乡文化服务差距的愿望落空。近年来的送法下乡、文化服务下乡等惠民文化活动效果，被形式化、粗放式的服务消解，导致更严重的文化资源浪费。

（二）乡村文化教育资源优化困难加剧

乡村文化教育资源优化既需要乡村文化固有的丰富价值意蕴充实其内涵，也需要通过对传统乡村文化的创造性转化和创新性发展持续推进使其内涵增赋。乡村文化在漫长的岁月里不仅给予乡村民众丰富的物质财富，也沁润滋养了乡村儿女的精神心灵。但随着时代变迁，在现代化进程中乡村文化固有的缺陷开始展现，如自然的以农为主的经济造就了乡村文化的保守性、封闭性、本土性；乡村社会地处偏远、交通不便、信息不通等因素制约乡村文化现代化；乡村基层政府或干部对待乡村文化和乡村教育资源优化的理念方法的科学性、可行性等都对乡村文化教育资源的创造性转化、创新性发展形成钳制作用。具体表现在两方面：1. 乡村文化创造性转化严重滞缓。一方面乡村文化教育资源优化中找不到传统乡村文化与现代文化的对接点、优化的着力点；另一方面乡村文化教育资源优化中不能确保乡村文化创造性转化的吸引力、感染力、持续发展动力机制。2. 乡村文化创新性发展严重不足。一方面乡村文化主体整体的文化自觉自信不够；

另一方面乡村文化与教育资源优化的衔接机制不畅通。应该讲，教育是文化传播、交流、传承、融合、发展的机制，文化是教育的潜在本在。但现实条件下乡村文化教育资源优化困难重重。

总之，乡村文化教育资源严重流失导致乡村文化自信缺失与乡村文化教育资源优化困难加剧，使得法治乡村建设中乡村文化教育资源优化难度加大。

第三节　法治乡村建设中的建设特色凝练问题

一、法治乡村建设特色内涵与特征、分类

（一）法治乡村建设特色内涵解析

法治乡村建设的特色主要是指法治乡村建设过程中建设主体依据乡村自然环境、经济状况、社会结构、风土人情等区域特质和风格所倡导和形成的独特建设品格、标志、模式的总称。具体包括两方面内涵：

一是建设特色是特定区域和主体，在法治乡村建设过程中所形成独特建设风格、标志、模式；二是法治乡村建设特色是特定区域和主体，根据其乡村自然环境、经济状况、社会结构、风土人情等区域特色，对标法治乡村建设工作形成的创造性成果。

（二）法治乡村建设特色的基本特征

法治乡村建设特色包括三方面特征：1. 建设特色的相对性，即法治乡村建设特色是相对于其它一般的法治乡村建设品格、标志、模式而言的。相对性既包括区域相对性、也包括主体相对性，还包括实质的相对性与形式相对性。没有同类事物作为参照很难解释说明特色的含义。

2. 建设特色的专属性和标志性，即法治乡村建设特色是特定区域和特定主体在法治乡村建设中的创造性成果，既具有身份的专属性，也具

有独特标志性。如浙江绍兴诸暨县"枫桥经验"它不仅是中国基层社会治理的独特经验总结，也是"枫桥镇"标志性的基层社会纠纷处理模式。

3. 建设特色的典型性和示范性，即法治乡村特色就是特定区域和特定主体在法治乡村建设实践中，根据其乡村自然环境、经济状况、社会结构、风土人情等区域特色，形成的独具特色、风格别样的典型模式，通常具有可推广、可复制的示范作用。如2013年源起于浙江桐乡的"三治融合"乡村治理模式，以其将自治、法治、德治的有益结合，成为我国乡村建设的一面旗帜。

（三）法治乡村建设特色的基本分类

法治乡村建设的特色依据不同的标准可以分为不同的类型。1. 依据特色内涵标准，法治乡村建设特色可分为建设目标特色、建设模式特色、建设内容特色、建设机制特色等；2. 依据特色典型性和代表性标准，法治乡村建设特色可以分为区域特色、主体特色和产业结构特色。（1）区域特色包括发达地区建设特色、欠发达地区建设特色、贫困地区建设特色；（2）主体特色包括乡镇建设特色、村、居委、社区建设特色；（3）产业结构特色包括纯农业地区建设特色、农工业融合地区建设特色（包括农主工辅型地区建设特色、工主农辅型地区建设特色）、农、工、商多业融合型地区特色。3. 依据乡村治理方式的组合不同，法治乡村建设特色可以分为单治型特色（包括自治型特色、法治型特色、德治型特色），主次型特色（包括重法自治型特色、重德自治型特色、法德并治型特色，重法、弱德自治型特色、重德、弱法自治型特色、弱法、弱德自治型特色）。

二、法治乡村建设特色重要性分析

法治乡村建设特色问题之所以作为重点问题进行分析研究，一方面是基于法治乡村建设特色对法治乡村建设目标、建设任务、建设内容、建设模式、建设指标体系的重要理论价值；另一方面是基于法治乡村建设特色对法治乡村建设的实践过程、建设效果、建设示范作用的重要实践价值。

（一）法治乡村建设特色的理论重要性

1. 特色建设是一切事物保持生命力根本所在，也是一切工作实现最优化的根本途径[①]。任何事物要保持生命力就必须注重特色建设，特色是一切事物具有生命力根本所在。因为，特色建设首先需要准确合理定位，形成特色必须符合事物本身性质、特性、规律，能够做到扬长避短，错位发展；完善特色必须充分发挥事物独有的品质优势，展示事物独特的魅力，形成事物独特的风格品牌。特色也是一切工作实现最优化的根本途径。因为，能够做到最优一定是对工作的本质和规律充分认识，对工作的理想目标、运行条件、创新的方法技巧做到深刻理解、娴熟把握；对该项工作的优势条件、困难障碍、运行风险能够科学预测、理性面对。因此，法治乡村建设形成特色也是该项工作达到最佳效果，保持生命力的根本途径。

2. 法治乡村建设特色是乡村治理主体对建设目标、建设内容、建设模式的独特品质和风格的智慧凝练。法治乡村建设的目标就是在保障国家地区近期和远期目标整体实现的同时，乡镇、村社区能够结合区域的自然环境、经济状况、社会结构、风土人情等区域特质和风格形成自身特色化的建设方案，充分展示不同地区乡村法治建设的特色和优势。法治乡村建设内容虽然丰富多元、体系庞杂，但要真正取得理想的建设成效，必须在完成基本建设内容的同时注重建设内容的特色化。法治乡村建设模式也不是对其它地区、乡镇、村社区建设模式的简单借鉴和模仿，必须形成自己的品牌特色。因此，法治乡村建设特色是乡村治理主体对建设目标、建设内容、建设模式的独特品质和风格的智慧凝练。

3. 法治乡村建设特色是乡村治理主体对法治乡村建设理念、建设基

[①] 参见史凤林：《法学教育的理念与实践》，群言出版社，2006 年版，第 149 页；史凤林、王继军、王淑娟："法律硕士专业教育的特色与建设"，载《三晋法学》第 5 辑，第 356 页，中国法制出版社 2010 年 10 月。

本原则的创造性转换。法治乡村建设的基本理念首先是特色化理念，法治乡村建设的四个基本原则之一就是因地制宜进行建设的原则。这些工作理念和基本原则的出发点与归宿就是号召不同地区、不同乡镇、不同村委社区在法治乡村建设工作中走特色建设、特色发展之路。因此，法治乡村建设特色是乡村治理主体对法治乡村建设理念、建设基本原则的创造性转换。

（二）法治乡村建设特色的实践重要性

1. 法治乡村建设形成特色是法治乡村建设工作主要的实践价值追求。法治乡村建设工作承载着多元的价值，民主价值、法治价值、秩序价值、自由价值、和谐价值等等。但法治乡村建设能够形成特色是该项工作主要的价值追求。因为，法治乡村建设作为法治社会建设的基础工程和重要组成部分，它和法治国家和法治政府建设最大的不同就是尊重地方的首创精神、自治精神，走特色化建设之路。因此，法治乡村建设形成特色是法治乡村建设工作主要的实践价值追求。

2. 法治乡村建设特色是乡村治理主体对法治乡村建设实践、建设效果的独特贡献。特色建设是法治乡村建设的生命力所在，也是法治乡村建设实践思路和建设成效评价的基本定位。法治乡村建设如何从建设目标变成建设措施、建设模式，如何从建设指标体系转化成建设的实际成效，关键是法治乡村建设过程中建设主体是否在尊重客观规律、结合地方自然环境、经济状况、社会结构、风土人情等区域特质和风格的前提下，充分发挥建设主体的主观能动性形成自身特色化的建设方案。因此，法治乡村建设特色是乡村治理主体对法治乡村建设实践、建设效果的独特贡献。

3. 法治乡村建设特色对法治乡村建设工作推进和完善具有典型示范作用。特色建设的最重要实践价值就是特定地区和主体的特色建设理念、建设方案、建设模式能够对其他地区、其他建设主体形成可推广、可复制、可示范的典型经验模型，充分发挥其引领、推进、表率作用。

浙江桐乡的"三治融合"乡村治理模式，对我国法治乡村建设起到了很好的示范引领作用。中央根据桐乡的"三治融合"的法治乡村建设经验模式，制定了自治、法治、德治相结合的法治乡村建设基本原则。因此，法治乡村建设应当在"三治融合"经验模式的基础上，走特色建设之路；在法治乡村建设实践不断推开的未来，形成不同地区、不同乡镇、不同村社区的建设特色，引领和示范全国的法治乡村建设。

三、法治乡村建设特色难点问题分析

通过前文的分析可见，法治乡村建设特色问题不仅是一个重点问题，而且是一个难点问题，其作为法治乡村建设中难点问题难在何处，需要我们进一步从理论和实践具体分析。

（一）法治乡村建设特色的理论难点分析

从理论视角分析，法治乡村建设特色之所以是一个难点问题，主要是由于两方面原因：一是特色问题在理论上是一个高度抽象、多元和多层次的问题。特别是相对于法治乡村建设这一新鲜事物要从理论的角度解释清楚法治乡村建设特色是什么？包括哪些特色？特色的体现又是什么？为什么这些特色能够代表特定区域、特定主体法治乡村建设的成效且特色鲜明？这一系列问题的回答和解决何其难也！二是法治乡村建设特色问题在理论上还是一个系统化的理论问题。因为，法治乡村建设特色不仅是单一特色、具体特色，而且是一个特色体系问题。如前文所讲，法治乡村建设特色包括区域特色、主体特色、建设目标特色、建设内容特色、建设模式特色、建设体制机制特色；同时，法治乡村建设特色还是多层次的。如建设模式特色包括：单治型特色（包括自治型特色、法治型特色、德治型特色），主次型特色（包括重法自治型特色、重德型自治特色、法德并治型特色，重法、弱德自治型特色、重德、弱法自治型特色、弱法、弱德自治型特色）。

（二）法治乡村建设特色的实践难点分析

从实践视角分析，法治乡村建设特色之所以是一个难点问题，主要是由于三方面问题：一是法治乡村建设特色问题是中国乃至世界范围内史无前例的实践。既没有历史上类似的直接经验可以借鉴，也没有同时代其它地区、国家、民族类似的直接经验可以借鉴。需要不同地区、不同乡镇、村委社区根据自己的建设环境条件，建设价值追求，充分发挥建设主体集体的主观能动性，大胆改革实践、大胆设计创新。二是法治乡村建设特色的实践比认识更难。法治乡村建设特色问题是考量建设整体效果质量的关键指标，建设特色缺失或建设特色明显与否直接体现建设质量问题。特色的有无、特色的明显程度直接体现或标准建设的质量水平。但问题的难点还不在于此，而是即使建设主体能够清楚认识到建设特色的重要性、必要性，也不一定能够真正在建设的实践过程中形成区域特色、主体特色；在建设的实践过程中凝练成建设目标特色、建设内容特色、建设模式特色、建设体制机制特色，用此建设的实践相对于认识更加难！三是法治乡村建设特色的形成和完善依赖于建设主体的改革创新精神与建设方法的突破。学习其他建设地区、其他建设主体不会形成建设特色，模仿和照搬更不会凝练成特色。法治乡村建设特色的形成和完善既需要建设主体改革创新的精神支撑和引领，也需要建设主体建设方法、建设路径的大胆突破，突破旧的体制机制框架的约束，突破传统的建设模式和建设思路，突破现实建设环境条件的约束。何其难也！

四、法治乡村建设特色存在问题的表现

法治乡村建设特色问题是课题组意外的收获。因为，课题组在最初法治乡村建设调查问卷与访谈提纲设计中并未将特色建设列为重点内容和重点指标。只是在预调查访谈中被调查访谈对象提出，根据国家顶层设计方案，"因地制宜开展法治乡村建设"作为法治乡村建设的一项基本原则意

欲何为？在项目建设培训过程中课题组解答时提出，坚持"因地制宜开展法治乡村建设"的原则，其目的就是让不同区域、不同乡镇、不同的村居委社区，根据乡村治理主体的地方实际，制定科学可行、具有特色的法治乡村建设方案，以特色建设引领和示范相同区域、乡镇、村居委社区。在后期的问卷调查中，课题组发现问卷调查结果与访谈结果统计数据又显示：被调查访谈对象认为，目前法治乡村建设效果问题中，排在前两位的竟然是"法治乡村建设区域特色缺失"和"法治乡村建设的主体特色不明显"。它们平均认同率分别为62.2%和59.1%。而这一调查访谈结果统计数据引起了课题组对建设特色问题重点关注。在后续的访谈中排除了建设效果作为法治乡村建设重点问题的研究。因为，一方面就全国范围而言，法治乡村建设刚刚起步，特别是对欠发达地区还无法考证其建设效果。但从长远看，建设效果仍应当是法治乡村建设的重点问题和重点指标。另一方面虽然桐乡经验的典型示范价值较高，但毕竟在课题组调查访谈的范围内还没有感受到其示范效应。特别是其"三治融合"的模式在欠发达地区推广难度较大。因此，对于法治乡村建设效果重点问题的考察研究也就转换成建设特色问题。

表2-4-1：法治乡村建设效果存在问题的调查结果统计

问题表现	问卷调查结果统计（1503份有效问卷）	访谈结果统计（391个访谈对象）	平均值
1. 法治乡村建设的区域特色缺失	951人，63.3%	227人，58.1%	62.2%
2. 法治乡村建设的主体特色不明显	917人，61%	203人，51.9%	59.1%
3. 法治乡村建设整体效率较低	612人，40.7%	145人，37.1%	40%
4. 法治乡村建设进程缓慢	534人，35.5%	129人，33%	35%
5. 法治乡村建设效果区域差异较大	439人，29.2%	114人，29.2%	29.2%
6. 其它建设效果方面问题	97人，6.5%	36人，9.2%	7%

（一）法治乡村建设的区域特色缺失

根据调查访谈结果统计数据显示，"法治乡村建设区域特色缺失"问题，被调查对象和被访谈对象的认同率分别为63.3%和58.1%，平均认同率为62.2%。这一调查访谈结果统计数据也足以说明两点：一是特色建设对于法治乡村建设的重要价值；二是国家顶层设计方案提出法治乡村建设坚持因地制宜基本原则导向的正确性。针对建设特色重点问题，课题组在后续访谈调查中，通过与被访谈对象的深入沟通、细致讨论进一步搞清楚问题的具体表现和产生问题的主要原因。

1. 法治乡村建设区域特色缺失问题的具体表现。具体表现主要包括两方面：一方面是宏观层面全国范围内法治乡村建设特色明显、具有典型示范作用均属于发达地区（东南沿海长江、珠江三角洲一带、四川成都平原等），而这些建设特色对于其他地区普遍表现出心有余而力不足局面。另一方面从微观层面我国广大乡村自然环境、经济状况、人口结构、风土人情等不同情况，能够因地制宜开展法治乡村建设形成明显特色的，欠发达地区几乎没有。即使有其典型性、代表性也不够。

2. 法治乡村建设区域特色缺失问题产生的原因。导致此项问题产生的原因也主要包括两方面：一是就全国范围而言，法治乡村建设刚刚起步，特别是对欠发达地区能够推开依法自治的实属不易，还没有能力去尝试特色化建设。二是及至目前而言，县市区、乡镇政府对法治乡村建设的重视不够，村居委社区干部能够总结提炼推动法治乡村建设特色化的经验和能力普遍不足。课题组近两年调查中也发现，欠发达地区法治乡村建设能够取得明显成效或形成建设特色的，一方面是县市区、乡镇领导重视，积极推进此项工作，基层党政引领作用突出；另一方面村居委、社区基层领导干部法治文化素质较高、对法治乡村建设有思路有措施、乐于奉献担当、为群众服务意识强。相反，凡是法治乡村建设未能够取得明显成效或缺乏建设特色的，必然是上述两方面因素都不具备或某一方面明显较差。

（二）法治乡村建设的主体特色不明显

根据调查访谈结果统计数据显示，"法治乡村建设的主体特色的不明显"问题，被调查对象和被访谈对象的认同率分别为 61% 和 51.9%，平均认同率为 59.1%。相对于"法治乡村建设区域特色缺失"问题调查访谈对象认同率稍微低一些。但课题组通过系统分析研究认为，这两方面问题密切联系。尤其在欠发达地区问题的具体表现方面与法治乡村建设的区域特色缺失完全一样。一是发达地区的建设特色经验示范效应不明显；二是本地区的建设特色经验现在没有形成。法治乡村建设的主体特色岂止是不明显，甚至是缺失的。课题组调查的许多乡村领导也到过江浙地区、成都平原法治乡村建设较好的乡镇，调查中他们也表示桐乡经验很好，社会主义的优越性充分显示，乡村治理的特色优势明显，可面对本地区实际推进法治乡村建设就是发不出力。

关于导致法治乡村建设的主特色不明显问题产生的原因主要包括两方面：一是被调查地区乡村基层干部群众普遍认为，桐乡经验不适合欠发达地区，难以发挥示范作用。需要形成符合本地区建设实际的特色建设方案，不能简单模仿。二是乡村经济振兴迫在眉睫，如果不能通过乡村振兴改变乡村建设主体缺失或主体自觉问题，短时间内法治乡村建设效果不会有实质改变。即使好的特色建设经验模式也难以发挥示范作用。

第四节　法治乡村建设中乡村矛盾纠纷的有效化解问题

维护社会成员权益和化解矛盾纠纷是法治社会建设与法治乡村建设的最后保障性环节。《法治社会建设实施纲要（2020—2025 年）》中要求，坚持和发展新时代"枫桥经验"，畅通和规范群众诉求表达、利益协调、权益保障通道，加强矛盾排查和风险研判，完善社会矛盾纠纷多元预防调处化解综合机制，努力将矛盾纠纷化解在基层。《关于加强法治乡村建设的意见》也强调，坚持和发展新时代"枫桥经验"，加强诉源治理，畅通和规范群众诉求表达、利益协调、权益保障通道，完善社会矛盾纠纷多元预防调处化解综合机制，努力将矛盾纠纷化解在基层，做到"小事不出村"、"大事不出乡"。因为，社会矛盾在社会生活中具有不可避免性，而且随着我国经济、社会的发展和改革深入，社会阶层和利益诉求的多元化，各种社会矛盾会不断突显。因此，为了保障社会和谐有序，建立完善的社会矛盾纠纷的预防和化解机制必然是法治社会建设与法治乡村建设的重要内容和难点问题。乡村矛盾纠纷有效化解问题为什么是法治乡村建设的难点问题？难在何处？问题的表现是什么？

一、乡村矛盾纠纷有效化解问题与法治乡村建设的相关性分析

乡村矛盾纠纷有效化解问题为什么是法治乡村建设的难点问题？在最初的研究中我们主要是基于对法治乡村建设问题的理性分析，认为任何社会形态矛盾纠纷的发生既然具有不可避免性，那么能否有效化解矛盾纠纷自然重要，也是法治社会建设和法治乡村建设的难点问题。后来我们从社会转型视角分析认为，社会转型期矛盾纠纷发生率、矛盾纠纷复杂性、矛盾纠纷能否有效化解，相对于社会非转型期更频发、更突出、更棘手，从而得出能否有效化解矛盾纠纷自然重要，也是法治社会建设和法治乡村建设的难点问题。近两年来，随着乡村社会调查频次的增加和调查内容的逐步深入发现：乡村矛盾纠纷能否有效解决不仅关乎法治乡村建设和法治社会建设的效果，而且是乡村基层治理中短时间无法实现的建设目标。根据问卷调查和访谈结果，乡村矛盾纠纷有效解决作为法治乡村建设的难点问题，被调查访谈对象的认同率分别是 68.6% 和 59.85%，平均认同率是 66.8%。这也足以说明，该问题对法治乡村建设的重要性和特殊性。乡村矛盾纠纷有效化解问题与法治乡村建设的相关性主要包括两方面。

（一）乡村矛盾纠纷有效化解问题与法治乡村建设的直接相关性

所谓两者的直接相关性主要是基于乡村矛盾纠纷有效化解问题对法治乡村建设的核心建设目标实现、重点建设内容完成、最终建设效果的提升具有直接重要影响意义的表现。具体包括三方面：一是乡村矛盾纠纷有效化解问题直接影响法治乡村建设核心目标的实现；二是乡村矛盾纠纷有效化解问题直接影响法治乡村建设重点内容的完成；三是乡村矛盾纠纷有效化解问题直接影响法治乡村建设的最终效果。

1. 乡村矛盾纠纷有效化解问题直接影响法治乡村建设核心目标的实现。法治乡村建设的核心目标是推进乡村依法治理，而乡村依法治理的重要标志是乡村干部群众守法自觉性明显提高，乡村矛盾纠纷依法化解。根据课题组前期调查访谈结果，2019 年 3 月—2020 年 8 月被调查的 43 乡镇267 个村共发生 3024 件；通过乡镇村两级以和解与调解解决的 762 件，有效化解率 25.2%，有 2262 件未能够有效化解，占 74.8%。目前乡村矛盾纠纷不仅大量存在，而且有效化解率并不高[1]（详见下表 4-1-1）。

表 4-1-1：被调查乡镇矛盾纠纷发生率与有效化解率统计

矛盾纠纷主要类型	发生率（总发生率）	有效化解率	未有效化解比
1. 农村土地纠纷	3024 件 /811 件 /26.8%	204 件 /25.2%	607 件 /74.8%
2. 农民工纠纷	3024 件 /714 件 /23.6%	152 件 /21.3%	562 件 /78.4%
3. 婚姻纠纷	3024 件 /324 件 /10.7%	91 件 /28%	233 件 /72%
4. 继承纠纷	3024 件 /98 件 /3.2%	31 件 /31.6%	67 件 /68.4%
5. 赡养纠纷	3024 件 /97 件 /3.2%	30 件 /31%	67 件 /69%
6. 抚养纠纷	3024 件 /85 件 /2.8%	27 件 /31.8%	58 件 /68.2%
7. 邻里纠纷	3024 件 /607 件 /20%	147 件 /24.6%	460 件 /76%

[1]　所谓有效化解率，本文主要是指通过调解、仲裁、裁判等多元纠纷处理方式真正得到化解和矛盾纠纷没有再发生的比例，而非仅仅达成调解协议、形成仲裁裁决、判决文书的情况。

续表

矛盾纠纷主要类型	发生率（总发生率）	有效化解率	未有效化解比
8．交通侵权纠纷	3024 件 /109 件 /3.6%	25 件 /22.9%	84 件 /77.1%
9．医患纠纷	3024 件 /73 件 /2.4%	24 件 /32.9%	49 件 /67.1%
10．社会保险纠纷	3024 件 /59 件 /2%	18 件 30.5%	41 件 /69.5%
11．其它类型	3024 件 /47 件 /1.6%	13 件 /27.7%	34 件 /72.3%
合计：	3024 件	762 件 /25.2%	2262 件 /74.8%

通过上面调查统计数据分析不难发现：目前我国欠发达地区乡村矛盾纠纷仍然大量存在，而乡村矛盾纠纷有效化解的机制仍未形成，有效化解率还较低。因此，乡村矛盾纠纷的有效化解问题事实上成为制约欠发达地区法治乡村建设核心目标实现的主要难点问题。而且在乡村矛盾纠纷中农村土地纠纷、农民工纠纷、邻里纠纷的纠纷发生率占到纠纷发生率的70.5%。说明这三类问题及其纠纷化解对法治乡村建设核心目标实现的直接重要影响。

在问卷调查和访谈中我们向有关人员调查了解到，"你们认为乡村矛盾纠纷及其有效化解问题对法治乡村建设有何影响？"被调查访谈对象对直接影响建设核心目标实现问题的平均认同率（认为有影响且影响较大或重大的）达80.9%（详见表4-1-2）。而在关于乡村矛盾纠纷及其解决对法治乡村建设目标实现影响程度（包括影响重大和影响较大）的平均认同率达96%（详见表4-1-3）。

表4-1-2：关于乡村矛盾纠纷及其有效化解对法治乡村建设的
直接影响表现统计表

调查访谈问题：你认为乡村矛盾纠纷及其解决对法治乡村建设有何直接影响（多选）	问卷调查统计（1503 人）	访谈结果统计（391 人）	平均值
A．直接影响建设核心目标的实现	1203 人 /80.1%	322 人 /82.4%	80.5%
B．直接影响建设重点内容的完成	1176 人 /78.2%	315 人 /80.6%	79%

调查访谈问题：你认为乡村矛盾纠纷及其解决对法治乡村建设有何直接影响（多选）	问卷调查统计（1503 人）	访谈结果统计（391 人）	平均值
C. 直接影响建设的最终效果	1166 人 /77.6%	310 人 /79.3%	77.9%
D. 其它影响	34 人 /2.3%	13 人 /3.3%	2.4%
E. 不清楚	168 人 /11.2%	56 人 /14.3%	11.8%

表 4-1-3：关于乡村矛盾纠纷及其有效化解对法治乡村建设目标
实现影响程度统计表

调查访谈问题：你认为乡村矛盾纠纷及其解决对法治乡村建设目标实现影响程度如何？（单选）	问卷调查统计（1503 人）	访谈结果统计（391 人）	平均值
A. 有，且影响重大	1049 人 /69.8%	270 人 /69.1%	69.7%
B. 有，且影响较大	416 人 /27.7%	75 人 /19.2%	26%
C. 有，影响不大	19 人 /1.3%	20 人 /5.1%	2%
D. 不清楚	15 人 /1%	24 人 /6.1%	2.1%
E. 应该没有影响	3 人 /0.2%	2 人 /0.5%	0.03%

课题组访谈中针对乡村矛盾纠纷及其有效化解问题对法治乡村建设具有重大或较大影响的依据或原因进行访谈时，被访谈对象提出三方面主要理由（详见表 4-1-4）：一是从否定视角认为，乡村矛盾纠纷得不到有效化解说明法治乡村建设的目标没有实现，占被访谈者的 36.6%；二是从肯定视角认为，乡村矛盾纠纷有效解决是法治乡村建设的重要目标，占被访谈者的 35.3%；三是从肯定视角认为，乡村矛盾纠纷有效解决是法治社会和法治乡村建设的主要目标，占被访谈者的 14.3%；不清楚的占 13.8%。这一访谈结果充分说明，乡村矛盾纠纷及其有效化解作为法治乡村建设的难点问题基本形成共识。

表 4-1-4：关于乡村矛盾纠纷及其有效化解问题与法治乡村建设相关性理由统计表

访谈问题：你认为乡村矛盾纠纷及其有效解决对法治乡村建设目标实现有较大影响的主要理由是什么？	访谈结果统计 391 人
A. 因为乡村矛盾纠纷得不到有效化解法治乡村建设的目标没有实现	143 人 /36.6%
B. 因为乡村矛盾纠纷有效解决是法治乡村建设的重要目标	138 人 /35.3%
C. 因为乡村矛盾纠纷有效化解是法治社会和法治乡村建设的主要目标	56 人 /14.3%
D. 不清楚	54 人 /13.8%

2. 乡村矛盾纠纷有效化解问题直接影响法治乡村建设重点内容的完成。在法治乡村建设九大内容中其中有两项是："健全乡村矛盾纠纷化解和平安建设机制和推进法治乡村治理"，相对于完善涉农立法、规范涉农执法、强化乡村司法保障、加强乡村法治宣传、完善乡村公共法律服务、加快"数字司法"和"智慧司法"建设等建设任务，这两项建设内容应当是法治乡村建设的重点内容。之所以如此认为，理由包括两方面：一方面是这两项建设内容对法治乡村建设具有全局性、根本性、主要标志性；另一方面其它建设内容相对于这两项建设内容具有阶段性、属于建设手段或过程、非重要标志性。只有这两方面建设内容属于建设目的、属于建设成效的整体标志。特别是乡村矛盾纠纷有效化解问题直接影响到法治乡村重点建设内容完成。通过前面关于"乡村矛盾纠纷及其解决对法治乡村建设有何影响"的统计结果显示，被调查访谈对象认为"乡村矛盾纠纷及其有效化解问题直接影响法治乡村重点建设内容完成的"平均认同率达 79%。

课题组访谈中针对乡村矛盾纠纷及其有效化解问题对法治乡村建设重点内容完成有较大影响的主要原因访谈时，被访谈对象提出两方面主要理由（详见表 4-1-5）：一方面从必要条件角度分析认为，乡村矛盾纠纷得不到有效化解法治乡村建设重点内容就会落空，占被访谈者的 40.2%；二是从充分条件角度分析认为，乡村矛盾纠纷有效解决是法治乡村建设的内容完成的重要标志，占被访谈者的41.7%。这一访谈结果充分说明，乡村矛盾纠纷及其有效化解不仅是法治乡村建设的难点问题，而且直接影响法治乡村建设重点内容完成。

表4-1-5：关于乡村矛盾纠纷及其有效化解问题与法治乡村重点建设内容相关性理由统计表

访谈问题：你认为乡村矛盾纠纷及其有效解决对法治乡村的重点建设内容有影响的主要理由是什么？	访谈结果统计391人
A．因为乡村矛盾纠纷得不到有效化解法治乡村建设重点内容就会落空	157人/40.2%
B．因为乡村矛盾纠纷有效解决是法治乡村建设的内容完成的重要标志	163人/41.7%
C．其它理由（包括符合建设目的、符合建设效果评价核心指标等）	49人/12.5%
D．不清楚	22人/5.6%

3. 乡村矛盾纠纷有效化解问题直接影响法治乡村建设的最终效果。法治乡村建设的最终效果是空间上从基层的乡村、乡镇、社区走向区县、市州、省、直辖市、自治区，乃至全国；治理体系上从基层社会的治理格局和治理体系扩展延伸到全国；乡村治理的目标和模式能够成为社会普遍的治理模式，基本建成和最终建成法治乡村和法治社会，法治观念更加深入人心，社会领域制度规范更加健全，社会主义核心价值观有机融入法治建设，社会治理成效显著，公民、法人和其他组织合法权益得到切实保障，社会治理法治化水平显著提高，形成符合国情、体现时代特征、人民群众满意的法治社会建设生动局面。所有这些法治乡村建设和法治社会建设的愿景达成都依赖乡村矛盾纠纷的有效化解。普遍地信仰法治、公平正义普遍化、切实保障权利、自觉守法诚信、充满活力与和谐有序的社会主义法治社会建成，也仰赖社会矛盾纠纷能够有效化解。因此，面对客观存在的乡村矛盾纠纷，唯有乡村矛盾纠纷能够有效化解，公平正义、充满活力、

和谐有序的社会主义法治社会最终才能建成。之所以如此认为，其支撑的理由主要包括两方面：一方面社会矛盾纠纷的存在在所难免，能够有效化解这些矛盾纠纷既是社会治理体系和治理能力现代化的基本标志，也是社会治理能力法治化的显著表征；另一方面乡村治理是整个社会治理的基层基础和社会治理系统的末梢，乡村矛盾纠纷有效化解问题虽非决定和影响法治乡村和法治社会建设最终效果的唯一因素，却也是必要的影响因素。没有此问题的彻底解决最终不可能建成法治乡村和法治社会。通过前面关于"乡村矛盾纠纷及其解决对法治乡村建设有何影响"的统计结果显示，被调查访谈对象认为"乡村矛盾纠纷及其有效化解问题直接影响法治乡村建设的最终效果"，其平均认同率达 77.9% 也足以证成此观点。

课题组访谈中针对乡村矛盾纠纷及其有效化解问题对法治乡村建设最终效果有较大影响的主要原因访谈时，被访谈对象提出两方面主要理由（详见表 4-1-6）：一方面从必要条件角度分析认为，乡村矛盾纠纷有效解决是法治乡村建设取得最终成效的必要条件，占被访谈者的 44.5%；二是从评价标准角度分析认为，乡村矛盾纠纷有效化解是评价法治乡村建设最终效果的显著标志，占被访谈者的 41.2%。这一访谈结果充分说明，乡村矛盾纠纷及其有效化解不仅是法治乡村建设的难点问题，而且直接影响法治乡村建设的最终效果。

表 4-1-6：关于乡村矛盾纠纷及其有效化解问题与法治乡村建设
最终效果相关性理由统计表

访谈问题：你认为乡村矛盾纠纷及其有效解决对法治乡村建设的最终效果有较大影响的主要理由是什么？	访谈结果统计 391 人
A. 因为乡村矛盾纠纷有效化解是评价法治乡村建设最终效果的显著标志	161 人 /41.2%
B. 因为乡村矛盾纠纷有效解决是法治乡村建设取得最终成效的必要条件	174 人 /44.5%
C. 其它理由（包括符合建设目的、符合建设效果评价核心指标等）	38 人 /9.7%
D. 不清楚	18 人 /4.6%

（二）乡村矛盾纠纷有效化解问题与法治乡村建设的间接相关性

所谓两者的间接相关性主要是基于乡村矛盾纠纷有效化解问题对法治乡村建设主体的自信和建设模式的确信具有间接影响意义的表现。具体包括两方面：一是乡村矛盾纠纷有效化解间接影响法治乡村建设主体的主观自信；二是乡村矛盾纠纷有效化解间接影响对法治乡村建设模式的理性确信（详见表4-1-7）。

表4-1-7：关于乡村矛盾纠纷及其有效化解对法治乡村建设的
间接影响表现统计表

调查访谈问题：你认为乡村矛盾纠纷及其解决对法治乡村建设有何间接影响（多选）	问卷调查统计（1503人）	访谈结果统计（391人）	平均值
A．间接影响法治乡村建设主体的主观自信	1316人/87.6%	341人/87.2%	87.5%
B．间接影响法治乡村建设模式的理性确信	1261人/83.9%	312人/79.8%	83.2%
C．间接响法治乡村建设的特色凝练	431人/28.7%	153人/39.1%	30.8%
D．其它间接影响	33人/2.2%	7人/1.8%	2.1%
E．不清楚	187人/12.4%	43人/11%	12.1%

1．乡村矛盾纠纷有效化解间接影响法治乡村建设主体的主观自信。法治乡村建设首要的问题是激发乡村建设主体的建设热情，激活乡村建设主体的创新潜力，激励建设主体的主观自信。之所以认为，乡村矛盾纠纷有效化解问题会间接影响建设主体的自信，支撑理由包括两方面：一方面由于乡村矛盾纠纷有效化解问题会直接影响法治乡村建设核心目标实现、建设重点内容完成、建设最终效果，必然会间接影响到建设主体的主观自信。另一方面乡村矛盾纠纷有效化解客观上是依靠矛盾纠纷化解机制，主观上依靠矛盾纠纷化解主体，最根本是依靠矛盾纠纷化解主体主观能动性的发挥。乡村矛盾纠纷如果持续不能够有效化解或有效化解率太低，势必会挫伤矛盾纠纷化解者以及矛盾纠纷主体的主观自信。通过问卷调查和访谈结果显示，被调查访谈对象对乡村矛盾纠纷有效化解问题间接影响法治乡村

建设主体主观自信的平均认同率达 87.5%（详见表 4-1-7）。

　　2. 乡村矛盾纠纷有效化解间接影响对法治乡村建设模式的理性确信。法治乡村建设的基本模式是以自治为核心的依法自治、以德自治、自治和法治与德治三治相结合的多元共治模式。通过自治激发建设者活力，法治保障建设者权益，德治弘扬建设的正气。乡村矛盾纠纷的有效化解既可以依靠自治机制协商解决，也可以依靠德治机制调解化解，还可以依靠法治机制依法裁决。因此，乡村矛盾纠纷有效化解问题必然会间接影响到法治乡村建设模式的理性确信。之所以这样认为，支撑观点理由包括两方面：一方面法治乡村建设模式功能包括多方面，其中最主要的功能不外乎两方面。一是通过"三治融合"机制化解乡村矛盾纠纷；二是通过多元共治机制，形成乡村治理格局与乡村治理体系。乡村矛盾纠纷不能够有效化解或有效化解率较低，势必影响建设主体对法治乡村建设模式的理性确信；另一方面乡村矛盾纠纷有效化解客观上是依靠矛盾纠纷化解机制，主观上依靠矛盾纠纷化解主体，最根本是依靠矛盾纠纷化解主体主观能动性的发挥。乡村矛盾纠纷如果持续不能够有效化解或有效化解率太低，势必会挫伤矛盾纠纷化解者以及矛盾纠纷主体的主观自信，从而影响对建设模式的理性确信。通过问卷调查和访谈结果显示，被调查访谈对象对乡村矛盾纠纷有效化解问题间接影响法治乡村建设模式的理性确信的平均认同率达 83.2%（详见表 4-1-7）。

二、乡村矛盾纠纷有效化解难点问题分析

　　乡村矛盾纠纷有效化解问题不同于其它难点问题的最主要区别是，乡村矛盾纠纷有效化解问题属于法治乡村建设的本体论问题。它从其与建设核心目标实现、建设重点内容完成、建设最终效果的直接相关性揭示了法治乡村建设的内涵和内容，又从其与法治乡村建设主体的主观自信、建设模式的理性确信的间接相关性揭示了法治乡村建设的要素及其关系。但还

没有解决了其为什么是法治乡村建设的难点问题？难在何处尚且需要进一步分析论证。下面将从认识和实践两方面展开论述。

（一）乡村矛盾纠纷有效化解问题作为法治乡村建设的难点问题的认识困境

乡村矛盾纠纷有效化解问题作为法治乡村建设的难点问题提出，一方面是基于课题组长期深入基层调查研究所获得的经验结论；另一方面是基于课题组深入系统的理论研究所获的理性认识。通过两年的调查研究发现，乡村矛盾纠纷有效化解问题的认识困境主要表现在三方面：

1. 乡村矛盾纠纷有效化解目的和意义的认识模糊。通过前文分析可以发现，从抽象意义讲，绝大多数被调查者比较认同乡村矛盾纠纷有效化解问题确实属于法治乡村建设的难点问题。但对于乡村矛盾纠纷有效化解与法治乡村建设目标、建设内容、建设效果、建设主体自信、建设模式确信的直接和间接相关性，以及为什么必须有效化解矛盾纠纷？意义何在？其并不清楚。

以乡村土地纠纷为例。近两年我们调查 43 个乡镇，267 个乡村共发生农村土地纠纷 811 件，占总纠纷（3024 件）的 26.8%，其中有效化解的 204 件，有效化解率 25.2%，未能够有效化解的 607 件，占 74.8%。在 204 件有效化解案件中，其中通过双方和解化解的 23 件，占 11.3%，通过乡镇行政调解的 19 件，占 9.3%，通过人民调解员调解的 41 件，20.1%，通过区县土地仲裁机构化解的 13 件，占 6.4%，通过乡贤劝说化解的 6 件，占 2.9%，通过家族德高望重者劝解的 4 件，占 2%，通过法院调解的 43 件，占 21.1%，通过法院判决解决的 45 件，占 22.1%（详见表 4-2-1）。

针对 3024 件乡村纠纷，我们对发生的 811 件纠纷中的土地纠纷有效化解的 204 件的"自愿性、合法性、有效性"认识以及"满意度"进行跟踪调查，调查结果显示：乡村土地纠纷化解双方完全自愿 57.7%，实体与程序全部合法的 95.6%，双方均没有上诉、申诉、上访的 100%；双方均表示满意 46.1%，双方均表示基本满意的 27.9%，双方表示满意度一般的 20.7%，不满意的 5.7%（详见表 4-2-1）。

表 4-2-1：乡村土地纠纷矛盾化解方式统计表

化解方式	有效化解数量	有效比率	被调查对象对纠纷有效化解认识与满意度评价结果统计						
			自愿	合法	有效	满意	基本满意	一般	不满意
1. 双方协商	23 件	11.3%	73.9%	100%	100%	47.8%	26.1%	17.4%	0%
2. 乡镇调解	19 件	9.3%	68.4%	89.5%	100%	42.1%	31.6%	10.5%	10.5%
3. 人民调解	41 件	20.1%	70.7%	100%	100%	51.2%	22%	19.5%	7.3%
4. 仲裁解决	13 件	6.4%	23.1%	100%	100%	38.5%	30.8%	15.4%	15.4%
5. 乡贤劝解	6 件	2.9%	66.7%	100%	100%	50%	33.3%	16.7%	0%
6. 族老劝解	4 件	2%	50%	75%	100%	50%	25%	25%	0%
7. 法院调解	43 件	21.1%	90.7%	100%	100%	60.5%	20.9%	14%	4.9%
8. 法院判决	45 件	22.1%	17.8%	100%	100%	28.9%	35.6%	46.7%	6.7%
9. 其它方式	10 件	4.9%	37.1%	96%	100%	54%	31%	11.2%	4.8%
合计	204 件	25.2%	57.7%	95.6%	100%	46.1%	27.9%	20.7%	5.7%

而在针对土地纠纷化解"自愿性、合法性、有效性"认识以及"满意度"判断依据或理由课题进行专题访谈，访谈结果统计显示：（1）对于"自愿性"判断依据或理由，79.3% 的被访谈者认为是矛盾纠纷当事人是否愿意接受调解或解决纠纷的方案，而非矛盾纠纷的当事人是否愿意参加调解、和解、劝解活动或者当事人参加和解、调解、劝解没有被强制；（2）对于"合法性"判断依据或理由，88.2% 的被访谈者认为是矛盾纠纷化解的"矛盾纠纷化解方案是否可接受"，而非矛盾纠纷化解程序手段或实质方案是否具有合法根据；（3）对于"有效性"判断依据或理由，90.3% 的被访谈者认为是"案结事了"，而非矛盾纠纷能够真正解决，即权利切实得到保障、义务切实得到履行、权力依法行使、责任依法承担；（4）对于矛盾纠纷

满意度判断依据或理由，50.6% 被访谈者认为是"矛盾纠纷的化解方案合情合理"，35.5% 的被访谈者认为是"矛盾纠纷的化解方案高效便捷"而非矛盾纠纷的化解方案是否"合法公平"（详见表 4-2-2）。

表 4-2-2：关于乡村矛盾纠纷有效化解的判断依据或理由
访谈结果统计表

访谈问题：你认为乡村矛盾纠纷有效解决的"自愿、合法、有效、满意"的判断依据或者理由应当是？		访谈结果统计 391 人
自愿性	A. 当事人是否愿意接受矛盾纠纷化解方案	310 人 /79.3%
	B. 当事人是否真正愿意参加和解、调解、劝解程序或活动	35 人 /9%
	C. 当事人参加和解、调解、劝解没有被强制	34 人 /8.7%
	D. 不清楚	12 人 /3.1%
合法性	A. 当事人对矛盾纠纷化解方案是否可接受	345 人 /88.2%
	B. 矛盾纠纷化解程序手段是否符合相关的法律规定	14 人 /3.6%
	C. 矛盾纠纷化解的结果方案是否符合相关的法律规定	18 人 /4.6%
	D. 不清楚	14 人 /3.6%
有效性	A. 矛盾纠纷能够"案结事了"	353 人 /90.3%
	B. 化解结果方案能实现公民"权利切实得到保障、义务切实得到履行"	18 人 /4.6%
	C. 化解结果方案能实现权力机构人员"权力依法行使、责任依法承担"	6 人 /1.5%
	D. 不清楚	14 人 /3.6%
满意度	A. 矛盾纠纷化解方案"合情合理"	198 人 /50.6%
	B. 矛盾纠纷化解方案"合法公平"	41 人 /10.5%
	C. 矛盾纠纷化解方案"高效便捷"	139 人 /35.5%
	D. 不清楚	13 人 /3.3%

而在针对乡村矛盾纠纷化解的意义是什么？访谈结果统计显示：（1）60.1% 被访谈者认为，乡村矛盾纠纷有效化解有利于妥善处理邻里关系；（2）55.8% 的被访谈者认为，乡村矛盾纠纷有效化解有利于节约纠纷解决成本；（3）45% 的被访谈者认为，乡村矛盾纠纷有效化解有利于当事

人权益保护；（4）31.7% 被访谈者认为，乡村矛盾纠纷有效化解有利于维护社会和谐稳定；（5）27.4% 被访谈者认为，乡村矛盾纠纷有效化解有利于降低乡村矛盾纠纷的发生率；（6）39.9% 的被访谈者不清楚（详见表4-2-3）。

表 4-2-3：关于乡村矛盾纠纷有效化解的意义访谈结果统计表

访谈问题：你认为乡村矛盾纠纷有效化解的意义何在？（多选）	访谈结果统计 391 人
A．乡村矛盾纠纷有效化解有利于妥善处理邻里关系	235 人 /60.1%
B．乡村矛盾纠纷有效化解有利于节约矛盾纠纷解决成本	218 人 /55.8%
C．乡村矛盾纠纷有效化解有利于维护社会和谐稳定	124 人 /31.7%
D．乡村矛盾纠纷有效化解有利于当事人权益保护	176 人 /45%
E．乡村矛盾纠纷有效化解有利于降低乡村矛盾纠纷的发生率	107 人 /27.4%
F．不清楚	156 人 /39.9%

由此可见，对于乡村矛盾纠纷有效化解的目的和意义的认识争议较大，认同率最高的是乡村矛盾纠纷有效化解有利于妥善处理邻里关系，达60.1%，认同率最低的是乡村矛盾纠纷有效化解有利于降低乡村矛盾纠纷的发生率，仅占27.4%，还有近40%的访谈对象不清楚其目的和意义；而且乡村矛盾纠纷有效化解有利于维护社会和谐稳定观点认同率只有31.7%。

这足以说明两点：一方面乡村治理的理念与思维并未基本实现从传统社会到现代社会、从人治社会到法治社会的真正转变；另一方面法治乡村建设的宏观目标与微观目标也并未实现有效对接。

2. 乡村矛盾纠纷有效化解的方式和方法认识偏差。通过前期的调研发现，不仅被调查访谈对象对乡村矛盾纠纷有效化解的目的和意义认识模糊，而且对乡村矛盾纠纷有效化解的方式和方法也存在认识偏差。在课题组针对乡村矛盾纠纷有效化解的方法和方式问卷调查与访谈中，调查结果显示：（1）被调查对象最认同的乡村矛盾纠纷化解方式分别是人民调解、和解、乡镇调解，认同率分别为60.1%、56%、53.8%；（2）最不认同的是仲裁方式，认同率为 26.1%；（3）被调查对象对法院调解和法院判决的认同率也较低，分别为 36.7% 和 36.1%；（4）被调查对象对族老劝解和乡贤劝解的认同率也较低，分别为 33.4% 和 34.2%。（详见表 4-2-4）。

表 4-2-4：关于乡村矛盾纠纷有效化解的方式方法
选择调查与访谈结果统计表

乡村矛盾纠纷解决的最有效方式是什么？		选择职业分布情况 1894 人				问卷结果统计 1503 人	访谈结果统计 391 人	平均值
		基层干部 379 人	乡村群众 947 人	处理人员 190 人	社会公众 378 人			
解决方式	A. 和解	130 人	568 人	123 人	239 人	829 人 /55.2%	231 人 /59.1%	56%
	B. 族老劝解	224 人	157 人	109 人	145 人	492 人 /32.7%	140 人 /35.8%	33.4%
	C. 乡镇调解	121 人	569 人	132 人	167 人	822 人 /54.7%	194 人 /49.6%	53.6%
	D. 人民调解	141 人	596 人	127 人	275 人	905 人 /60.2%	234 人 /59.8%	60.1%
	E. 乡贤劝解	235 人	164 人	119 人	129 人	474 人 /31.5%	173 人 /44.2%	34.2%
	F. 法院调解	187 人	275 人	118 人	117 人	581 人 /38.7%	115 人 /29.4%	36.7%
	G. 法院判决	109 人	349 人	98 人	128 人	544 人 /36.2%	140 人 /35.8%	36.1%
	H. 仲裁	97 人	196 人	87 人	114 人	350 人 /23.3%	144 人 /36.8%	26.1%
	I. 其它方式	63 人	101 人	45 人	123 人	251 人 /17%	70 人 /17.9%	16.9%
	J. 不清楚	9 人	91 人	6 人	48 人	127 人 /8.4%	27 人 /6.9%	8.1%

针对上述现象课题组通过访谈对被调查对象关于乡村矛盾纠纷化解方式选择的依据或理由进行了进一步深度访谈，访谈结果显示：（1）被调查者认同率最高的是"乡村矛盾纠纷化解方式选择主要看哪种方式简便效果好"，认同率为 54.2%；（2）被调查对象认同率最低的是"乡村矛盾纠纷化解方式的选择主要看哪种方式更容易接受"，认同率为 31.5%；（3）45.8% 的被调查者表示不清楚；（4）被调查者对于"哪种方式成本低效果

好"和"哪种方式解决问题更公平"的认同率分别为49.4%和45%（详见表4-2-5）。

表4-2-5：关于乡村矛盾纠纷有效化解方式选择理由访谈结果统计表

访谈问题：你认为乡村矛盾纠纷化解方式选择最主要理由？（多选）	访谈结果统计 391人
A．乡村矛盾纠纷化解方式选择主要看哪种方式简便效果好	212人/54.2%
B．乡村矛盾纠纷化解方式的选择主要看那种方式成本低效果好	193人/49.4%
C．乡村矛盾纠纷化解方式的选择主要看哪种方式解决问题更公平	176人/45%
D．乡村矛盾纠纷化解方式的选择主要看哪种方式更容易接受	123人/31.5%
E．乡村矛盾纠纷化解方式的选择主要看哪种方式不会把关系恶化	174人/44.5%
F．不清楚	179人/45.8%

由此可见，在乡村矛盾纠纷解决方式的选择理由方面存在较大分歧，总体来讲化解矛盾纠纷方式选择判断标准较为简单：一是功利色彩比较重，解决矛盾程序简便效果明显即可；二是职业认同标准存在明显差异；如乡村群众、社会公众对和解、乡镇调解、人民调解认同率都在60%以上，而基层乡镇干部对此三种方式认同率都不高，在30%—37%之间；相反，对于选择乡贤劝解和族长劝解方式，基层乡镇干部认同率较高，分别在62%和59%，而乡村群众和社会公众认同率却在40%以下。导致职业认同差异的主要原因是乡镇基层干部希望矛盾纠纷解决不出村、就地化解；而乡村群众与社会公众希望矛盾纠纷通过基层组织领导出面化解简便效果好。

由此足以证明两点：一方面乡村矛盾纠纷有效化解机制尚未真正形成，而且现有的和解、调解机制运行效果一般，干部和群众对如何有效化解矛盾纠纷没有形成共识；另一方面乡村矛盾纠纷解决方式选择方面仍存在严重功利倾向和选择偏好，在乡村矛盾纠纷有效化解方面没有实现矛盾纠纷预防与化解相结合，多元纠纷解决机制衔接不流畅。

3. 乡村矛盾纠纷有效化解的判断标准认识错误。通过前期调研还发现，在乡村矛盾纠纷有效化解问题方面，既存在对乡村矛盾纠纷有效化解的目的和意义认识模糊问题，也存在乡村矛盾纠纷有效化解的方式和方法存在认识偏差。同时存在乡村矛盾纠纷有效化解的判断标准认识错误。如在"有效性"标准上90.3%的被调查对象认同，矛盾纠纷能够"案结事了"就是有效化解。至于矛盾纠纷化解后当事人权益是否切实得到保障，当事人的义务是否确实履行，公权力机构人员的权力是否依法行使，责任是否依法承担几乎不太关注。这会严重影响乡村治理体系和治理能力现代化的法治乡村建设目标的实现。因为，一方面法治社会就是要"建设信仰法治、公平正义、保障权利、守法诚信、充满活力、和谐有序的社会主义法治社会，以增强人民群众获得感、幸福感、安全感"。如果简单把乡村矛盾纠纷有效化解标准定位为"案结事了"，显然是无法达成此建设目标。另一方面乡村矛盾纠纷有效化解蕴含着乡村治理法治化的价值取向，通过法治乡村建设达成"弘扬社会主义法治精神，建设社会主义法治文化，增强全社会厉行法治的积极性和主动性，推动全社会尊法学法守法用法，健全社会公平正义法治保障制度，保障人民权利，提高社会治理法治化水平"建设目标。显然这不是"案结事了"所能够涵盖的。

（二）乡村矛盾纠纷有效化解问题作为法治乡村建设的难点问题的实践困境

乡村矛盾纠纷有效化解问题之所以作为法治乡村建设的难点问题，除了存在对矛盾纠纷有效化解意义认识模糊、矛盾纠纷化解方式选择认识偏差、矛盾纠纷解决有效性的判断标准错误等方面认识困境，还存在实践困境，具体表现在两方面：

1. 乡村矛盾纠纷有效化解的多元化机制没有形成和难以形成

所谓乡村矛盾纠纷有效化解多元化机制没有形成是指从经验事实而言，目前我国基层乡镇，特别是欠发达地区乡镇矛盾纠纷有效化解的多元化机制基本没有形成，并存在三方面问题：一是乡村矛盾纠纷解决机制单一。二是乡村矛盾纠纷解决机制不衔接、不流畅。三是乡村矛盾纠纷解决的有效率较低。

（1）乡村矛盾纠纷解决常见的八种解决机制的运用不平衡。我们还以乡村发生率最高的土地纠纷为例，虽然八种机制都发挥作用，但人民调解、法院调解、法院判决这三种常见的纠纷解决机制有效运用率仅仅在20%左右，协商机制与乡镇调解机制有效运用率仅仅在10%左右，仲裁机制有效运用率在6%，乡贤劝解机制与族长劝解机制有效运用率不足3%（详见表4-2-1）。所以，实践中乡村矛盾纠纷有效化解机制单一不仅客观存在，而且比较严重。

（2）乡村矛盾纠纷解决的多元化机制衔接不流畅。具体表现有两方面：首先，仲裁、司法判决刚性机制与协商、调解、劝解柔性机制没有形成对接。如在811件土地纠纷案件中，有效化解204件，有效化解率25.2%，还有607件74.8%的纠纷没有解决。没有解决原因主要有三个：一是和解、调解不成案件，仲裁机构和法院久拖不作出裁判（A），如某县2个土地承包纠纷案件，从2008年村里调解到二审法院判决分别拖了7年和8年；二是达成调解协议并经过司法确认的案件，由于一方当事人反悔，法院一直不能强制执行（B），如最后结果是当事人对司法权威产生质疑，影响司法公信力；三是柔性机制运用不灵，但不尽快提交司法导致衔接不流畅（C）。其中有19个土地纠纷，和解、劝解不成后进入乡镇调解，乡镇久调不成，也没有将矛盾纠纷提交司法解决。

其次，由于当事人对矛盾纠纷解决机制的偏好，放弃主动尝试通过其它纠纷解决机制（D）。其中有43个土地纠纷案件，当事人执意通过人民调解解决，调解不成后，调解员提议通过司法机制解决，但当事人考虑司法成本高和周期长拒不提交司法解决，一直拖了3—7年；另外，还有23个土地纠纷案件，村委领导出于某种考虑，久调不成案子不愿上交乡镇和法院，当事人也考虑交通问题不愿采取其它途径解决。

（3）乡村矛盾纠纷解决的有效率较低。前文已经分析，乡村矛盾纠纷有效化解率较低，总的有效率 25.2%，无效率高达 74.8%；其中土地纠纷有效率 25.2%，农民工纠纷有效率 21.3%，婚姻纠纷有效率 28%，继承纠纷有效率 31.6%，赡养纠纷有效率 31%，抚养纠纷有效率 31.8%，邻里纠纷有效率 24.2%，交通侵权纠纷有效率 22.9%，社会保险纠纷有效率 30.5%，其它特殊类型纠纷有效率 27.7%（详见表 4-2-6）。当然，在此需要说明，课题组统计乡村纠纷有效率基本标准包括三个：一是进入仲裁、司法机制的纠纷解决主要考虑结案期限、裁判内容实际执行情况。如有一个交通侵权纠纷，法院判决生效 10 年，受害人赔偿费执行不足三分之一。二是运用和解、调解、劝解等机制的纠纷解决主要考虑调解协议的实际执行情况。如有 2 个离婚协议分别生效 6、7 年子女抚养费拿不到。三是涉及多种机制解决纠纷的主要考量其机制衔接流畅性、有效对接程度和权益实际保障情况。

表 4-2-6：被调查乡镇矛盾纠纷发生率与有效化解率及未化解原因统计

矛盾纠纷类型	发生率 （3024 件）	有效化解率	未有效化解比	未有效化解原因
1. 农村土地纠纷	811 件 /26.8%	204 件 /25.2%	607 件 /74.8%	A、B、C、D.
2. 农民工纠纷	714 件 /23.6%	152 件 /21.3%	562 件 /78.4%	A、B、C、D.
3. 婚姻纠纷	324 件 /10.7%	91 件 /28%	233 件 /72%	B、C、D.
4. 继承纠纷	98 件 /3.2%	31 件 /31.6%	67 件 /68.4%	B、C、D.
5. 赡养纠纷	97 件 /3.2%	30 件 /31%	67 件 /69%	B、C、D.
6. 抚养纠纷	85 件 /2.8%	27 件 /31.8%	58 件 /68.2%	B、C、D.
7. 邻里纠纷	607 件 /20%	147 件 /24.2%	460 件 /76%	A、C、B、D.
8. 交通侵权纠纷	109 件 /3.6%	25 件 /22.9%	84 件 /77.1%	A、B.
9. 医患纠纷	73 件 /2.4%	24 件 /32.9%	49 件 /67.1%	A、C.
10. 社会保险纠纷	59 件 /2%	18 件 /30.5%	41 件 /69.5%	A、C.
11. 其它类型	47 件 /1.6%	13 件 /27.7%	34 件 /72.3%	B、A、C、D.
合计：	3024 件	762 件 /25.2%	2262 件 /74.8%	上面标号参见上文

所谓乡村矛盾纠纷有效化解机制"难以形成"是指从价值判断与经验事实相结合的角度分析，目前我国基层乡镇、特别是欠发达地区乡镇矛盾纠纷有效化解的多元化机制在短时间内不可能形成或真正形成。具体表现在两方面：一是仲裁机制和乡贤劝解机制在欠发达地区短时期内很难真正形成；二是信访化解机制与其它化解机制在短时期内难以形成有效对接。

（1）仲裁机制和乡贤劝解机制在欠发达地区短时期内很难真正形成。乡贤劝解机制既是一种基层社会传统治理机制，也是目前发达地区比较盛行的一种乡村治理机制[①]。通过设立乡贤组织形成乡贤治理机制，主要发挥四方面功能作用：一是参与乡村决策制定，用新理念、新思想支持引领乡村建设功能；二是带领乡村群众投身乡村生产建设发展，用新财富支持引领乡村经济振兴功能；三是外来的生产经营管理人才，关心支持乡村改革建设，带动经济发展、维护乡村秩序、表达村民诉求、弘扬优秀文化；发挥重塑乡村文化、培育乡风文明功能；四是主持或推导乡村矛盾纠纷调解工作，通过劝解、说服、示范促使乡村矛盾纠纷协商解决功能。但是，通过前期课题组对欠发达地区乡村矛盾纠纷调研，在3024件乡村纠纷中只有17件通过乡贤劝解解决，其中6件土地纠纷，4件邻里纠纷、7件农民工纠纷；而且这种机制主要集中在乡村经济较发达地区的两个乡镇。无论是该机制发挥作用的范围，还是该机制发挥作用程度都极其有限。

[①] 所谓乡贤治理机制在中国传统社会治理中发挥重要作用。目前浙江桐乡等建立"一约两会三团，即村规民约、乡贤参事会、百姓议事会、道德评判团、法律服务团、百事服务团"不断优化乡村治理的机制；同时在发达地区乡村治理体系构件中创建一种新型"德治"载体，创立新乡贤文化，树立先进个人典型。这种新型乡贤包括三类：一是本土乡贤（包括在场和不在场两类）；二是外来乡贤。通过设立乡贤组织传播和弘扬传统文化，优化乡村治理的人才结构。参见姜晓萍："乡村治理的新思维"，载《治理研究》2018年第6期第11页；马永定："新乡贤及乡贤组织参与现代乡村治理的实践与思考—以绍兴市为例"载《公安学刊（浙江警察学院学报）》2016年第4期第9—13页；王琴芳："新乡贤参与乡村治理研究"，南京大学2018年硕士论文。

唯有一个国家级贫困乡镇中一位乡贤捐资修建乡村公路、兴办乡村企业，带领乡村群众脱贫致富取得显著成绩。仲裁纠纷解决机制是现代国家多元纠纷解决机制中一种重要的机制。在区县土地、劳动、合同纠纷仲裁机制被广泛运用。但在欠发达地区调研发现，乡村干部群众对此纠纷解决机制存在认识偏见，运用仲裁机制解决纠纷功能发挥极其有限。在课题组调查 3024 件乡村纠纷中有效化解的 762 件纠纷中，仲裁机制的有效化解率在常见八种机制中仅次于族长劝解和乡贤劝解机制，有效率为 6.4%；而且主要集中在乡村土地纠纷和农民工劳动纠纷两类。由此，笔者认为，仲裁机制和乡贤劝解机制在欠发达地区短时期内很难真正形成。理由包括两方面：一是这两种机制在欠发达地区缺乏存在和发展的有利环境；二是欠发达地区干部群众对这两种机制仍存在认识偏见，主观上抵制情绪严重。在一次调研访谈中，当课题组问到该地区有无乡贤参与乡村振兴或乡村治理时，被访谈干部群众一致表示，乡贤都生活居住在发达地区大城市，贫困地区依靠他们参加乡村治理没有吸引力和利益驱动。课题组又问为什么不积极招商引资？干部回答做了效果不好。事后经过深入了解才得知，上世纪 90 年代该地区曾经引进一位乡贤进行科技扶贫，但由于乡贤兴办乡镇企业贷款数额较大扩建速度快，合作伙伴因投资利润没有按照协议收回中间撤资，农民工工资长期拖欠，加上乡贤高新技术投资也不被后来投资者认可，发生知识产权纠纷，经过 12 年诉讼彻底破产。虽然这是一个极其特殊的个例，但足以说明，乡村经济振兴与乡村治理的现代化和法治化，既需要建设的体制和机制，也需要建设主体自觉与治理理性，还需要实际的建设成效增加民众的获得感。

（2）信访化解机制与其它化解机制在短时期内也难以形成有效对接。在前文的乡村矛盾纠纷有效化解问题分析中，没有涉及到信访化解机制。其实在我国目前信访机制在乡村治理中发挥着重要作用。但是，前期调研为何没有分析论证，原因之一就是：党的十八大以后，党中央提出信访逐步走法治化之路。信访如何真正法治化学术界和实务界虽有许多人关注和研究此问题，但成型的有价值的经验并不多。笔者也主持参与过多个此方面课题，也没有取得实质进展。故此次调研仍感信访法治化之路任重道远。

一方面现阶段信访机制对乡村矛盾纠纷有效化解至关重要，尤其在欠发达地区的基层乡镇，在法治思维没有成为主流思维方式或传统非法治化的"民本"思维方式起主导作用背景下，许多乡村纠纷化解离不开信访机制。另一方面信访机制与其它机制有效对接比较艰难，短时期内难以真正衔接。在没有有效化解案件中信访机制所占比例较高。在调查中3024件纠纷中，未有效化解的2262件，信访未有效化解的379件，占整个未有效化解的17.1%。其中占土地纠纷未有效化解率的20.9%，农民工纠纷未有效化解率的23.3%，邻里纠纷未有效化解率的18%，交通侵权纠纷未有效化解率的15.5%，医患纠纷未有效化解率的12.2%，社会保险纠纷未有效化解率的7.3%，其它类型纠纷未有效化解率的47.1%（详见表4-2-7）。

同时，还需要说明信访机制未有效化解的案件全部属于疑难案件。这类案件一般具有五个明显特点：一是其它矛盾纠纷处理机制穷尽后的案件，包括司法判决机制已经适用后案件仍未有效化解的。这类纠纷126件，占全部纠纷的33.2%。二是当事人通过其它纠纷解决机制没有满足其诉求的。这类纠纷91件，占全部纠纷的24%。三是通过其它纠纷解决机制，特别是通过司法机制不能立案或缺乏立案的法律政策依据的。这类纠纷142件，占全部纠纷的37.5%。四是通过其它纠纷解决机制已经达成协议或形成司法判决，但没有实际执行或完全执行的案件。这类纠纷20件，占全部纠纷的5.3%。五是这些纠纷均不能与其它纠纷解决机制形成有效对接，难以依法处理的案件。如：有3位乡镇兽医站员工，1992年按照当时的政策，县畜牧局与其办理买断工龄下岗手续。2009年以后3名员工以畜牧局未给他们缴纳保险费要求重新处理此问题。另外，还有17名百货公司职工，1996年商场破产办理提前退休手续。商场被开发商开发建设住宅小区。依据当时政策开发商与县里签订开发协议，也给所有提前退休员工补偿。2011年其中17名职工以商场未替他们缴纳养老保险为由申请信访解决。还有47名民营煤矿职工，因企业拖欠工资要求信访部门解决，信访部门与企业协商解决，由于企业经营亏损只补发了三月的工资，其它工资一直补不了，信访部门也没有办法三年未解决。这些案件基本通过其它纠纷处理程序或其它处理机制无法有效解决。

表4-2-7：被调查乡镇矛盾纠纷信访机制未能够有效化解率统计表

矛盾纠纷类型	发生率（3024）	有效化解率	未有效化解比	信访机制未化解率
1. 农村土地纠纷	811件/26.8%	204件/25.2%	607件/74.8%	127件/20.9%
2. 农民工纠纷	714件/23.6%	152件/21.3%	562件/78.4%	131件/23.3%
3. 婚姻纠纷	324件/10.7%	91件/28%	267件/72%	0/0%
4. 继承纠纷	98件/3.2%	31件/31.6%	67件/68.4%	0/0%
5. 赡养纠纷	97件/3.2%	30件/31%	67件/69%	0/%
6. 抚养纠纷	85件/2.8%	27件/31.8%	58件/68.2%	0/%
7. 邻里纠纷	607件/20%	147件/24.2%	460件/76%	83件/18%
8. 交通侵权纠纷	109件/3.6%	25件/22.9%	84件/77.1%	13件/15.5%
9. 医患纠纷	73件/2.4%	24件/32.9%	49件/67.1%	6件/12.2%
10. 社保纠纷	59件/2%	18件/30.5%	41件/69.5%	3件/7.3%
11. 其它类型	47件/1.6%	13件/27.7%	34件/72.3%	16件/47.1%
合计：	3024件	762件/25.2%	2262件/74.8%	2213件/379件/16.8%

针对信访机制未能够有效化解的纠纷问题，以及为何信访机制与其它纠纷解决机制不能有效对接问题。课题组进行深入调查研究发现，导致此类问题存在且难以解决的原因有三：一是信访机构及其工作人员与信访群众对纠纷性质及其诉求理由认识截然不同，难以形成共识。信访

群体认为是侵权之诉，而信访部门认为是劳动合同之诉；信访群体认为当时他们是被迫地签订不平等解除劳动合同；而信访部门认为解除劳动合同自愿合法不存在问题。二是基层乡村社会信访观念仍没有实现从传统观念向现代法治化观念转变，信访群体认为：人民政府有诉求必须解决，基层党政领导就是为群众服务，应当有求必应；即使没有法律依据党政领导也应合情合理予以解决。三是绝大多数信访案件其它纠纷解决机制无法与其形成对接。

2. 乡村矛盾纠纷有效化解的能力水平较低。所谓乡村矛盾纠纷有效化解的能力水平普遍较低主要是指调解、仲裁、审判等纠纷化解部门及其人员有效解决纠纷应具备的思想政治素质、文化业务素质、法律政策水平、纠纷处理思维能力、调处纠纷能力、沟通协调能力等比较低。具体表现在三方面：一是乡村纠纷处理部门人员未形成基本的法治思维和法治方式或者运用法治思维和法治方式处理矛盾纠纷能力水平缺乏。二是乡村矛盾纠纷处理多元化体系与机制尚未建立健全并有效对接。三是乡村纠纷处理部门人员调处纠纷能力、沟通协调能力、驾驭法律政策水平较低。

导致上述问题存在的主要原因有两个：一方面是乡村矛盾纠纷处理机构人员严重短缺。课题组调研八个欠发达区县万人的人均律师拥有数量，最低的山西武乡 3.5 万人一名律师，最多浙江开化市 0.77 万人一名律师（详见表 2-2-1）；人民调解员万人拥有量，最少的湖南茶陵县 8.1 万人拥有一名专职人民调解员，最多的山东五莲县 1 万人拥有一名专职调解员（详见表 2-2-1）；兼职律师万人拥有量，最多的山东五莲县 2.9 万人拥有一名兼职律师，最少的浙江开化市 2.8 万人拥有一名兼职律师（详见表 2-2-1）；乡镇司法工作人员万人拥有量，最少的浙江开化市 4.3 万人拥有一名司法助理员，最多的山西沁源县 0.5 万人拥有一名司法助理员（详见表 2-2-2）；援助律师万人拥有量，最少的浙江开化 25.5 万人拥有一名专职援助律师，最多的山西右玉县 1.9 万人拥有一名专职援助律师（详见表 1-2-2）。另一方面是乡村矛盾纠纷处理兼职人员综合素质普遍较低。山西武乡县一名专职人民调解员，是国家级、省级、市、县四级优秀调解员，他一个人一年办理调解案件数量与质量超过其他 324 名兼职调解员；山西沁源县一名专职的国家级金牌调解员，他一个人一年办理调解案件数量与质量也超过其他 260 名兼职调解员。另外我们调研八个欠发达区县，34 个乡镇司法所中 3 个是三人一个所，5 个是二人一个所，17 个是一人一个所，还有 5 个是两个所一个人，3 个是三个所一个人；但这 3 个三人所 90% 的任务是所长一个人完成。这足以说明调解员队伍整体素质能力状况。

三、乡村矛盾纠纷有效化解问题作为法治乡村建设难点问题表现

前文主要分析了乡村矛盾纠纷有效化解问题与法治乡村建设的相关性，以及为什么乡村矛盾纠纷有效化解问题是法治乡村建设的难点问题。下面重点围绕乡村矛盾纠纷有效化解问题作为法治乡村建设难点问题的表现，具体包括两方面。

（一）乡村矛盾纠纷有效化解的综合难度大

与前面法治乡村建设难点问题相比，乡村矛盾纠纷有效化解的综合难度大。这集中体现在两方面：一方面是问题有效解决的条件多且纵横交织；另一方面是问题有效解决的评价标准难以确定。

1. 乡村矛盾纠纷有效解决的条件多且纵横交织。乡村矛盾纠纷有效化解存在两方面难点。一是具备什么样条件能够有效解决？二是如何判断评价有效解决？前一个问题包括：矛盾纠纷当事人诉求是什么？诉求争议焦点在哪里？诉求形成的事实、认定事实的证据、法律政策、乡规民约、道德习惯基础是什么？当事人诉求达成有无可能？可能性多大？对于矛盾纠纷处理人员而言，还需要把握矛盾纠纷性质如何？通过哪种纠纷解决机

制最可能满足争议各方的诉求？矛盾纠纷前序经过哪些解决程序？当事人各自诉求是基于什么样的心理形成的？这种心理情绪如何应对？矛盾纠纷处理人员能否把控诉求各方心理情绪以及情感冲动？他们如何看待纠纷解决机制和人员？能否积极配合纠纷解决？前文提到那个乡贤的科技扶贫项目发生纠纷的过程和原因，本人作为法律学人在教书育人同时，也经常参与法律纠纷处理，处理过许多复杂疑难纠纷，也深知乡村矛盾纠纷有效化解难度。前期的调研中收集一些疑难案例。

某县法院处理一起交通侵权案。侵权人驾驶大货车将受害人夫妻连同未出世的六个月孕儿撞死，受害人父母均已年逾古稀的老人，一子一女。现儿子儿媳包括即将出世孙子全部殒命，只留下一个初中二年级孙女，受害人父母痛不欲生。交警队认定侵权人负全部责任，侵权人也表示接受对方赔偿诉求，但认为赔偿60万太多，没有达成民事赔偿调解协议。县检察院以交通肇事罪起诉至法院，被告人被法院判处1年六个月有期徒刑，双方达成谅解协议，被告人同意民事赔偿60万，并先行赔偿受害人10万元。刑满出狱后被告人主动找到法院说自己找到一份工作，月收入5000元，剩余50万赔偿费每个月还2000元，在法院主持下双方达成余款赔偿协议。没想到两个月后侵权人突然失踪而且与妻子办理了离婚手续，将其在县城的132平米商品房转移到妻子名下。受害人家人得知此事后每天到法院和县信访局信访。但法院在明知侵权人行为属于恶意非法行为，却碍于侵权人妻子一人带着三个未成年子女（长女8岁、儿子5岁、小女2岁），无法强制执行。三年多既无法找到侵权人，也无法对侵权人房子进行强制执行，只能任受害人家人信访甚至闹事。课题组与法院讨论交流时提议，可否在民法典生效后根据关于"居住权"的相关规定，将房子产权判归受害人，由侵权人的前妻子和子女长期居住权。最后也行不通，双方均不同意，而且侵权人的前妻子表示，如果这样她就带着孩子们住到法院。由此可见，乡村矛盾纠纷有效化解之所以成为法治乡村建设的难点问题，首先是由于乡村矛盾纠纷有效解决的条件多且纵横交织。

2. 乡村矛盾纠纷有效解决的评价标准难以确定。与前面法治乡村建设难点问题相比，乡村矛盾纠纷有效化解问题解决的综合难度大的另一个问题是，如何判断评价乡村矛盾纠纷的有效解决？依据什么样的标准进行判断？前文我们分析讨论过，在乡村矛盾纠纷有效化解的有效性方面，90.3% 的被调查对象认同，矛盾纠纷能够"案结事了"就是有效化解。我认为，一方面乡村矛盾纠纷有效化解的"有效性"判断并没有那么简单。即使是"案结事了"这个标准，是依据纠纷当事人认为的标准做到"案结事了"算"案结事了"？还是依据纠纷处理机构人员认为的标准做到"案结事了"才算"案结事了"？更何况矛盾纠纷当事人的判断标准和依据能否形成共识？存在认识差异怎么办？谁说了算？另一方面法律、政策、村规民约、道德习惯对于纠纷性质、纠纷中的各方诉求、纠纷各方依据的事实、证据等认定标准是否一致，不一致如何协调？所有这些岂是一个"案结事了"能够描述清楚！例如前文提到信访纠纷：县畜牧局认为按照当时政策，乡镇兽医站买断 3 名职工的工龄与其签订提前退职协议完全合法并无争议。但信访的 3 名职工说他们当时是被迫签订协议，是被当时领导误导和欺骗了；同时，为什么有的职工办理了提前退职手续，有的却没有办理？明显存在歧视或不公平！领导解释当时兽医站实行企业化管理，提倡优化组合，提前退职自主择业；他们完全是依据国家政策，在充分尊重当事人意愿的基础上签订的协议，不存在歧视、误导、欺骗行为！而相关证据只有协议和国家政策规定，双方争执不休。先后通过调解、仲裁、判决，当事人就是不服常年进行信访。由此，乡村矛盾纠纷有效化解之所以成为法治乡村建设的难点问题，还是由于对乡村矛盾纠纷解决有效性判断认定标准难以确定。

（二）乡村矛盾纠纷有效化解的复杂程度高

与前面法治乡村建设难点问题相比，乡村矛盾纠纷有效化解的复杂程度高。其主要表现在两方面：一方面是纠纷有效解决不确定因素多且难以准确判断；另一方面是乡村纠纷有效解决与问题反复重现并存彻底化解难。

1. 乡村矛盾纠纷有效解决的不确定因素多且难以准确判断。之所以提出乡村矛盾纠纷有效解决的不确定因素多且难以准确判断观点，主要支撑观点理由有三：一是乡村矛盾纠纷类型比较复杂。仅仅农村土地纠纷至少包括三类 12 种：首先，根据农村土地纠纷性质不同，可以分为土地承包经营纠纷、宅基地分配使用纠纷、土地征用补偿纠纷、住宅拆迁补偿纠纷、土地租赁经营纠纷等；其次，根据农村土地纠纷主体不同，可以分为因村干部与村民土地权益纠纷、村民相互之间土地纠纷、村民家庭成员内部土地纠纷、集体组织成员与非集体组织成员土地纠纷、因国家征地、拆迁、补偿纠纷；最后，根据土地纠纷引发原因不同，可以分为土地合同纠纷、土地侵权纠纷。二是乡村矛盾纠纷形成原因复杂。以农村邻里纠纷为例，引发邻里纠纷的原因至少包括下列因素：从主观上讲小农意识、爱面子、互相攀比、科学民主法治观念落后问题、重男轻女思维定势、不良生活习惯等；客观上讲农村经济落后问题、信息闭塞问题、交通便利问题、文化知识水平较低、语言表达粗俗问题、公共卫生问题等。这些主客观方面问题可能是引发邻里纠纷的原因。三是乡村矛盾纠纷解决依据复杂。乡村治理的自治、法治、德治相结合模式，可以展示乡村纠纷解决依据多元性。自治章程、村规民约、风俗习惯、道德准则、宗教规范、家族祖训、法律法规等。面对多元化纠纷解决依据，如何保持协调、避免冲突实属不易。在农村赡养纠纷中，有 13 件为有效化解案子。其中 5 件是因村民没有儿子女婿入赘或佄儿立祠发生纠纷，纠纷焦点各不相同。第一起纠纷是因为外孙姓氏问题，原来女婿入赘协议约定外孙随母姓，后因女婿提出两个孩子其中一个随父姓，岳父母不同意，由此女婿拒绝赡养老人发生纠纷。第二起是因为商品房产权证归属问题，购房款是岳父母出的，女儿女婿提出老人年龄较大，产权证以夫妻共有方式办到女儿女婿名下，岳父母担心外地女婿不可靠不同意，要求或者办在老人名下，或者单独办在女儿名下。后来房子产权归女儿单所独有，女婿在岳母生病住院后拒绝陪侍。第三起是因为入赘女婿经营收入分配问题引发的赡养纠纷。女婿入赘后，岳父母投资为女婿开办饭店，由女儿女婿共同经营。开始经营收入利润扣除成本后，岳父母与女儿女婿各分50%。后来，女婿用3年经营利润扩大经营范围，同时提议可否调整利润分配，岳父母不同意，提出要么女婿全部退还投资本金和利息，要么仍按原来比例分配。后岳父脑血栓生活不能自理，女婿陪护不周引发赡养纠纷。第四起是因为公证遗嘱引发纠纷。女婿系四川人入赘后，因吃饭口味问题与岳父母产生隔阂。岳父在70岁时通过公证遗嘱方式，将老人共同财产全部指定到女儿名下。从此，女婿与岳父母矛盾加深。岳母74岁患三高（高血压、高血脂、高血糖）症，晚上需要女儿女婿陪护，女婿提出他没有获得老人任何财产拒绝陪护，因此发生赡养纠纷。最后一起是村民李某夫妻没有儿子，只有一个女儿出嫁外省。李某夫妻古稀后与女儿商量将自己侄子立祠，并约定李某夫妻去世后全部财产归侄子，但侄子必须将其夫妻赡养到老。后在村委见证下李某夫妻与女儿、侄子一起签订遗赠赡养协议。李某夫妻八十岁后，侄子因为子女到县城上学不能每天陪护，侄子提出要不李某夫妻与其一起到县城居住，李某夫妻因年龄较大不愿住到楼房里而拒绝。为此发生赡养纠纷。李某夫妻要求侄子在村里陪护，侄子提出要么到县城一起居住，要么李某补偿13年赡养损失后解除协议。后此案经过村委调解、乡镇调解、人民调解未果。最后诉至法院至今未处理。通过上述5起赡养纠纷案例可知，乡村矛盾纠纷不仅成因复杂，而且处理依据也极其复杂。

2. 乡村矛盾纠纷有效解决与问题反复重现并存彻底化解难。之所以认为乡村矛盾纠纷有效解决与问题反复重现并存彻底化解难的观点，支撑理由主要包括两方面：一方面乡村矛盾纠纷频发问题相对于城市比较高。另一方面乡村矛盾纠纷反复重现机率也较高。在前期的调研中许多乡村纠纷证实此论点。以邻里纠纷为例。在课题组收集3024件乡村纠纷中，邻里纠纷607件，有效化解的147件，有效化解率20.1%，460件未有效化解，化解无效率达76%，属于化解无效率最高的乡村纠纷（详见表4-1-1）。

针对乡村矛盾纠纷的发生频率高问题，我们采用某一类纠纷5年发生总量与一年内同一个单位（村或社区）发生次数对比统计发现：邻里纠纷中的9大类32种小类，总的发生频率为20.1%。其中相邻宅基地纠纷发生频率为18.6%，相邻用水排水纠纷发生频率为10.7%，相邻管线设置纠纷发生频率为12.7%，相邻采光通风纠纷发生频率为15.2%，相邻人身关系纠纷发生频率为6.8%，相邻借贷租赁关系纠纷发生频率为4.1%，相邻借用关系纠纷发生频率16.6%，相邻互助关系纠纷发生频率为8.7%，其它纠纷发生频率4.9%（详见表4-2-8）。同时，每一类纠纷又包括不同子类型，其发生频率也不同。如相邻宅基地纠纷包括：相邻宅基地占有权纠纷、相邻宅基地使用权纠纷、相邻宅基地征收补偿纠纷、相邻宅基地继承纠纷四类。相对发生频率分别为34.5%、29.2%、21.2%、15%。相邻用水排水纠纷包括：相邻农业灌溉用水排水纠纷、相邻林业灌溉用水排水纠纷、相邻生活用水排水纠纷三类，其相对发生频率分别为38.5%、35.4%、10.8%；相邻管线设置纠纷包括：相邻地下管线设置纠纷、相邻地上管线设置纠纷两类，其相对发生频率分别为60.2%、39.7%；相邻采光通风纠纷包括：相邻生活住宅采光通风纠纷、相邻生产实施采光通风纠纷两类，其相对发生频率分别为67.4%、32.6%；相邻人身关系纠纷包括：相邻身体健康损害纠纷、相邻人格损害纠纷、相邻精神损害纠纷三类，其相对发生频率分别为43.9%、51.2%、4.9%；相邻借贷租赁关系纠纷包括：相邻借贷纠纷、相邻财产租赁纠纷两类，其相对发生频率分别为68%、32%；相邻借用关系纠纷包括：

相邻生产工具借用纠纷、相邻生活用品借用纠纷、相邻住宅借用纠纷、相邻交通工具借用纠纷、相邻食品借用纠纷五类，其相对发生频率分别为32.7%、22.8%、18.8%、20.8%、9.9%；相邻互助关系纠纷包括：相邻无因管理纠纷、相邻代理关系纠纷、相邻有偿代管纠纷、相邻劳务置换纠纷四类，其相对发生频率分别为41.3%、22.2%、20.6%、15.9%；相邻其它纠纷包括：相邻合作养殖纠纷、相邻合作种植纠纷两类，其相对发生频率分别为60%、40%（详见表4-2-9）。

表 4-2-8：乡村邻里纠纷化解率与发生率统计表

邻里纠纷基本类型	有效数量	有效比率	无效数量	无效率	邻里纠纷发生频率与重复率统计	
					类型发生频率	反复率周期
1. 相邻宅基地纠纷	17件	15%	96件	85%	4类/18.6%	5年
2. 相邻用水排水纠纷	21件	28%	54件	72.9%	2类/10.7%	5年
3. 相邻管线设置纠纷	17件	22.1%	60件	77.9%	2类/12.7%	5年
4. 相邻采光通风纠纷	14件	15.2%	78件	84.8%	2类/15.2%	5年
5. 相邻人身关系纠纷	4件	9.7%	37件	90.2%	3类/6.8%	5年
6. 相邻借贷租赁关系	6件	24%	19件	76%	2类/4.1%	5年
7. 相邻借用关系纠纷	37件	36.6%	64件	63.4%	5类/16.6%	5年
8. 相邻互助关系纠纷	27件	42.9%	36件	47.1%	4类/8.7%	5年
9. 相邻其它纠纷	4件	20%	16件	80%	3类/4.9%	5年
合计	147件	25.2%	460件	75.8%	28类/20.1%	

由此可见，乡村矛盾纠纷频发与乡村社会熟人社会特点有极大关系。一方面乡村熟人社会中吃饭同在大街上、干活在邻地上、婚丧嫁娶相互帮忙，农业产品播种、收割、晾晒互助进行，水果蔬菜种植、嫁接、收获协作开展；家畜家禽养殖放牧邻里相互照应，春耕、夏耘、秋收、冬藏劳务

置换，田地浇水施肥、住宅庭院的建造维修交替完成。这些乡村生活劳动特点铸就了乡村淳朴善良的民风。但由于亲密无间的相邻关系，甚至不分彼此互助互帮的习惯，一旦邻里信任心理扭曲，协作互助关系破裂，利害冲突选择摆不正位置，又往往会引发相邻纠纷频发，相邻矛盾升级、破裂相邻关系难以修复。

针对乡村矛盾纠纷反复率高的问题，课题组在分类统计基础上，以乡村纠纷发生后五年为周期，通过各类纠纷有效化解率与无效化解率对比，发现在同一个单位一年内（村或社区）各类纠纷发生频率以及反复频次。还以邻里纠纷为例。

相邻宅基地纠纷中的相邻宅基地占有权纠纷、相邻宅基地使用权纠纷、相邻宅基地征收补偿纠纷、相邻宅基地继承纠纷四类。反复率的频次是7、4、3、1；相邻用水排水纠纷中的相邻农业灌溉用水排水纠纷、相邻林业灌溉用水排水纠纷、相邻生活用水排水纠纷三类，反复频次为2、2、3；相邻管线设置纠纷中的相邻地下管线设置纠纷、相邻地上管线设置纠纷两类，反复频次为3、4；相邻采光通风纠纷中的相邻生活住宅采光通风纠纷、相邻生产实施采光通风纠纷两类，反复频次为2、2；相邻人身关系纠纷中的相邻身体健康损害纠纷、相邻人格损害纠纷、相邻精神损害纠纷三类，反复频次为4、1、1；相邻借贷租赁关系纠纷中的相邻借贷纠纷、相邻财产租赁纠纷两类，反复频次为2、2；相邻借用关系纠纷中的相邻生产工具借用纠纷、相邻生活用品借用纠纷、相邻住宅借用纠纷、相邻交通工具借用纠纷、相邻食品借用纠纷五类，反复频次为4、2、1、2、1；相邻互助关系纠纷中的相邻无因管理纠纷、相邻代理关系纠纷、相邻有偿代管纠纷、相邻劳务置换纠纷四类，反复频次为2、3、2、4；相邻其它纠纷中的相邻合作养殖纠纷、相邻合作种植纠纷两类，反复频次为3、4（详见表4-2-9）。

表 4-2-9：乡村邻里纠纷发生率与反复率统计表

纠纷类型	总量	发生频率与重复率统计						
		1	2	3	4	5	相对发生频率	反复率
相邻宅基地纠纷	113 件 4 类	39	33	24	17		34.5/29.2/21.2/15	7/4/3/1
相邻用水排水	65 件 3 类	25	23	7			38.5/35.4/10.8	2/2/3
相邻管线设置	78 件 2 类	47	31				60.2/39.7	3/4
相邻采光通风	92 件 2 类	62	30				67.4/32.6	2/2
相邻人身关系	41 件 3 类	18	21	2			43.9/51.2/4.9	4/1/1
相邻贷租关系	25 件 2 类	17	8				68/32	2/2
相邻借用关系	101 件 5 类	33	23	19	21	10	32.7/22.8/18.8/20.8/9.9	4/2/1/2/1
相邻互助关系	63 件 4 类	26	14	13	10		41.3/22.2/20.6/15.9	2/3/2/4
其它纠纷	20 件 3 类	12	8				60/40	
合计	607 件 28 类						20.1	

因此，乡村矛盾纠纷反复率高的问题既是乡村矛盾纠纷有效化解作为法治乡村建设难点问题的主要表现，也影响乡村矛盾纠纷的真正有效化解。

第七章　法治乡村建设中难点问题的化解

法治乡村建设面临乡村经济振兴、乡村文化资源优化、乡村公共法律服务体系完善、乡村社会矛盾纠纷有效化解等多方面的难点问题。

第一节　法治乡村建设应着力促进乡村经济振兴

乡村经济振兴主要属于物质文明建设范畴，而法治乡村建设主要属于精神文明建设范畴。由乡村经济振兴对法治乡村建设的重要基础保障和促进作用所决定，法治乡村建设必须着力促进乡村经济振兴；而由乡村经济振兴对法治乡村建设保障和促进作用的间接性、差异性、复杂性所决定，法治乡村建设必须科学合理、理性，稳妥处理两者关系。如何着力促进乡村经济振兴，如何妥善合理处理两者关系？下面主要从两方面展开。

一、乡村经济振兴与法治乡村建设的协同推进

基于乡村经济振兴与法治乡村建设的密切相关关系，以及乡村经济振兴对法治乡村建设保障和促进作用的间接性、差异性、复杂性的考量，乡村经济振兴作为法治乡村建设的难点问题的化解，应当采取两者协同推进方法和措施。具体包括两方面：

（一）完善乡村经济振兴与法治乡村建设的协同推进机制

1. 完善乡村经济振兴与法治乡村建设的协同组织机制。乡村经济振兴与法治乡村建设都是一项系统工程。能够创新其协同组织机制，不仅对各项工作具有重要的意义，而且对解决法治乡村建设的难题具有独特的功能作用。基层党组织既是实现乡村经济振兴的"主心骨"，也是法治乡村建设的领导核心；基层乡镇、村党组织书记的政治觉悟、责任担当、领导艺术等对乡村经济振兴与法治乡村建设工作成败具有直接的关系。因此，通过强化责任领导，落实乡镇、村社区党组织书记个人领导责任和基层党组织的集体领导责任，把乡村经济振兴与法治乡村建设的目标责任集中落实到具体工作各方面，形成协同推进的组织机制。

2. 完善乡村经济振兴与法治乡村建设的协同管理机制。乡村经济振兴与法治乡村建设工作千头万绪、错综复杂。在强化组织领导个体责任和集体领导责任的同时，还需要完善各项工作的协同管理机制。既避免各打一张旗、各吹一个调、各行其是，也避免重复劳动、资源浪费、相互扯皮。具体而言，一是加强乡村经济振兴规划与法治乡村建设规划管理，在各负其责、各定其位的同时，形成两者协同建设规划；二是强化乡村经济振兴与法治乡村建设工作协同推进机制，形成建设问题相互沟通、建设进度相互通报、建设效果整体评价。三是强化乡村经济振兴与法治乡村建设目标与任务协同落实机制，形成建设目标相互衔接、建设任务相互支持、建设需求相互反馈、建设供需相互对接的协同管理机制。

3. 完善乡村经济振兴与法治乡村建设的协同保障机制。乡村经济振兴与法治乡村建设既有其各自的重点建设目标、建设原则、建设任务、建设措施，也有共同的建设理念、建设方法、建设模式、建设保障措施。因此，为了提高乡村经济振兴与法治乡村建设整体效果、充分发挥相互促进和相互支撑作用，应建立和完善乡村经济振兴与法治乡村建设的协同保障机制。一是形成乡村经济振兴与法治乡村建设的协同组织保障机制,使得县区、乡镇、村社区各级组织围绕共同建设目标、建设任务、建设指标群策群力,党组织的政治引领、行政组织的服务管理、村委社区组织的主体责任形成合力协同组织保障机制;二是形成乡村经济振兴与法治乡村建设的协同人才保障机制,使得新型农业经营主体培育、乡村基层两委领导干部队伍优化、各类人才返乡创业平台建设等形成人才引进、人才激励、人才任用、人才考评等优惠政策协同保障机制;三是形成乡村经济振兴与法治乡村建设的协同财政保障机制,使得乡村经济振兴与法治乡村建设的专项经费、乡村公共设施建设经费、涉农资金及配套经费、社会帮扶经费等形成资金筹集、资金使用、资金管理等协同财政保障机制。

(二)形成乡村经济振兴与法治乡村建设的协同治理模式

1. 形成依法自治的乡村经济振兴与法治乡村建设的协同治理模式。乡村治理是一个随着经济社会发展,不断提升和不断完善的过程。党的十九大提出"加强农村基层基础工作,健全自治、法治、德治相结合的乡村治理体系"。但相对于具体的治理主体而言,乡村治理要素可以从单一要素、单一治理模式逐步向多元要素相结合的综合治理的高级模式转变。由于乡村经济发达程度不同,乡村民主法治状况不同,在乡村治理模式选择中也可以结合乡村经济建设与乡村民主法治建设的实际,采取乡村经济振兴与法治乡村建设的协同治理模式。"三治融合"是乡村治理的高级模式,并非所有乡村治理都能够实现最优治理,关键是随着乡村经济社会发展不断提升治理品质。因此,面对农村老龄化与农业现代化的矛盾,农村集体所有制的封闭性与农村社区建设的开放性矛盾,乡村经济振兴与社会治理滞后的矛盾,选择以自治为基础或本体,激发基层和群众的创造性,最大限度地激发基层和群众的自主性、积极性;同时,运用法治思维和法治方式妥善协调利益关系、权己关系,寓法治于自治之中,实现依法自治,形成乡村经济振兴与法治乡村建设协同治理模式。具体做到:(1)以乡村自治为基础，坚持农民的主体地位，充分尊重农民意愿。将乡村经济振兴中优化乡村发展布局、分类推进乡村发展、加快农业现代化建设、加快农业转型升级、建立现代农业经营体系等方面内容，与法治乡村建设中推进乡村依法治理等内容有效结合，提升乡村自治水平。（2）以法治为保障，合理处理基层利益关系、妥善处理乡村社会矛盾纠纷。将法治乡村建设中规范涉农行政执法、强化乡村司法保障、健全乡村矛盾纠纷化解和平安建设机制等内容，与乡村经济振兴中完善紧密型利益联结机制、集中治理农业环境突出问题、推进乡村法治建设等内容有效衔接，提升乡村法治水平。（3）准确聚焦阶段任务、科学把握节奏力度、梯次推进乡村振兴，在不断提高依法自治基础上有序实现乡村振兴和法治乡村建设。

2. 形成以德自治的乡村经济振兴与法治乡村建设的协同治理模式。自治不仅贯穿人类社会的全过程，也是任何社会形态不可或缺的理想型治理模式。基层群众自治作为中国特色社会主义的基本政治制度之一，既具有与其他社会一样的普遍优势（管理成本低效率高），也具有独特的优势（社会主义民主广泛性）。法治是以树立和维护法律的至上权威为基础，以保障社会主体的权利和自由为目的，以限制约束公权力为基本手段的一种社会基本治理模式[1]。法治的理想状态是在法律的至上权威下，权己界限明确、是非责任分明、有利于发挥个体自主性，权利与义务、自由与强制同在，以自律为激励、以他律为最终保障，法治的底线是可以不高尚、可以放弃自由，但却不得违法；法治的局限性主要表现在：以家庭为团体、亲情为主导的社会关系中，夫妻关系和父母子女关系等法律关系在强调一律平等的同时，也损害长期共同生活的亲情伦理关系与长幼有序的孝慈意识观念；在极度的法律关系中甚至会存在社会伦理关系颠覆与家庭共同体解体危险。在传统乡村社会中过度的法治所导致的危害更突出。但是，现代社会中法

---

[1]　参见赵肖筠、史凤林主编：法理学［M］．法律出版社，2012；315—316。

治的话语权的主导性日益凸显，对于广大农村社会、个体家庭、农户而言，他们不仅是利益的共同体，也是情感亲情的共同体。他们不仅需要遵守刚性的法律规则，更需要柔性的道德规则和村规民约；不仅需要自治和法治，更需要德治。德治是以共同体普遍认同的道德准则为治理依据，通过理性自律机制实现社会治理的模式。德治的理想状态是"人人为我、我为人人、老吾老、幼吾幼，天下大同"；德治更强调和注重责任担当，甚至不惜放弃权利，主张"人格高尚、行为善美、责任担当比思想自由、行为规范、权利至上更重要"；德治的底线是对善意违法、仁德违约的宽恕。德治的推行，既需要领袖贤德和社会精英者的示范引领，也需要"润物无声"的仁善教化弘扬，还需要"诸恶莫为"的善意警示劝导，"背信弃义"的社会舆论谴责氛围成就。如此，以自主、自治、自律为主旋律的"以德自治"乡村治理模式自然形成，以德自治的乡村经济振兴与法治乡村建设的协同治理模式也就形成。具体做到：（1）以乡村自治为基础，坚持农民的主体地位，充分尊重农民意愿。将乡村经济振兴中深入实施精准扶贫精准脱贫、重点攻克深度贫困、巩固脱贫攻坚成果，巩固和完善农村基本经营制度、壮大新型农业经营主体、发展新型农村集体经济等内容，与法治乡村建设中维护农民权益、规范市场运行、强化农业支持保护、加强农村生态环境治理、有效化解农村社会矛盾等内容有机衔接，提升乡村自治水平。（2）以德治为导向，营造具有浓厚道德氛围的社会风气、重建乡村重义、仁德、美性、善治的社会生态。将乡村经济振兴中践行社会主义核心价值观、巩固农村思想文化阵地、倡导诚信道德规范，保护利用乡村传统文化、重塑乡村文化生态、发展乡村特色文化产业等内容，与法治乡村建设中完善社会矛盾多元预防调处化解综合机制、通过典型示范，引领带动法治乡村建设等内容有机融合。提升乡村德治水平。（3）准确聚焦阶段任务、科学把握节奏力度、梯次推进乡村振兴，在不断提高以德自治基础上有序实现乡村振兴和法治乡村建设。

3.形成"三治融合"的乡村经济振兴与法治乡村建设的协同治理模式。发端于浙江桐乡的"三治融合"模式，从治理的理念看是以实现农民的美好生活为目标，通过党建引领、多主体协同、有效发挥自治、法治、德治的互动效应，切实解决农村基层生产、生活中的各种问题，完善公共服务，化解社会矛盾，促进社会公平，推动农村社会有序和谐发展的过程[①]。从治理的实践看它是既坚持以村民自治这一基本政治制度为本体，又注重其在实践层面的有效运行；既积极推进基层治理结构的开放化、弹性化，又注重实现治理方式的民主化、法治化；既全面推进基层治理的法治化、现代化，又注重挖掘和弘扬中国基层治理的优秀传统，在新时代的基层治理创新中具有独立的范式意蕴[②]。形成"三治融合"的乡村经济振兴与法治乡村建设的协同治理模式。其实质是以完善村民自治的制度体系为核心，遵循法治与德治的基本原则和方法，规范自治的运行，实现自治、法治与德治的深度融合。具体包括：（1）通过完善村民自治的制度体系，增强主体的自觉，培养村民尊重规则的意识和行为习惯，培育村民的道德尊严感和行为自律感。将乡村经济振兴中深化村民自治实践、推进乡村法治建设、提升乡村德治水平、建设平安乡村等内容，与法治乡村建设中完善群众参与基层社会治理的制度化渠道，健全充满活力的群众自治制度，引导村民在村党组织的领导下依法制定和完善村民自治章程、村规民约等自治制度等内容有机结合起来。提升乡村自治水平。（2）通过依法自治，坚持村民自治的法治底线和根本准则。将乡村经济振兴中深化村民自治实践、推进乡村法治建设、提升乡村德治水平、建设平安乡村等内容，与法治乡村建设中完善涉农领域立法、规范涉农行政执法、强化乡村司法保障、健

①　张文显，徐勇，何显明，姜晓萍，景跃进，郁建兴. 推进自治法治德治融合建设，创新基层社会治理［J］. 治理研究，2018，34（06）：11—13。

②　张文显，徐勇，何显明，姜晓萍，景跃进，郁建兴. 推进自治法治德治融合建设，创新基层社会治理［J］. 治理研究，2018，34（06）：10。

全乡村矛盾纠纷化解和平安建设机制等内容有效对接。提升乡村治理的法治化水平。（3）通过以德自治，坚持充分体现和张扬社会公德及共同体的道德共识，提升共同体道德自觉。将乡村经济振兴中践行社会主义核心价值观、巩固农村思想文化阵地、倡导诚信道德规范，保护利用乡村传统文化、重塑乡村文化生态、发展乡村特色文化产业等内容，与法治乡村建设中完善社会矛盾多元预防调处化解综合机制、通过典型示范，引领带动法治乡村建设等内容有机融合，提升乡村德治水平。

二、乡村经济振兴与法治乡村建设的相互促进

乡村经济振兴主要属于物质文明建设范畴，而法治乡村建设主要属于精神文明建设范畴。乡村经济振兴与法治乡村建设具有作用与反作用双重关系。但基于乡村经济振兴对法治乡村建设保障和促进作用的间接性、差异性、复杂性的考量，乡村经济振兴作为法治乡村建设的难点问题的化解，应当采取两者重点双向推进的方法和措施。具体包括两方面：

（一）乡村经济振兴应重点着力推进乡村民主法治建设

乡村经济振兴既是乡村振兴战略的重要组成部分，也是新时代乡村物质文明建设的主要内容。它包括精准脱贫攻坚战、农业生产能力基础建设、农业转型升级、现代农业经营体系建立、农业科技支撑的强化、农业支持保护制度的完善、农村产业深度融合推进、农村创新创业活力的激发等丰富的内涵和内容。乡村经济振兴不仅对乡村人才振兴、乡村文化振兴、乡村生态振兴、乡村组织振兴具有重要的基础保障和重要推进作用，也对法治乡村建设具有多方面重要的意义。

但是，乡村经济振兴作为乡村振兴战略的基础工程和法治乡村建设的重要保障，应重点着力推进乡村的民主法治建设。因为，一方面乡村经济振兴具有多元的、丰富的内涵和内容，其对于乡村经济建设、政治建设、文化建设、社会建设、组织建设、生态文明建设等都具有重要的促进和保

障作用。相对于法治乡村建设而言，乡村经济振兴也对其具有多方面的重要价值。另一方面法治乡村建设本质上属于基层社会建设范畴，其核心是基层民主法治建设。因此，乡村经济振兴作为法治乡村建设的难点问题就在于，如何将其多元化的功能作用聚焦基层民主法治建设，而非全面开花无所侧重。乡村经济振兴如何重点着力于推进乡村民主法治建设，具体从两方面展开。

1. 乡村经济振兴应重点推进乡村民主建设。基层民主规范有序既是国家法治乡村建设顶层设计方案的重点内容，也是推进乡村经济全面振兴的基本制度保障。国家法治乡村建设的指导建设标准中围绕村级组织环节程序规范、运用民主方式解决重大民生问题、村级会议制度规范、制度和修改民主自治章程的内容和程序合法、村级"三务"公开制度完善、制定和完善村级小微权力事项清单、民主评议制度规范七个方面的问题形成了18项三级指标体系。因此，乡村经济振兴应重点致力于推进乡村民主建设。（1）围绕乡村经济振兴重点内容形成规范的民主决策制度。精准脱贫攻坚战、农业生产能力基础建设、农业转型升级、现代农业经营体系建立、农业科技支撑强化、农业支持保护制度完善、农村产业深度融合的推进、农村创新创业活力的激发都是乡村振兴经济的重点内容，围绕这些乡村振兴与法治乡村建设目标，应首先建立这些重点建设内容的决策制度，尝试为乡村经济振兴事务治理建立规范化的民主秩序。（2）围绕乡村经济振兴重点内容形成规范的民主协商制度。将民主恳谈、民主提议、民主讨论引入乡村经济振兴的重点事务，通过民主协商的过程，提升乡村经济振兴公共事务治理的科学性。（3）围绕乡村经济振兴重点内容形成规范的民主监督制度。围绕精准脱贫攻坚战、农业生产能力基础建设、农业转型升级、现代农业经营体系建立、农业科技支撑强化、农业支持保护制度完善、农村产业深度融合的推进、农村创新创业活力的激发等具体建设内容事项，通过村务公开、村级小微权力清单制定，为村级公共权力运行建立有效的监督制度。

2. 乡村经济振兴应重点推进乡村法治建设。法治建设扎实推进既是国家法治乡村建设顶层设计方案的重点内容，也是推进乡村经济全面振兴的法治保障。国家法治乡村建设的指导建设标准中围绕法治建设进村入户、村集体法治培训常规化、普法宣传广泛开展、法律服务实施与制度完善、建设德治与法治相结合的乡村治理体系五个方面问题，形成了17个三级指标体系。因此，乡村经济振兴应重点致力于推进乡村法治建设。（1）结合乡村经济振兴重点内容，运用习总书记全面依法治国新思想新理念，推进土地承包、婚姻家庭、生态保护、道路交通安全、劳动保障、民间纠纷调解、农产品质量安全等方面的法制宣传教育，并使得村级组织的法治培训常规化。（2）结合乡村经济振兴重点内容，依托基层党建和公共文化实施，深入开展以案释法、以案普法、法治文艺演出、法治演讲等活动，形成和优化群众办事依法、遇事找法、解决问题用法、化解矛盾靠法的法治氛围。（3）结合乡村经济振兴重点内容，推进现场公共法律服务体系建设和完善，培育一批"法治带头人"、"法治明白人"引导群众依法化解矛盾。（4）结合乡村经济振兴重点内容，形成以社会主义核心价值观为引领、以传统优秀道德文化为依托，推动村民自觉守法意识增强，减少乡村纠纷与冲突，降低法治实施成本；依托法治他律机制，克服德治的强制性不足缺陷，提高德治的稳定性。形成法治与德治相结合的乡村治理体系。

（二）法治乡村建设应重点着力促进乡村有效治理

2020年3月中央全面依法治国委员会印发的《关于加强法治乡村建设的意见》指出："按照实施乡村振兴战略的总体要求，加强党对法治乡村建设的领导，健全党组织领导的自治、法治、德治相结合的乡村治理体系，坚持以社会主义核心价值观为引领，着力推进乡村依法治理，教育引导农村干部群众办事依法、遇事找法、解决问题用法、化解矛盾靠法，走出一条符合中国国情、体现新时代特征的中国特色社会主义法治乡村之路，为全面依法治国奠定坚实基础"。

2018 年 9 月，中共中央、国务院印发了《乡村振兴战略规划（2018—2022 年）》，并发出通知，要求各地区各部门结合实际认真贯彻落实。

并提出按照产业兴旺、生态宜居、乡风文明、治理有效、生活富裕的总要求。乡村振兴，治理有效是基础。因此，实施乡村振兴战略，但是，法治乡村建设作为乡村振兴战略的制度保障和精神支撑，应重点着力促进乡村有效治理。因为，一方面法治乡村建设的核心是强调系统治理、依法治理、综合治理、源头治理，推进国家基层乡村治理体系和治理能力现代化。另一方面乡村经济振兴的核心是推进农业、农村现代化，加强农村基层基础工作，健全乡村治理体系，确保广大农民安居乐业、农村社会安定有序，打造共建共治共享的现代社会治理格局，推进国家治理体系和治理能力现代化。因此，乡村经济振兴作为法治乡村建设的难点问题就在于，如何充分发挥法治乡村建设对乡村经济振兴制度保障和精神支撑作用。法治乡村建设如何重点着力于促进乡村有效治理，具体从两方面展开。

1. 法治乡村建设应重点促进乡村依法自治。推进乡村有效治理既是乡村经济振兴的基础，也是目标。因此，法治乡村建设应重点致力于乡村治理结构和治理方式的创新，引入法治机制增强村民自治制度的实施效果。具体包括：（1）法治乡村建设应重点促进村民自治体系的完善。通过规范民主选举、民主决策、民主管理、民主协商、民主监督的制度机制，落实村民的各项民主权利，自觉履行村民义务，形成乡村治理的良好秩序。（2）法治乡村建设应重点促进村民法治意识的普及。法治乡村建设推进依法自治，不是简单普及法律条文、法律知识，关键是培育村民尊重规则的习惯、崇尚法治的精神，普及法治意识。

2. 法治乡村建设应重点促进乡村以德自治。推进乡村有效治理既是乡村经济振兴的基础，也是重点着力点。因此，法治乡村建设应重点致力于乡村治理结构和治理方式的创新，引入德治机制增强村民自治制度的实施效果。具体包括：（1）法治乡村建设应重点提高自治制度的运行。通过倡导德治，充分发挥德治最广泛的社会行为调节机制，落实个体道德认知和行为选择目标，实现自律对社会秩序的有效控制。（2）法治乡村建设应重点促进乡村治理主体的自觉。通过倡导德治，促进村民自觉践行道德承诺，履行道德责任，滋养村民的道德尊严感。

第二节　法治乡村建设应着力优化乡村文化教育资源

乡村文化教育资源优化问题之所以成为法治乡村建设的难点问题，一方面是乡村文化教育资源相对于城市而言，既严重缺失，又存在优化内容繁多、优化形式抽象、优化过程复杂、优化效果难控等问题；另一方面是乡村文化教育资源在乡村内部存在区域差异、主体差异、个体差异明显，优化力度、优化深度、优化精准度把握较难等问题。而乡村文化教育资源优化问题作为法治乡村建设的难点问题的化解主要从三方面展开。

一、乡村文化教育资源优化目标的设计

资源优化是指为了达到一定的社会、经济和生态目标，根据资源的特性，利用一定的科学技术和管理手段，在特定区域范围内对有限的资源进行合理分配，实现社会经济生态资源的可持续利用。因此，任何资源的优化首先必须科学合理设计资源优化目标。一般而言，资源优化包括四个目标，即合理利用有限的资源；坚持资源开发和节约并举；提高资源的综合利用水平；实现资源可持续利用和促进社会可持续发展。但是，资源优化是静态与动态、整体与局部、主观与客观、价值与事实的统一。相对于乡村文

化教育资源而言，资源优化目标至少应当包括三个目标。

（一）以促进法治乡村建设和乡村文化振兴为微观目标

国家在法治乡村建设方案与乡村振兴战略规划中均制定了专门的乡村文化教育目标任务。在法治乡村建设方案任务的第三项任务中，围绕加强法制宣传教育这一重点任务，具体规定四项乡村文化教育任务：以村为单位建设一村一法治文化阵地，为群众搭建有效学法平台，利用各种乡村节日和集会开展法治宣传教育活动，推动法治文化与民俗文化、乡土文化融合发展。在《国家乡村振兴战略规划》中的第七编专门规定："繁荣发展乡村文化"并具体规定了三项乡村文化建设内容，即加强农村思想道德建设，弘扬中华优秀传统文化，丰富乡村文化生活。由此，乡村文化教育资源优化应当以促进法治乡村建设和乡村文化振兴为微观或具体目标。

（二）以促进城乡文化教育融合发展与推进乡村文化可持续发展为中观目标

面对我国目前存在的乡村文化教育资源严重流失与乡村文化教育资源优化难度加剧两方面的突出问题；结合我们长期存在的城乡二元体制和城乡文化教育资源不均衡现实。国家法治乡村建设方案任务提出"强化支持保障"，即加强法治乡村建设经费保障，列入财政预算，建立正常增长机制。统筹利用好现有经费渠道，大力支持法治乡村建设。在《国家乡村振兴战略规划》中的第十编专门规定："完善城乡融合发展政策体系"并具体规定了五项具体保障措施，特别是在"强化乡村振兴人才支撑"保障措施中明确规定：培育新型职业农民、加强农村专业人才队伍建设、鼓励社会人才投身乡村建设；在"加大金融支农力度"保障措施中明确规定：健全金融支农组织体系、创新金融支农产品和服务、完善金融支农激励政策。由此，乡村文化教育资源优化应当以促进城乡文化教育融合发展与推进乡村文化可持续发展为中观目标。

（三）以农民为中心推进乡村建设或治理主体的文化自觉自信为宏观目标

党中央提出建设法治乡村与实施乡村振兴战略的重大历史任务，在我国"三农"发展进程中具有划时代的里程碑意义。实施乡村振兴战略是传承中华优秀传统文化的有效途径。中华文明根植于农耕文化，乡村是中华文明的基本载体。乡村振兴，乡风文明是保障。实施乡村振兴战略，深入挖掘农耕文化蕴含的优秀思想观念、人文精神、道德规范，结合时代要求在保护传承的基础上创造性转化、创新性发展，有利于在新时代焕发出乡风文明的新气象，进一步丰富和传承中华优秀传统文化。但是，文化振兴是乡村振兴之魂，乡村文化自信是乡村文化振兴之根本[①]。而文化自觉是文化自信的前提，持久的文化自觉才能够造就一种文化自信[②]。由此，乡村文化教育资源优化应当以农民为中心推进乡村建设或治理主体的文化自觉自信为宏观目标。

二、乡村文化教育资源优化标准与方法选择

乡村文化教育资源优化作为法治乡村建设的难点问题，不仅仅是优化目标设计问题，还需要确立资源优化的标准、选择科学可行的资源优化方法。下面就从乡村文化教育资源优化标准确立与方法选择两方面进行问题分析。

（一）乡村文化教育资源优化的标准确立

资源优化标准是指衡量资源是否优化以及优化程度的具体评价判断基准。实践中资源优化标准具有多方面，从客观而言，资源优化的经济效率、

---

① 参见高静、王志章. 改革开放四十年：中国乡村文化的变迁逻辑、振兴路径与制度建构［J］. 农业经济问题. 2019（3）：54—55。
② 参见赵旭东，孙笑非. 中国乡村文化的在生产：基于一种文化转型的在思考［J］. 南京农业大学学报（社科版）. 2017（1）：119—127。

资源优化的经济效益、资源优化的社会效益等都是标准。之所以将这三个标准作为客观标准主要是因为经济效率、经济效益、社会效益都是可计算、具有客观测量评价标准的。从主观而言，资源优化相对于不同主体、不同地区、不同部门、不同行业存在主观差异，即使同样标准不同的主体、不同的区域、部门、行业判断标准不同。如，乡村文化教育资源优化标准，如果以"平等"为标准，也会存在"机会平等"与"结果平等"、"形式平等"与"实质平等"、"程序平等"与"实体平等"之分。

最难的是资源优化标准权重问题，因为资源优化标准不可能是唯一的、绝对的，在多元标准中资源优化需要做出取舍或规定权衡侧重。如乡村文化教育资源优化标准，如果同时以"效率"与"平等"为标准，就存在两者的权重问题；同样仅仅以"平等"为标准，也会存在"机会平等"与"结果平等"的权重问题。由此，乡村文化教育资源优化的标准的确立是一个极其复杂的问题。只能做出原则性或框架性规定。

1. 乡村文化教育资源优化应当以城乡一体化（平等）为基本标准。所谓城乡一体化（平等）为基本标准包括两层含义：一是从国家发展战略层面或相同省、市、县区、乡镇等内部乡村文化教育资源优化应以城乡平等为判断基准；二是从国家发展战略层面或相同省、市、县区、乡镇等内部乡村文化教育资源优化以城乡平等为判断标准属于常态，不排除非常态采取差别标准。

2. 乡村文化教育资源优化应当以效率或效益为必要约束标准。所谓以效率或效益为必要约束标准也包括两层含义：一是相同省、市、县区、乡镇等内部乡村文化教育资源优化在坚持城乡平等的基础上，要以效率和效益为辅助考量标准；二是效率和效益是相同省、市、县区、乡镇等内部乡村文化教育资源优化的非常态标准。

（二）乡村文化教育资源优化的方法选择

资源优化的方法是指实施资源优化的过程中选择的具体实现途径、手段或措施。实践中资源优化方法也具有多方面。常见的方法包括：从资源优化的机制不同，可以分为市场化的方法、宏观调控的方法、市场与宏观调控相结合的方法；从资源优化的措施不同，宏观调控可以分为财政、金融信贷、计划、价格等；市场化可以分为直接市场化方法、间接市场化（政府购买社会化）的方法；从资源优化主体不同，可以分为内部自主优化方法（包括区域自主优化、乡村自主优化的方法）、外部推进优化方法（国家政策推进方法、地方政府推进方法）、外部激励优化方法（国家政策激励方法、地方政府激励方法）；从目前我国乡村文化教育资源优化的实践和存在突出问题，我们应当选择下列有机结合方法并形成相对稳定的优化模式。1. 乡村文化教育资源优化应当以市场化与宏观调控有机结合为方法。2. 乡村文化教育资源优化应当以乡村内部自主优化与外部推进或外部激励有机结合为方法。3. 乡村文化教育资源优化应当以直接市场化与政府购买社会服务有机结合为方法。（下文详论）

三、乡村文化教育资源优化模式的选择

乡村文化教育资源优化模式是指资源优化过程中合规律性的、具有可行性的、定型化的资源重组方式。资源优化模式不同于资源配置模式。其区别包括三方面：一是两者的内涵不同。资源优化模式是指符合资源配置与利用规律的、具备运行可行性的、定型化的资源重组方式；而资源配置模式是指符合资源配置与利用规律的、具备运行可行性的、定型化的资源组合方式。二是两者的标准不同。资源优化模式标准是坚持效率和效益优先，采取优先性标准；而资源配置模式是坚持合理配置标准。三是两者的配置方法不同。资源优化模式主要采取市场化方法或以市场化为主的方法；资源配置一般采取市场化与宏观调控相结合的方法。在乡村文化教育资源优化中应当根据区域或主体的实际情况选择下列资源优化模式。

（一）以市场化为主与宏观调控为辅的乡村文化教育资源优化模式

在乡村文化教育资源优化中之所以要选择以市场化为主宏观调控为辅的资源优化模式，理由包括两方面：（1）资源优化方法不同于资源配置方法，只有坚持以市场化为主的资源优化模式，才能够使得乡村文化教育资源不仅在初始阶段保持优势，而且能在市场竞争的过程中保持最优。如果坚持宏观调控为主的资源优化模式，一方面即使在初始阶段保持优势，也未必可以在竞争结果中最终保持优势；另一方面长远的发展视角乡村文化教育资源的优化必须凭借内生动力机制，单靠外在的政府推进或激励机制难以真正优化。（2）针对目前我国乡村文化教育资源城乡严重不均衡，而且这种不均衡主要由于国家长期以来城乡二元发展模式的原因所致。所以，在乡村文化教育资源优化中同时坚持宏观调控的资源优化方法。一方面弥合由于国家政策导致的城乡文化教育资源不均衡结果；另一方面针对中国文化以农耕文化为根本，弘扬中华优秀传统文化，建立中华文化自信的角度必须通过宏观调控方法加大对乡村文化振兴的扶持保障力度。

如何通过市场化为主与宏观调控为辅的资源优化模式促进乡村文化教育资源的优化，主要应采取两方面措施：（1）找准乡村文化的市场定位、挖掘乡村文化内涵、打造乡村文化品牌、提升乡村文化竞争力。乡村文化建设主体首先应找准乡村文化的市场定位，挖掘乡村文化内涵与特色，形成错位发展、特色发展的理念；在此基础上重点突出乡村文化品牌建设，形成特色产业一村一品，提高农产品、农业产业的文化层次和乡村文化的市场竞争力。（2）促进城乡文化互动融合发展改善乡村文化教育资源优化环境。新时代中国社会的基本矛盾体现在乡村文化领域就是农民日益增长的精神文化生活需求和城乡文化发展不平衡、乡村文化发展不充分的矛盾。因此，各级政府应通过宏观调控促进城乡文化互动融合发展缩小城乡文化教育资源差距，推动城乡文化政策、文化教育权利、基础设施建设、文化人才队伍培育等方面为乡村文化教育资源优化创造良好发展环境。

（二）以乡村内部自主优化为主与政府外部推进或外部激励为辅的乡村文化教育资源优化模式

在乡村文化教育资源优化中之所以要选择以乡村内部自主优化为主与政府外部推进或外部激励为辅的资源优化模式，理由包括两方面：（1）从哲学视角看，乡村内部自主优化属于事物发展的内在因素、决定性因素。只有充分依靠乡村主体充分发挥主观能动作用，才有可能真正改变乡村文化教育资源严重缺失问题；而政府外部推进或外部激励属于事物发展的外部因素，非决定性因素。乡村文化建设主体能够借助政府宏观调控推进政策或激励政策，助力乡村文化教育资源优化也是必要的。但这方面毕竟不是决定性因素，不可主要依靠外部因素去实现资源优化目标。（2）针对目前我国乡村文化教育资源城乡严重不均衡，而且这种不均衡主要由于国家长期以来城乡二元发展模式的原因所致。所以，在乡村文化教育资源优化中同时坚持政府政策积极推进或政策激励推进的资源优化方法。一方面弥合由于国家政策导致的城乡文化教育资源不均衡结果；另一方面针对中国文化以农耕文化为根本，弘扬中华优秀传统文化，建立中华文化自信的角度必须通过政府政策保障推进方法加大对乡村文化振兴的扶持保障力度。

如何通过以乡村内部自主优化为主与政府外部推进或外部激励为辅的资源优化模式促进乡村文化教育资源的优化，主要应采取两方面措施：（1）坚持以农民为中心，最大限度激发乡村文化建设主体的文化自觉和文化自信。充分利用我国传统文化农耕特征、民族特色、区域多样性特点，善于运用物质文化与精神文化相结合的方式，培养和激发乡村文化主体的文化自觉和自信。一方面要对乡村文化的发展历史进行理性反思，不仅要明白乡村文化的形成过程和发展历程，也要明白乡村文化所具有的特色以及发展趋势，更应该明白乡村文化创造性转化的局限性，以新时代实现农业强、农村美、农民富的美好愿景为目标唤起乡村文化主体自觉。另一方面注重培育乡村文化主体内生的文化发展动力，不仅仅关注乡村物质文化与制度福利的改善，更要关切乡村文化精神文化、心态行为的境界提升。积极推动乡村文化在自身发展演变中延续和创新、转化和扬弃。从文化自觉走向文化自信。

（2）充分利用国家文化产业政策发展文旅融合产业和绿色效益农业。深入挖掘乡村文化建设中蕴含的天人合一、仁德和谐等优秀思想观念、人文精神、道德规范、公序良俗，保持乡村文化历史古韵、诗意适闲、安然自得的人文环境和蓝天碧水、草绿云清的人居环境，发展文旅融合产业；充分利用优秀的农耕文化积淀，继承农耕技艺和智慧，发展绿色高效农业，走"生态—经济—社会—文化"协同发展乡村文化振兴之路。

（三）以直接市场化为主与政府购买社会服务为辅的乡村文化教育资源优化模式

在乡村文化教育资源优化中之所以要选择以直接市场化为主与政府购买社会服务为辅的资源优化模式，理由包括两方面：（1）新时代中国特色社会主义经济体制是市场经济体制，资源配置的方式是市场为主导的资源配置机制。一切资源配置或优化不仅需要通过市场化的方式进行，而且是通过直接市场化的方式进行。国家的宏观调控对资源的配置只是一种辅助的方式和次要的机制，必须坚持必要性原则和适度性原则。因此，虽然乡村文化教育资源优化具有历史性、特殊性、阶段性，但资源优化模式也应当以直接市场化为主。（2）现阶段我国城乡文化教育资源不均衡，如果完全采取直接市场化的方式，"三农"问题就无法真正得到解决，乡村文化作为中华文化的根基就会动摇。如果我们在乡村文化教育资源优化中采取以直接市场化为主与政府购买社会服务为辅的资源优化模式，这样既不影响市场在国家资源配置和优化过程中的主导作用，同时运用国家和政府购买社会服务的间接市场化的方式，对乡村文化教育资源存在的历史性欠账问题、国家迫切需要解决的"三农"问题，适当做出具有扶贫济穷的政策倾斜或政策激励就可以最大限度实现资源优化目标。

如何通过以直接市场化为主与政府购买社会服务为辅的资源优化模式促进乡村文化教育资源的优化，主要应采取两方面措施：（1）乡村文化教育资源优化不能采取简单的城市"反哺"或被动"浇灌"的优化模式；而应当充分发挥市场机制在资源配置中的决定作用，在增强乡村文化自信上下功夫，坚持开放兼容的资源优化态度，在尊重和正视城乡文化差异的基础上，发现感悟乡村文化的特色和魅力，推动乡村文化的现代转型和自我超越。（2）鼓励社会力量参与乡村文化建设，形成政府购买社会服务的支持乡村文化发展的机制，探索建立公私合营的乡村文化开发模式、入股集体经济组织股份化模式或经营权的转让模式。

总之，乡村文化教育资源优化事关法治乡村建设的成败，也事关乡村全面振兴战略的实施效果。应调动一切积极影响、发挥一切资源优势助力乡村文化振兴。

第三节　法治乡村建设应着力凝练地方和主体特色

针对法治乡村建设的区域特色缺失和法治乡村建设主体特色的不明显两方面突出问题及原因。我们主张通过注重法治乡村建设地方特色的凝练与体系化来解决。具体包括三方面措施。

一、强化法治乡村建设的特色意识

法治乡村建设既是整个社会治理体系的主要组成部分，也是法治社会建设的基础工程。从社会治理的性质而言，它是与政治国家治理对应的独立的社会治理领域。从法治建设的性质而言，它是与法治国家、法治政府对应的基层社会依法自治。因此，法治乡村建设既要形成与政治国家治理、法治国家和法治政府建设不同的特色风格；也要形成与其它基层乡村治理不同的区域特色风格、主体特色风格。

作为国家而言，一方面通过法治乡村建设来培育民主法治精神、锻炼民众素质、提升民主法治实践能力和水平；另一方面通过法治乡村建设发现基层民主治理方法、积累基层民主法治建设经验、检验基层民主法治建设模式的可行性、科学性。作为乡村治理主体而言，一方面通过依法自治，实现民事民议、民事民管、民事民办凝聚共识，促进共治；另一方面通过法治的刚性约束、德治的柔性约束形成强大的社会治理合力。因此，法治乡村治理在法治的框架下和在德治的感召和导引下，通过自治赋予其充分自由的空间大力推进实践创新。唯有牢固树立以特色求生存，以特色谋发展的意识；坚定形成特色、建设特色、完善特色的信心，方能使得法治乡村建设的特色更加明显，法治乡村建设的事业永葆活力。

二、凝练法治乡村建设的区域特色和主体特色

法治乡村建设特色的形成和凝练，首先取决于对法治乡村建设的区域和主体的准确定位。具体而言，就是制约和影响法治乡村建设特色形成和完善的特定区域、特定乡村的经济社会发展水平及城镇化环境、教育文化资源分布、公共服务体系与法律公共服务体系建设水平、乡村治理主体的整体法治和德治文化素质、乡村社会保障条件、乡村改革发展目标等综合考量因素的评价段位和档次。在法治乡村建设中乡村建设或治理主体能否准确定位，不仅直接关系到法治乡村建设的成败效果，也直接制约着法治乡村建设特色的形成与完善。

其次，法治乡村建设特色的形成和凝练，还取决于乡村治理主体对自身特色要素的发掘、优选、利用、整合的能动性。在抓准区域定位、类型定位、治理阶段定位的同时，建设主体的主观能动性的发挥对特色凝练具有重要的意义。如果看不到或不能很好发掘区域和主体特色要素，

对于自己区位或主体优势与劣势不清或判断不准，不能扬长避短充分发挥乡村治理的物质资源、人文环境优势，未能将自治、法治、德治资源集约化、智慧化，通过分散、零碎、简陋的方式处理乡村事务。导致法治乡村优质资源闲置或耗散，始终不能凝练成特色。

最后，法治乡村建设特色的形成与凝练，还需要体现和满足乡村治理主体的价值需求和乡村治理机制创新需求。我国的乡村治理始终坚持以人民为中心的发展思想，充分尊重民意、维护民权、依靠民力、普惠民生不仅是法治乡村建设的宗旨，也是法治乡村建设特色凝练的坚实基础。因此，体现和满足乡村治理主体的价值需求，提升乡村治理主体的获得感、安全感、幸福感，并以此作为特色凝练的基调。法治乡村建设特色的形成和凝练既与乡村治理机制创新密切相关，也是法治乡村建设特色的重要体现。因此，体现和满足乡村治理机制创新需求，通过健全乡村自治、法治、德治的新机制，完善乡村服务的社会化、信息化、智能化机制，构建社会纠纷矛盾解决的对接落实、协调处置、效果反馈机制，并以此作为特色凝练的增色剂。

总之，法治乡村建设应当在抓准乡村治理的区域定位，主动发掘、利用、整合乡村治理主体自身特色要素优势，充分体现和满足乡村治理主体价值需求与乡村治理机制创新需求的基础上不断凝练区域特色和主体特色。

三、不断完善法治乡村建设的特色体系

法治乡村建设特色是主体特色与区域特色、产业结构类型特色与治理方式特色、建设目标特色与建设内容特色和建设模式特色、典型化特色与非典型化特色的统一。法治乡村建设的多元、多层次的特色，构成了法治乡村建设的特色体系。因此，法治乡村建设特色体系也就需要在建设实践中不断创新和不断完善。具体包括两方面：

1. 完善法治乡村建设的特色体系要坚持正确的特色建设策略。"外摆位置、内促发展、重点突破、整体优化"是特色建设的基本策略。"外摆位置"就是要求法治乡村建设主体，既要抓好法治乡村建设的区域发展定位、产业结构类型定位等宏观定位，也要抓准主体优势定位、建设目标特色、建设内容特色、建设模式特色等微观定位。为法治乡村建设特色的体系完善创造良好外部环境。"内促发展"就是要求法治乡村建设主体，坚持深化改革，挖掘法治乡村特色建设的潜力，坚持人本治理发掘法治乡村特色建设的动力，不断创新机制形成法治乡村特色建设的合力，最终推动法治乡村特色建设水平不断提升。"重点突破"就是要求法治乡村建设主体，要以法治乡村建设的"治理主体特色"凝练为重点，推动区域特色、产业发展特色等其它特色体系化。"整体优化"就是要求法治乡村建设主体，要立足长远、兼顾现实，形成法治乡村建设的特色化体系完善方案，推动区域特色和主体特色朝着科学化、系统化、动态化的方向发展。

2. 完善法治乡村建设的特色体系要形成操作化的方法。"以区域特色完善为切入点，以治理主体特色完善为核心，推进建设目标特色、建设内容特色、建设模式特色、产业结构特色，治理方式特色等全面优化。"

（1）"以区域特色完善为切入点"就是针对法治乡村建设特色存在的区域特色缺失问题，以此为切入点，主要根据不同区域经济社会发展水平、文化教育资源分布、产业结构特征、公共法律服务水平、社会保障水平等形成法治乡村建设的区域特色。

（2）"以治理主体特色完善为核心"就是重点针对法治乡村建设特色存在的治理主体特色不明显问题，在区域定位、产业结构定位基础上，主要围绕法治乡村建设目标、建设内容、建设模式等凝练主体特色，结合自治、法治与德治融合方式完善主体特色。

第四节　法治乡村建设应着力化解乡村矛盾纠纷

基于法治乡村矛盾纠纷有效化解问题的重要性，立足乡村矛盾纠纷实现有效化解存在的两方面突出问题，即乡村矛盾纠纷有效化解的综合难度大，乡村矛盾纠纷有效解决的复杂程度高。法治乡村建设应着力形成乡村矛盾纠纷有效化解的体系，应着力完善乡村矛盾纠纷有效化解的多元化机制，应着力建构乡村矛盾纠纷有效化解的模式，应着力提升乡村矛盾纠纷有效化解的能力，全面有效化解乡村矛盾纠纷。

一、应着力形成乡村矛盾纠纷有效化解的体系

乡村治理是国家治理的基石，没有乡村的有效治理，就没有乡村的全面振兴和充分发展，法治乡村和法治社会的建设目标就无法实现；乡村治理体系是国家治理体系的重要组成部分，没有乡村治理体系的支撑，乡村的有效治理，特别是乡村矛盾纠纷的有效化解就缺乏硬件平台。因此，能否形成乡村矛盾纠纷有效化解的治理体系，是全面有效化解乡村矛盾纠纷的必要前提。中共中央《关于坚持和完善中国特色社会主义制度推进国家治理体系和治理能力现代化若干重大问题的决定》要求，健全党组织领导的自治、法治、德治相结合的城乡基层治理体系。中共中央办公厅国务院办公厅《关于加强和改进乡村治理的指导意见》要求，健全党组织领导的自治、法治、德治相结合的乡村治理体系，构建共建共治共享的社会治理格局。乡村矛盾纠纷有效化解的体系作为乡村社会治理体系的有机组成部分，它的形成与完善是实现乡村社会治理有效、充满活力、和谐有序，乡村治理体系和治理能力基本现代化的重要保障。

众所周知，实现乡村社会治理有效，首先要建设和形成乡村治理体系。

根据治理机制不同，乡村治理体系一般分为积极主动以激励为主的治理体系与消极被动以约束为主的治理体系、自律为主的治理体系与他律为主的治理体系；根据治理时段和目的不同，乡村治理体系通常包括事前预防为主的治理体系、事中监督为主的治理体系、事后化解为主的治理体系；根据治理模式不同，乡村治理体系又分为自治为主、法治为主、德治为主的治理体系，依法自治、以德自治、德法共治的治理体系，自治、法治、德治"三治融合"的治理体系；根据治理标准不同，分为政策指导的治理标准体系、法律规制的治理标准体系、道德引导的治理标准体系、习惯引领的治理标准体系、村规民约拘束治理标准体系；根据治理主体不同，乡村治理体系可分为村民治理体系、乡村党政组织治理体系、乡村民间组织治理体系、乡村社团治理体系、乡村内部治理体系、乡村外部治理体系；根据治理内容不同，乡村治理体系可分为基层组织建设体系、村民自治管理体系、信法守法行为体系、崇德向善民风体系、乡村公共保障体系、乡村产业发展体系。因此可见，乡村矛盾纠纷有效化解的体系建构与形成也是一项系统工程。针对乡村矛盾纠纷有效化解问题，至少应当形成下列三大体系。

（一）构建协调一致的乡村治理硬件体系

具体包括事前预防为主的治理机构体系、事中监督为主的治理机构体系、事后化解为主的治理机构体系。党的十九届四中全会《决定》要求，"必须加强和创新社会治理，完善党委领导、政府负责、民主协商、社会协同、公众参与、法治保障、科技支撑的社会治理体系"。社会治理、特别是社会矛盾纠纷有效化解必须是协同治理、协调解决、综合治理、综合解决，乡村治理与乡村矛盾纠纷有效化解也一样。因此，必须建立和形成事前、事中、事后相互协调、预防、规制、化解相互结合的矛盾纠纷有效化解体系。

1. 建立和形成以参事会和议事会为主的事前预防体系。在乡村矛盾纠纷有效化解过程中，事前预防为主的治理体系，主要是建立和畅通群众诉求表达、利益协调、权益保障的组织机构体系；建构以"理"为主的沟通协调、引导梳理机构体系，理顺城乡关系、产权关系、社会管理与服务关系，理顺自治与法治关系、德治与法治关系，理顺村民之间、邻里之间、家庭成员之间的信任协作、对等互助、善意帮扶、道义资助关系，理顺村委会与参事会、议事会、监事会等农村基层组织的权责关系。

2. 建立和形成以监事会为主的事中监督机构体系。在乡村矛盾纠纷有效化解过程中，事中监督为主的治理体系，主要是指建立和形成农民群众、村务监督委员会和上级部门等多方监督体系，规范乡村小微权力运行，建立农村党务、政务、村务、财务"阳光公开"监管平台，强化农村财务会计核算监督和审计监督，开展村干部任期和离任经济责任审计，实现公开经常化、制度化和规范化。

3. 建立和形成以调解为主的事后化解机构体系。在乡村矛盾纠纷有效化解过程中，事后化解为主的治理体系，主要是指建立和形成健全的人民调解员队伍、司法助理员、乡镇行政调解员队伍体系，完善调解、仲裁、行政裁决、行政复议、诉讼等有机衔接、相互协调的多元化纠纷解决系统，健全乡村矛盾纠纷调处化解体系。

总之，构建协调一致的事前预防为主的治理体系、事中监督为主的治理体系、事后化解为主的治理体系，对于乡村矛盾纠纷有效化解的最大优势是：能够做到事前、事中、事后有效对接、预防与监督和规制相结合、内部化解与外部调处协调运行、自律激励与强制约束综合发挥作用。

（二）构建有机融合的治理模式体系

具体包括依法自治、以德自治、德法共治的治理体系与自治、法治、德治"三治融合"的治理体系。乡村治理从传统向现代的转型，首先是要尊重村民主体性地位的基础上，切实发挥村民在乡村治理中的主体作用，坚持以自治为基础、法治为本位、德治为先导，创新"三治融合"的有效方式，建立和形成多元共治的乡村矛盾纠纷化解体系。其次是要根据区域经济社会文化的现实条件与历史传统，选择契合区域经济发展水平、社会治理优势、历史文化特色的乡村治理体系。

1. 建立乡村依法自治、以德自治、德法共治的乡村矛盾纠纷有效化解体系。在一定条件下自治、法治、德治不仅可以独立运行达致善治，也可以有效化解乡村矛盾纠纷。但单一模式的治理要么成本太高，要么成本低不稳定，或者缺乏灵活性，不是最优的善治①。故建立"三治融合"的治理体系，才能提高善治的质量水平，有效化解乡村矛盾纠纷。这正是中央顶层设计要求健全党组织领导的自治、法治、德治相结合的乡村治理体系的价值意义所在。前期的调研中发现，发达地区与欠发达地区、乡村基层组织坚强有力地方与乡村基层组织松散地方、远离城市的偏远乡村地区与城市周边地区乡镇、集体经济强大与集体经济落后贫乏地区乡村治理体系方面存在较大差异，"三治融合"方式的支撑点、融合剂、特色定位、融合深度也别具一格。这一点已经被许多学者研究成果所证实。因此，建立和形成三治高度融合的乡村治理体系属于乡村治理的理想目标追求，建立和形成依法自治、以德自治、德法共治的治理体系也未尝不可。（1）以德自治的乡村治理体系，对于乡村矛盾纠纷有效化解具有两方面优势：一是以自治为基础结合德治，可以弥补单纯德治中缺乏组织载体，而且标准高低落差较大，道德自律机制缺乏强制性、稳定性之弊端，在自治组织和框架下对不按照道德传统行为或做事者形成一定强制。二是以德治为先导结合自治，可以弥补单纯自治灵活性不足，非依靠组织无法运行的缺陷，充分运用道德自律机制自觉履行义务责任，即使不诉诸自治调解或自行协商也可以有效化解乡村矛盾纠纷，同时还可以降低纠纷化解成本。（2）依法自治的乡村治理体系，对于乡村矛盾

---

① 参见［9］邓大才. 走向善治之路：自治、法治与德治的选择与组合——以乡村治理体系为研究对象［J］. 社会科学研究，2018（04）：32—38。

纠纷有效化解具有两方面优势：一是以法治为本位组合自治，可以克服单纯自治强制性不足、稳定性较差、处理违法违规行为后盾欠缺之弊端；二是以自治为基础组合法治，可以降低法治化解矛盾纠纷的成本，在法治框架内通过自律机制、运用自治章程的软约束力，提高矛盾纠纷化解效率。（3）德法共治的乡村治理体系，对于乡村矛盾纠纷有效化解具有两方面优势：一是以德治为先导融合法治，既可以克服单纯法治治理成本高、强制频率多，还可以充分发挥德治自律机制功能作用，提高主体尊法用法的自觉性与履行义务责任的自主性，在法治框架下或法治强制威慑力之下，实现乡村矛盾纠纷低成本、自动化解。二是以法治为本位融合德治，既可以提高德治的强制性、加大对违法违规行为处理的力度与强度，还可以改善德治缺乏组织支撑，稳定性不强之弊端。在法治框架下或法治强制威慑力之下，实现自律机制与他律机制顺畅对接、软约束与硬约束相互支撑，有效化解乡村矛盾纠纷。

2. 建立和形成"三治融合"的乡村矛盾纠纷有效化解体系。形成自治、法治、德治"三治融合"的乡村治理体系，既是中央对浙江桐乡基层治理经验的认可和治理模式总结提炼，也是乡村治理体系建构的理想范型与建设目标追求。相对于上文所论说的依法自治、以德自治、德法共治的乡村治理体系，"三治融合"的治理体系不仅能够促进更高层次的善治，而且对乡村矛盾纠纷有效化解极具推广价值和示范效果。

"三治融合"的乡村治理体系，对于乡村矛盾纠纷有效化解具有三方面优势：一是以法治的强制性、规范性功能为保障，以仲裁机构体系和司法裁判机构体系为主要体系支撑，充分发挥法治稳预期、固根本、利长远的优势，弥补德治与自治强制性不足问题，为乡村矛盾纠纷有效化解奠定最后的根本的保障。二是以德治的教化性、润泽性功能为依托，以人民调解机构体系、行政调解机构体系、行业调解机构体系为主要体系支撑，充分发挥德治成本较低、依靠自律、内生性足的优势，弥补法治成本高、内生性不足、自律弱化问题，为乡村矛盾纠纷有效化解提供动力支撑与软法保障。三是以自治的协商民主、灵活调整功能为依托，以村民自治组织机构体系和自治组织内部机构体系为主要体系支撑，充分发挥自治成本较低、内生性足、灵活调整的优势，弥补法治强制有余、灵活不足问题，以及德治组织性差、规则性不强问题，为乡村矛盾纠纷有效化解提供主体认同感支撑和软法保障。

（三）建构协调规范的乡村矛盾纠纷化解标准体系

具体包括法律规制的治理标准体系、道德引导的治理标准体系、政策指导的治理标准体系、习惯引领的治理标准体系、村规民约拘束治理标准体系。乡村治理体系与国家治理体系的主要区别包括三方面：一是治理的主导力量不同，即国家政府主导的自上而下的治理体系与社会组织主导的自下而上的治理体系区别；二是治理的依据不同，即国家治理体系主要依据政策和法律的一元化与社会治理体系主要依据政策、法律、道德、习惯等多元化治理差别；三是治理的逻辑不同，国家治理体系的治理逻辑是国家强制和法治思维优位与社会治理体系是社会自治和"三治融合"。由此导致乡村矛盾纠纷有效化解的体系，不仅需要构建多元化的治理机构人员硬件体系，而且需要构建多元化的治理标准体系。主要包括五大标准体系。

1. 法律规制的治理标准体系。所谓法律规制的治理标准体系主要是指依据基本法律、基本法以外其它法律、行政法规等规范性法律文件所形成的乡村治理标准体系。至于宪法、政府部门规章、地方法规、地方规章、自治条例、自治法规能否纳入治理标准存在较大争议。首先是宪法作为国家的根本大法、具有最高效力的法是否具有可诉性问题一直存在争议。学术界形成三种代表性观点：一是认为宪法规范不应当具有可诉性。主要理由是宪法虽然是根本法、具有最高法律效力，但宪法是政治法，它与其它部门法不同。一方面宪法主要是规定国体、政体、公民基本权利义务、国家机构、国旗、国徽、首都等内容，其主要功能是为其他部门法的制定提供依据；另一方面宪法规范主要是调整性规范，主要以行为模式为主，由于没有法律后果部分，所以不能作为矛盾纠纷解决的依据直接加以适用。二是认为宪法应当具有可诉性。主要理由是宪法虽然是根本法，但也是法律应当具有可诉性。一方面可诉性是法律的基本特征，不具有可诉性也就否定了宪法的法律属性；另一方面宪法规范并非都是一样不同部分属性不同。宪法的序言、总纲确实政治性较强，许多内容带有宣示性特点，不能直接适用；但公民基本权利义务、国家机构部分法律属性较强，应当具有可诉性。三是认为宪法相对可诉性，即有条件可诉性。一方面宪法不同于部门法一般不能直接作为矛盾纠纷解决的依据加以适用；另一方面宪法具有法律一般属性应当具有可诉性。特别是当出现下列三种情形时，应当具有可诉性。第一、如果穷尽低位阶的部门法矛盾纠纷无法解决时，作为根本法的宪法可以直接适用；其二、如果低位阶部门法规定相互矛盾无法斟酌取舍时，作为根本法的宪法可以直接适用；第三、如果现行的低位阶法律缺乏规定具体明确规定时，作为根本法的宪法可以直接适用。

至于政府部门规章、地方法规、地方规章、自治条例、自治法规是否能够作为乡村矛盾纠纷化解的标准体系，也存在两方面争议。一方面是实践中部门规章、地方法规、地方规章、自治条例、自治法规一般只能作为矛盾纠纷解决的参照，不能作为直接依据或标准；另一方面学术界存在两种意见：有的学者认为部门规章、地方法规、地方规章、自治条例、自治法规在其效力范围内，可以作为地方、部门矛盾纠纷解决的依据；也有的学者认为当基本法与基本法以外法律、行政法规没有相关规定时，可以作为矛盾纠纷解决依据或标准。

2. 道德引导的治理标准体系。所谓道德引导的治理标准体系主要是指依据社会主义核心价值观、社会主流意识形态、社会基本道德准则、行业或职业道德准则等所形成的乡村治理标准体系。德治为先主要是突出理想道德在乡村治理标准体系中的先导作用，一方面发挥理想道德教育的引导作用，着眼于农民向上向善思想素质的塑造，把优秀的传统道德规范与新时代农民的要求结合起来，从而启发道德自觉，增强伦理认知，把潜移默化的道德教化构筑成具有强大凝聚力和引导力的社会主义意识形态；另一方面建立道德激励约束机制，充分挖掘和传承乡土社会中特有的文化资源，道德伦理、善良风俗、良好习惯等软法资源，通过农民自我管理、自我约束、自我服务、自我提高实现乡村社会的和谐融洽，促进社会主义核心价值观融入乡村德治体系，提升新时代乡村德治水平。道德引导的治理标准体系，对于乡村矛盾纠纷有效化解具有两方面功能：一是以社会主义核心价值观为主题的理想道德引导激励功能；二是以传统优秀道德为核心的教育示范功能。由此，建立和形成道德引导的治理标准体系，既要注重社会主义核心价值观教育引导功能作用发挥，使新时代农民自觉成为有理想、有道德、有文化、懂科技、能创新的新型农民；又要注重传统优秀道德传承教化功能作用发挥，使得乡村矛盾纠纷化解在道德浸润与德治淳化之下，促进家庭社会和谐，结出乡村善治之果。

3. 政策指导的治理标准体系。所谓政策指导的治理标准体系主要是指依据公共政策（党和国家的中央政策、各级党和政府的地方政策、各级政府主管部门的行业政策）等所形成的乡村治理标准体系。政策的体系比较复杂，按照国内相关研究，以政策主体为划分标准，可以分为企业政策、公共政策（党的政策、国家政策、地方政策）；按照政策的内容为划分标准，可以分为刑事政策、经济政策、农村政策、社会政策等[①]。然而，政策能否作为裁判依据或标准，学术界基本持否定态度。一般认为只有面临法律空白、法律冲突、法律适用损害社会公平正义等法律漏洞问题时，才可能

[①]　参见李友根：“司法裁判中政策运用的调查报告—基于含政策字样裁判文书的整理”，载《南京大学学报（哲学社会科学版）》2011年第1期，第40—59页。

运用公共政策予以补充。企业政策一般不能作为司法裁判依据或标准①。政策指导的治理标准体系，对于乡村矛盾纠纷有效化解具有三方面功能：一是标准补充功能，即在法律法规缺失时，公共政策可以直接作为乡村矛盾纠纷化解的有效标准；二是标准矫正功能，即现行法律法规严重违背立法目的或法治精神存在明显缺陷时，公共政策可以作为价值导向对乡村矛盾纠纷化解依据的法律法规标准进行权衡取舍。三是标准解释功能，即现行法律法规模糊不确定时，可以依据公共政策对乡村矛盾纠纷化解的法律法规进行进一步明确阐释。

4. 习惯引领的治理标准体系。所谓习惯引领的治理标准体系主要是指依据社会生产生活中公认的民间传统风尚、公共礼仪、善良习俗等所形成的乡村治理标准体系。民法典总则第一章第7条规定："处理民事纠纷，应当依照法律；法律没有规定的，可以适用习惯，但不得违背公序良俗。"这一规定为习惯在乡村矛盾纠纷解决中的运用提供法律依据。习惯引领的治理标准体系，对于乡村矛盾纠纷有效化解具有四方面功能②：一是习惯根据制定法的指示直接替代法律的功能，即根据法律明确规定，在制定法缺失的情况下，习惯替代制定法直接作为矛盾纠纷解决依据或标准。如原《物权法》第85条规定："法律法规对处理相邻关系有规定的，依照其规定；法律法规没有规定的，可以按照当地习惯。"如江苏省徐州市（2014）徐中字第700号判决一起案例：被告许某等开设养猪场，将养猪用的污水直接排入原告王某祖坟。王某以被告"不顾社会公德和传统习惯"侵权，起诉要求被告消除妨害并赔偿损失。徐州中级人民法院依照原《物权法》第

---

① 参见张文显著：《法理学》高等教育出版社，2003年版，第450—451页；孔祥俊："论裁判逻辑标准与政策标准"，载《法律适用》2007年第9期第页；李友根："司法裁判中政策运用的调查报告—基于含政策字样裁判文书的整理"，载《南京大学学报（哲学社会科学版）》2011年第1期，第40—59页。
② 参见钱炜江："论习惯在民事司法中的适用"，载《法律适用》2016年第3期，第42—47页。

85 条规定判决被告赔偿原告精神赔偿金 8000 元。二是习惯作为制定法的组成部分或要素加以适用功能，即习惯作为制定法要素组成部分，可以直接适用的功能。如 2020 年 1 月一起乡村邻里交通侵权纠纷案件。李某驾车去太原市，李某邻居赵某的女儿（某高校大三学生）国庆放假结束后返校，赵某请求搭乘李某汽车回校。李某不好拒绝同意搭车。临行前赵某给了李某一盒软中华烟。李某驾车行至榆次高速出口时，由于路面下雨打滑发生交通事故，赵某女儿左手骨折。后因为交通侵权赔偿双方发生纠纷，双方协商不成。乡人民调解员调解时，赵某提出邻居李某对交通事故责任负全责，其女儿住院治疗费 7924 元，应由被告李某全部负担；李某依据民法典《侵权法》1217 条规定称赵某女儿属于无偿搭乘行为，他愿意承担 50% 治疗费。本案关键是根据《侵权法》1217 条规定"赵某女儿是否属于无偿搭乘人"？赵某认为不属于。理由是赵某临行前给李某一盒价值 65 元中华烟，即使女儿乘长途汽车到太原车费才人民币 50 元，表面上女儿是无偿搭乘，实际上李某并未吃亏，一盒烟足以补偿李某。而李某认识相反，他认为按照乡村习惯赵某给他一盒烟行为属于感谢，不能改变其女儿无偿搭乘的性质。因此，根据《侵权法》1217 条规定自己无故意或重大过失自应减轻赔偿责任。人民调解员接受李某观点，提议李某负担 60% 医疗费，但李某拒绝。三是习惯对不确定概念和争议行为的解释功能，即当相关法律法规存在不确定概念，用习惯对不确定概念进行解释，以化解矛盾纠纷。如浙江省金华市婺城区人民法院（2012）金婺民初字第 1958 号判决案例：原告张某诉被告毛某交通侵权案。被告毛某驾驶汽车致使原告张某受伤。原告起诉被告及保险公司要求赔偿。案件争议是应否赔偿"误工费"？原告认为自己受伤住院孙女无人照顾，被迫雇人照顾，被告应赔偿此笔费用。法院最后根据"习惯"认定原告"误工费"请求不成立。理由是："从我国家庭观念及社会风俗角度而言，原告照顾孙女不应视为务工"。法院判决是否合理另当别论，但通过"习惯"解释不确定概念的功能是存在的。四是习惯对法律文义的"续造"功能，即当相关法律法规的文义存在明显不合理时，运用习惯直接替代或补充文义的功能。如江苏省常州市中级人民法院（2011）常民终字 1366 号判决案例：周某弟兄诉吴某朱某赔偿损失和恢复原状案。周某兄弟与吴某共同所有一块土地，吴某未经周某兄弟同意擅自答应朱某将其父母安葬在土地中。周某兄弟遂以吴某无独立处分权为由诉至法院要求朱某将其父母坟地迁出并恢复原状。法院以"死者入土为安"的公序良俗驳回原告恢复原状的诉讼请求，支持原告要求朱某赔偿损失的请求。

5. 村规民约拘束的治理标准体系。所谓村规民约拘束的治理标准体系主要是指根据村民或社区自治章程、自律规约、行动倡议或指南、乡村行业发展规划、乡村专项治理规定等所形成的乡村治理标准体系。在乡村矛盾纠纷化解问题中，村规民约的治理标准体系具有十分重要的意义。主要体现在两方面：一方面依据丰富的村规民约形成基层治理体系是法治乡村建设最具特色的方面；另一方面村规民约是乡村实行自治的依据或标准，健全完善的村规民约必然助力法治乡村建设，特别是乡村矛盾纠纷有效化解。村规民约的治理标准体系，对于乡村矛盾纠纷有效化解具有两方面功能：

一是促进纠纷有效化解功能，即通过实行广泛的自治，自行制定治理的规则和治理的程序，自治组织按照预定的规则和程序进行治理；当发生矛盾纠纷时，在不违背法律的强制性或禁止性规定前提下，其不依赖于其他组织，也不依赖于道德和法律，促进乡村矛盾纠纷低成本、稳定、灵活化解的功能。如课题组前期调研一个案例：赵某与章某邻里纠纷案。其所在乡村的村规民约中约定："旧宅一层翻建成两层，翻建后超高部分，需双方协商，协商一致后方可动工"。赵某在和章某协商不成情况下，强行动工，导致双方发生纠纷，并发生肢体冲突，赵某向当地派出所报警，派出所建议赵某通过诉讼程序解决。赵某遂诉至法院要求章某排除妨碍、停止干涉其建房。镇派出法庭依据《物权法》第 89 条规定："建造建筑物，不得违反国家有关工程建设标准，妨碍相邻建筑物通风、采光和日照"审查赵某所提交的材料后，认为赵某的请求合法，没有违法国家禁止性规定。但如果立案判决后，将否定该村对建房高低的村规民约，引发更多的社会矛盾纠纷。鉴于该案存在的不安定隐患，镇法庭决定通过联调机制进行诉前调解。经过镇派出法庭和司法所多轮共同调解，终于化解了该纠纷，原被告签订了调解协议。既使村民邻里纠纷得以有效化解，又合理维护村规民约效力。

二是提升纠纷解决的功能，即现代社会中以自治为基础融合法治和德治提升乡村治理的整体效能功能，特别是乡村矛盾纠纷的有效化解。乡村治理实践中，由于不同区域的乡村，特别是欠发达地区法治意识不强，道德水平也较低，就可以通过强化自治来弥补法治与德治不足。一方面通过强化自治规则和程序来弥补法治之不足；另一方面通过自治提升共同体自律意识弥补德治欠缺；提升共同体的认同感与规则意识，进而提高道德水平。如某村为了提高村民自我管理、自我服务、自我提高能力，实现把乡村建设成为产业兴旺、生态宜居、乡风文明、治理有效、生活富裕的社会主义新农村的建设目标，根据国家的法律法规和政策制定村规民约。其中包括："不得违反法定程序越级上访和聚众集体上访。村民不得个人或煽动群众到机关事业单位、学校、企业、村民委员会办公地、他人住所或公共场所起哄闹事、制造事端、扰乱社会正常秩序"；"树立新风尚、新观念，要移风易俗，喜事新办、丧事简办，反对铺张浪费。……坟墓必须建在本村统一规划的公墓内，禁止散埋乱葬"；"不搞陈规旧俗，不搞宗族派性，反对家族主义，反对封建迷信活动及其它不文明行为；……等等"上述这些村规民约的规定，既弥补了法律与道德之不足，又提高了自治在乡村治理，特别是其对乡村矛盾纠纷化解的整体功能。

案例 1：某村 45 名农民与乡镇一个民营煤矿企业签订劳动合同。签约后第二年由于客观原因使得企业经营亏损，农民工的工资 185 万元不能按时发放，还有 2 名受伤农民工赔偿费 45 万元一直未支付。农民工按照村规民约反映到村委，村委会和乡政府出面与企业协商解决未果。45 名农民工集体到县信访办上访。经县信访办协商，企业筹款将欠农民工的工资补发了一个月 31.5 万元。第二个月 45 名村民又到县信访办集体上访，县里信访办要求村民选择 5 名代表，其它人员回村等候协商处理。农民工选出 5 名代表与信访办协商一直没有结果。于是 45 名农民工再次到县信访办集体上访，并声称如果拿不到工资他们就住到信访办。面对纠纷村委会通过耐心疏导，首先把上访的 45 名村民劝回村里，同时教育说服村民依照本村的村规民约办事，合理表达诉求不闹访。然后由村委会与企业协商解决，并由村委会担保半年内企业保证清欠剩余的 153.5 万元工资和两名伤者 45 万赔偿费，如不能如期清欠村委会委托律师代理村民通过诉讼程序予以解决。后企业按照协议半年内清欠 130 万元工资和 45 万元赔偿费，其余 23．5 万元答应三个月后全部结清。45 名农民工考虑企业经营困难表示谅解，纠纷得到有效化解。

案例 2：村民许某未按照村规民约的规定将去世父亲埋到村里的公墓，而欲将父亲葬在承包土地上自行建造私坟与母亲合葬。村委会了解到该情况后，首先对其不遵守村规民约的行为进行批评教育。许某以当时村委通过此项村规民约时自己没有投赞成票，拒绝承认村规民约的效力。村委会指出当时全村 324 户村民 311 户赞成，4 户反对、9 户弃权，此项村规民约以 96% 获得通过，并经镇人民政府审核同意后，报县级人民政府民政部门批准实施。许某提出当时村里民主表决通过此项规定他虽然不同意，并不是反对此项规定，主要是由于其母亲在此项规定通过前 3 年已经去世葬，其在自己承包土地上建造的私坟，他希望村委考虑其实际情况，让父母合葬团聚。他愿意按照村规民约规定承担责任。村委会通过调查发现 4 户反对者基本属于此类情况。但是，如果不严格按规定处理，必然会造成有规不依；既要严格按照规定处理，又要考虑乡村习惯死者已"入土为安"。最后，通过村民大会重新讨论表决，村民绝大多数也同意在规定生效前已经建造私坟且死者夫妻一方已经实际入葬的，另一方去世后可以由其子女自由选择；不符合上述条件的严格按照村规民约执行。纠纷获得有效化解。

总之，通过建构和完善村规民约的治理标准体系，不仅强化村民的主体意识和规则意识，促进法治社会理念的形成，而且通过自我约束、协商协调、引导激励、舆论谴责、批评检讨、监督评议、经济处罚等机制使得乡村矛盾纠纷有效化解。

二、应着力完善乡村矛盾纠纷有效化解的多元化机制

乡村矛盾纠纷的解决既需要建构完备的乡村治理体系，为矛盾纠纷有效化解提供硬件支撑；又需要完善多元纠纷解决机制，为矛盾纠纷有效化解提供软件支持。关于多元化纠纷解决机制，学术界权威观点认为是指一个社会中各种纠纷解决方式、程序或制度（包括诉讼与非诉讼两大类）共同存在、相互协调所构成的纠纷解决系统。笔者认为，多元纠纷解决机制应当包括广义和狭义两方面含义。就广义而言，多元纠纷解决机制是相对单一的诉讼机制而言的，针对社会矛盾纠纷多种类型、多样性特点所形成的解决系统，包括硬件的制度机构体系和软件的解决方式和程序。就狭义而言，多元纠纷解决机制主要指针对社会矛盾纠纷多种类型、多样性特点所形成的解决方式及其程序。从外延讲多元纠纷解决机制包括诉讼机制与非诉讼机制两大类；其核心是形成诉讼与非诉讼两类机制的有机衔接，以协调发挥有效化解矛盾纠纷的功能作用。

我国多元化纠纷解决机制的理念产生于世纪之交，已成为人民法院司法改革的主要内容，并被党的十八届四中全会《决定》正式确认为国家的

发展目标^①。多元纠纷解决机制体现了纠纷解决的科学性、民主性和有效性的统一。其存在是以承认治理主体的多元性、矛盾纠纷类型的多样性、治理规范和方式的多样性、功能的互补性、作用的交互性、尤其是纠纷化解结果的有效性为基础的。其目的是满足多元需求，追求多元价值，实现多元治理效果；根据矛盾纠纷的性质，采取针对性强、灵活、有效的解决方式；贯彻落实基层自治与行业自治原则，提高社会自我管理水平^②。2015 年 10 月 31 日中央全面深化改革委员会第 17 次会议通过了《关于完善矛盾纠纷多元化解机制的意见》，2015 年 12 月 6 日中共中央办公厅、国务院办公厅联合下发中办发〔2015〕60 号文件，推动"纠纷多元化解机制"工作，最高人民法院颁布了《关于人民法院进一步深化多元化纠纷解决机制改革的意见》。这些标志着国家从制度顶层设计层面充分认可和积极架构此项制度。乡村矛盾纠纷有效化解相对于其它矛盾纠纷解决更需要多元化机制，其主要理由包括两方面：

1. 乡村矛盾纠纷多样性与乡村治理规范和方式的多样性决定多元化纠纷解决机制不能缺失。在全面推进依法治国、建设法治社会的进程中，越来越多的人们已经认识到法治社会建设离不开多元化纠纷解决机制，而且建设效果往往取决于如何构建有效的矛盾纠纷解决机制。这是因为：一是新时期乡村各类社会矛盾凸显，出现了许多新情况、新问题，仅仅依靠司法的单一手段解决矛盾纠纷已经不能达到理想的社会效果。构建多元化纠纷解决机制既是国家治理体系和治理能力现代化的主要内容，也是促进矛盾纠纷有效解决、公民权利切实有效保障、社会和谐稳定的重要前提。二是乡村社会矛盾纠纷的数量、种类、方式具有多样性，乡村社会矛盾会

---

① 参见范愉："当代世界多元化纠纷解决机制的发展与启示"，载张文显主编：《社会法与法治社会建设》，法律出版社，2018 年 10 月版，第 368 页。

② 参见汪世荣："论以司法为中心的矛盾纠纷多元化解机制"，载张文显主编：《社会法与法治社会建设》，法律出版社，2018 年 10 月版，第 390 页。

纠纷解决规范也具有多样性，由此决定了解决矛盾纠纷的方式方法也必须多元化；多元化解决机制不仅能够节约司法资源和其它公共资源，还可以通过发挥非诉讼纠纷解决机制综合作用提升司法公信力。三是多元化纠纷解决机制能够实现法律效果与社会效果的有机统一。同样的纠纷采取不同的方式解决的社会效果完全不同。通过人民调解解决机制，不仅可以使得矛盾纠纷在第三方参与下得到彻底解决，还能够充分彰显人文关怀，修复已经破裂的社会关系；通过行政调解机制，不仅能够利用其掌握的丰富社会资源发挥纠纷解决的主导作用，还能够利用行政机关掌握的大量信息为矛盾纠纷预防排查发挥前置辅助作用；通过仲裁解决矛盾机制，不仅提高纠纷解决的效率、减低纠纷解决的成本，还能够充分体现纠纷解决程序的平等自愿性；通过诉讼解决机制不仅为矛盾纠纷解决构筑牢固的公权力保护屏障，还能够通过诉讼与非诉讼纠纷解决机制有机衔接为社会矛盾最终有效化解提供软着陆减力模式。

2. 乡村矛盾纠纷有效化解问题的重要性与必要性决定了多元化纠纷解决机制必须健全和完善。前文我们分析过，对于法治乡村建设而言，乡村矛盾纠纷有效化解问题无论是对法治乡村建设目标的实现，还是法治乡村建设内容完成，抑或是对法治乡村建设效果评价都具有根本性、全局性、决定性。其具有根本性是因为社会矛盾纠纷解决是有规律可循的，如果矛盾纠纷解决机制（狭义仅指解决方式与程序）的建构违背纠纷解决规律，其结果必然是事倍功半；相反，如果尊重矛盾纠纷解决规律就能够达成有效化解之目的。而矛盾纠纷解决的基本规律就如同中医治病，病分虚实、补泄辩证、防治结合、理治综合、化解有道、克治有功。由社会矛盾纠纷解决规律所决定，乡村矛盾纠纷解决必须立足健全和完善多元化治理机制这一根本策略。其具有全局性是因为乡村矛盾纠纷有效化解问题关乎法治乡村建设成败得失，乡村矛盾纠纷的有效化解法治乡村建设目标、建设任务、建设效果呈正相关关系。由两者的正相关关系所决定，乡村矛盾纠纷解决必须坚持通过健全和完善多元化纠纷解决机制有效化解乡村矛盾纠纷这一基本理念。其决定性是因为乡村矛盾纠纷有效化解问题是满足人民群众维权要求的必由之路。矛盾纠纷解决的实质是满足人民群众多元诉求，使矛盾纠纷主体受损害的权利切实得到救济，不断提高人民群众对法治的信赖感、对社会公平正义需求的满足感。由此，满足人民群众维权要求的必由之路就是通过健全和完善多元化纠纷解决机制有效化解乡村矛盾纠纷。

多元化矛盾纠纷解决机制对于法治乡村建设的必要性，主要体现在三方面：一是没有多元化矛盾纠纷解决机制乡村矛盾纠纷就无法有效化解。因为多样性、复杂化的矛盾纠纷依赖于多元化机制解决；二是没有多元化纠纷解决机制乡村人民群众维权需求就无法得到满足。因为多元化的权利诉求、多元化的价值追求、多元化的满足感和获得感依赖多元化机制解决；三是没有多元化纠纷解决机制法治乡村建设中的多元化的治理主体、治理方式、治理规范标准最终难以协调。

如何健全和完善乡村矛盾纠纷有效化解的多元化机制，具体包括两方面：一方面是着力健全乡村矛盾纠纷有效化解的多元化机制。另一方面是进一步完善乡村矛盾纠纷有效化解的多元化机制。

1. 着力健全乡村矛盾纠纷有效化解的多元化机制。所谓健全乡村矛盾纠纷有效化解的多元化机制主要是指根据乡村矛盾纠纷性质、类型、特点，以及对应的解决方式和程序等，以矛盾纠纷解决的综合化、顺畅性为核心要素，构建劝导说服、主导协调、居中裁决等多类型、系统化、有效衔接的乡村矛盾纠纷化解机制。具体包括四方面：

（1）从建设理念上牢固确立乡村矛盾纠纷有效化解必须依靠多元纠纷解决机制的理念。由乡村矛盾纠纷性质、类型、特点等所决定，其有效解决机制不是单一的诉讼机制，而必须依靠诉讼、仲裁、调解、信访、协商等的多元化纠纷解决机制。一方面针对不同性质、不同类型、不同特点的矛盾纠纷，主动探索建立针对性较强、可行性较大、解决效果较好的乡村矛盾纠纷解决方式，并积极推进多元化矛盾纠纷解决机制建设；另一方面针对乡村治理实践中已经存在的矛盾纠纷解决方式进行反思和检视，发现这些矛盾纠纷解决机制实施运行中存在的问题，重点从实施条件、实施程序、实施可行性、实施有效性等方面研究判断，并制定相应的改革创新方案。

（2）从建设任务上要把健全乡村矛盾纠纷多元解决机制作为必要建设任务。在我国出台的《法治社会建设实施纲要》、《关于加强法治乡村建设意见》等顶层设计方案中都把"建立多元化矛盾纠纷解决机制"作为重点任务。因此，法治乡村建设中应着力从两方面进一步贯彻落实。一方面是对标建设方案，在总结各地各部门实践经验的基础上，对民间性、行政性、司法性纠纷化解机制进行整体设计，逐步形成科学的机制程序；另一方面是从乡村矛盾纠纷有效化解实践出发，根据乡村矛盾纠纷不同性质、不同类型、不同特点归纳总结劝导说服、主导协调、居中裁决等多元化纠纷解决机制。

（3）从建设实施措施上要把健全乡村矛盾纠纷多元解决机制落实到每一种具体机制的实施条件、实施程序、实施可行性、实施有效性等方面。具体包括三方面：一是构建以乡村自治为核心的协商劝解机制。其一，在实施条件上应把握纠纷主体和纠纷解决机制应适用于自治共同体范围内；纠纷解决依据和标准以自治章程、村规民约为主且不违背法律强制性规定。其二，在实施程序上应把握纠纷主体自愿协商或在乡贤、族老劝解下协商解决。其三，在实施的可行性方面应充分发挥乡贤、族老影响力，尊重纠纷主体自愿和谐化解矛盾纠纷良善意愿。最后，在实施有效性方面应着重激发纠纷主体自律意识、规则意识、善治愿望，促成乡村矛盾纠纷有效化解。二是构建以乡村德治为主导的（人民调解、行政调解、司法调解、行业调解、专业调解）多元化调解机制。其一，在实施条件上应把握纠纷主体和纠纷解决机制普遍性；纠纷解决依据和标准以道德规范为主且不违背法律强制性规定。其二，在实施程序上应把握纠纷主体在人民调解、行政调解、行业调解、专业调解员、司法调解人员主持下通过自愿合法协议程序解决。其三，在实施的可行性方面应充分发挥人民调解的及时便利低成本优势、行政调解主导作用明显和纠纷解决效果好优势、行业或专业调解专业性突出和纠纷解决效率高、司法调解权威性强的优势；尊重纠纷主体自愿和谐化解矛盾纠纷良善意愿。最后，在实施有效性方面应着重发挥各级各类调解机构人员能动作用和着重激发纠纷主体道德觉悟、自律意识、善治意愿。三是构建以乡村法治为保障的仲裁和裁判机制。其一，在实施条件上应把握纠纷主体和纠纷解决机制广泛性、终局性；纠纷解决依据和标准以法律法规为准绳。其二，在实施程序上应把握纠纷主体在仲裁机构和人民法院主持下通过法定程序居中公正裁决。其三在实施的可行性方面应发挥仲裁机构和人民法院纠纷解决的权威性作用和强制力优势。最后，在实施有效性方面应着重发挥仲裁机构与人民法院依法化解纠纷、公平公正解决纠纷、强力保障实施的功能。

（4）从建设效果上要注重多元纠纷解决机制之间的有机协调和有效衔接。一方面注重非诉纠纷解决机制与诉讼纠纷解决机制的有机衔接。根据最高人民法院公布的《关于建立健全诉讼与非诉讼相衔接的矛盾纠纷解决机制的若干意见》要求，之所以建立健全诉讼与非诉讼纠纷解决机制的有机衔接目标是为了有效化解矛盾纠纷[①]；其主要任务包括三方面：一是充分发挥审判权的规范、引导和监督作用；二是完善诉讼与仲裁、行政调处、人民调解、商事调解、行业调解以及其他非诉讼纠纷解决方式之间的衔接机制，推动各种纠纷解决机制的组织和程序制度建设；三是促使非诉

---

① 根据最高人民法院公布的《关于建立健全诉讼与非诉讼相衔接的矛盾纠纷解决机制的若干意见》第一条规定："充分发挥人民法院、行政机关、社会组织、企事业单位以及其他各方面的力量，促进各种纠纷解决方式相互配合、相互协调和全面发展，做好诉讼与非诉讼渠道的相互衔接，为人民群众提供更多可供选择的纠纷解决方式，维护社会和谐稳定，促进经济社会又好又快发展。"

讼纠纷解决方式更加便捷、灵活、高效，为矛盾纠纷解决机制的繁荣发展提供司法保障。其保障措施主要包括两方面：必须紧紧依靠党委领导，积极争取政府支持，鼓励社会各界参与，充分发挥司法的推动作用；二是必须充分保障当事人依法处分自己的民事权利和诉讼权利。因此，要提高乡村矛盾纠纷化解效果必须建立诉讼与非诉讼纠纷解决机制相互衔接。同时，立足有效化解乡村矛盾纠纷的目标，着力推进三大任务完成，积极落实两项重要措施。

另一方面注重非诉讼纠纷解决机制之间的有效衔接。具体而言，就是在诉讼机制之外，要做好协商、调解、仲裁、信访多种纠纷解决机制相互衔接。从乡村矛盾纠纷解决方式上给村民以更多选择机会；从乡村矛盾纠纷解决过程上让村民通过自主自愿实践体悟各种纠纷解决机制相互配合、相互协调和全面服务；从乡村矛盾纠纷解决的效果上摆脱对诉讼解决机制的过度依赖，通过更多元化方式有效化解矛盾纠纷。

2. 着力完善乡村矛盾纠纷有效化解的多元化机制。所谓完善乡村矛盾纠纷有效化解的多元化机制主要是指在形成健全的多元化纠纷解决机制基础上，根据乡村矛盾纠纷性质、类型、特点，以及对应的解决方式和程序等，以矛盾纠纷解决的有效性为核心要素，总结提练矛盾纠纷化解的类型化模式。具体包括两方面：

（1）在健全多元纠纷解决机制的基础上，完善乡村矛盾纠纷解决的综合协同模式。所谓综合协同模式是指基于乡村矛盾纠纷多元解决机制基本健全的条件，形成和完善诉讼与仲裁、行政调处、人民调解、商事调解、行业调解以及其他非诉讼纠纷解决方式之间的分工负责、相互配合、相互协同的矛盾纠纷解决模式。具体从三方面突出矛盾纠纷解决综合协同模式的有效性。首先，重视乡村矛盾纠纷的社会性特点，从中发现乡村矛盾纠纷的普遍性、关联性、结构性特征，从根本上化解乡村矛盾纠纷；而非仅仅关注乡村矛盾纠纷的个体性特点，不仅仅以案结事了为目的。其次，重视乡村矛盾纠纷解决方式与程序的流畅性，在非诉讼与诉讼解决机制之间形成有效衔接机制，以综合协同化解矛盾纠纷为根本目的；而非仅仅以各司其职、各尽其力、各罢其讼为目的。最后，重视乡村矛盾纠纷的综合效果，提高乡村矛盾纠纷解决的法律效果与社会效果；从法律方面通过矛盾纠纷解决实现辨别是非、释法补漏、定分止争、维护权益、控权审规、定罪量刑等多元法律效果①；从社会方面通过矛盾纠纷解决实现缓解社会矛盾、促进社会经济、引领社会风气、维护社会秩序、化解社会困境、促进社会正义等多元社会效果。

（2）在健全多元纠纷解决机制的基础上，完善乡村矛盾纠纷解决的司法模式。所谓司法模式是指基于乡村矛盾纠纷多元解决机制基本健全的条件，完善和优化以司法为主导的矛盾纠纷解决模式。具体从两方面突出矛盾纠纷解决司法模式的有效性。一方面立足于乡村矛盾纠纷多元解决机制精准定位司法功能，通过乡村矛盾纠纷解决突出司法"中心"的作用，全面发挥司法纠纷解决模式在多元纠纷解决机制中的引领示范、价值倡导、功能保障的作用。另一方面立足于乡村矛盾纠纷多元解决机制为非诉讼纠纷解决机制提供强有力的效力保障作用，充分发挥司法纠纷解决模式在多元纠纷解决机制中的他律规范、方法引导、合法监督作用。

---

① 参见孙笑侠："论司法的法理功能与社会功能"，载张文显主编：《社会法与法治社会建设》，法律出版社，2018 年 10 月版，第 343—367 页。

参考文献：

［1］张文显．优化基层社会治理格局［N］．北京日报，2020—07—13（010）．

［2］陈松友，卢亮亮．自治、法治与德治：中国乡村治理体系的内在逻辑与实践指向［J］．行政论坛，2020，27（01）：17—23．

［3］陈于后，张发平．新时代乡村"自治、法治、德治"融合治理体系研究［J］．云南行政学院学报，2019，21（06）：13—21．

［4］郁建兴，任杰．中国基层社会治理中的自治、法治与德治［J］．学术月刊，2018，50（12）：64—74．

［5］张文显，徐勇，何显明，姜晓萍，景跃进，郁建兴．推进自治法治德治融合建设，创新基层社会治理［J］．治理研究，2018，34（06）：5—16．

［6］邓建华．构建自治法治德治"三治合一"的乡村治理体系［J］．天津行政学院学报，2018，20（06）：61—67．

［7］郭文娟．自治、法治、德治相结合的乡村治理体系［C］．第十三届"环渤海区域法治论坛"论文集．2018：111—118．

［8］王露璐，刘昂．自治、法治、德治相结合的乡村治理［J］．绍兴文理学院学报（人文社会科学），2018，38（05）：32—37．

［9］邓大才．走向善治之路：自治、法治与德治的选择与组合——以乡村治理体系为研究对象［J］．社会科学研究，2018（04）：32—38．

［10］邓超．实践逻辑与功能定位：乡村治理体系中的自治、法治、德治［J］．党政研究，2018（03）：89—95．

［11］卢跃东．构建"法治、德治、自治"基层社会治理模式［J］．红旗文稿，2014（24）：28—29．

［12］王丹．自治、法治、德治"三治合一"乡村治理体系建设研究

［D］．内蒙古大学，2019.

　　［13］白晓燕．中国和谐文化的内涵及现代意义［J］．中国教育研究论丛，2006（00）：73—75.

　　［14］史凤林，"行政管理体制创新的法治困境与维度"，载《行政法学研究》，2015年第5期。

　　［15］汪渊智、史凤林等"群团组织在法治社会建设中作用研究"，载《法治山西的理论与实践》，山西人民出版社，2019年2月版。

　　［16］陈晋胜，《中国惠农政策与法治一体化建设研究》，中国书籍出版社2019年5月版。

　　［17］陈晋胜，《法治山西建设的理论与实践》，山西出版传媒集团；三晋出版社，2017年2月版。

　　［18］陈晋胜，"区域性社会管理创新的法治化检视"，载《三晋法学》11期2017年3月。

　　［19］陈晋胜，"依法治国和依规治党有机统一纲论"，载《党内法规研究》2018年第3期。

　　［20］张志铭、于浩：《共和国法治认识的逻辑展开》，《法学研究》2013年第3期。

　　［21］钱弘道、王梦宇：《以法治实践培育公共理性——兼论中国法治实践学派的现实意义》，《浙江大学学报》2013年第5期。

　　［22］王朝霞：《法治评估与法治创新——基于浙江余杭实践的讨论》，《广西民族大学学报》2013年第4期。

　　［23］杨国荣：《论实践智慧》，《中国社会科学》2012年第4期。

　　［24］武树臣、武建敏：《中国传统法学实践风格的理论诠释——兼及中国法治实践学派的孕育》，《浙江大学学报》2013年第5期。

　　［25］姚建宗：《中国语境中的法律实践概念》，《中国社会科学》2014年第6期。

〔26〕郑永流：《实践法律观要义——以转型中的中国为出发点》，《中国法学》2010 年第 3 期。

〔27〕张文显：《书本的法理学与实践的法理学》，谢进杰主编：《中山大学法律评论》第 8 卷第 2 辑，北京：法律出版社，2010 年版。

〔28〕朱景文主编：《中国法律发展报告 2015：中国法治指标》，北京：中国人民大学出版社。2016 年版。

〔29〕朱景文主编：《中国法律发展报告 2016：基于九个省数据的法治指数》，北京：中国人民大学出版社．2017 年版。

〔30〕于建嵘著：《岳村政治：转型中国乡村政治结构的变迁》，北京：商务印书馆，2001。

〔31〕费孝通：《乡土中国》，人民出版社．2015 年版。

〔32〕梁漱溟：《乡村建设理论》，商务印书馆，2015 年版。

〔33〕梁漱溟：《中国文化要义》，上海人民出版社，2011 年版。

〔34〕苏力：《法治及其本土资源》，北京大学出版社，2015 年版。

〔35〕贺雪峰：《新乡土中国》，广西师范大学出版社，2003 年版。

〔36〕徐铜柱：《城乡一体化进展构建逻辑中乡村法治秩序》，载《天津行政学院学报》2016 年第 4 期。

〔37〕胡正昌：《社会转型期乡村法律纠纷的特点原因及其对策思考》，载《当代法学论坛》2008 年第 2 期。

〔38〕叶浩生：《量化研究和质化研究：对立及其超越》，载《自然辩证法研究》2008 年第 9 期。

〔39〕陈柏峰：《乡村司法》，陕西人民出版社，2012 年版。

〔40〕张立平：《我国乡村法律服务的历史与转型》，中国法制出版社，2006 年版。

〔41〕顾培东：《社会冲突与诉讼机制》，法律出版社，2004 年版。